# A CEREJA

Óscar Rivas        Mateus Tomo

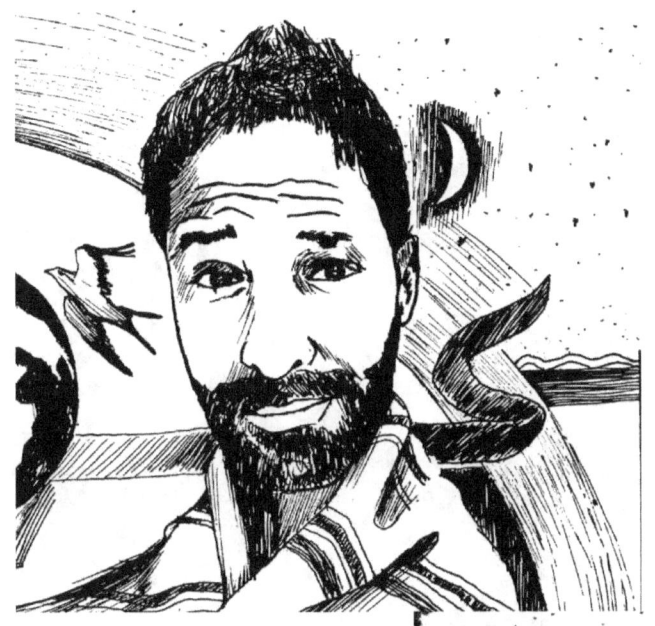

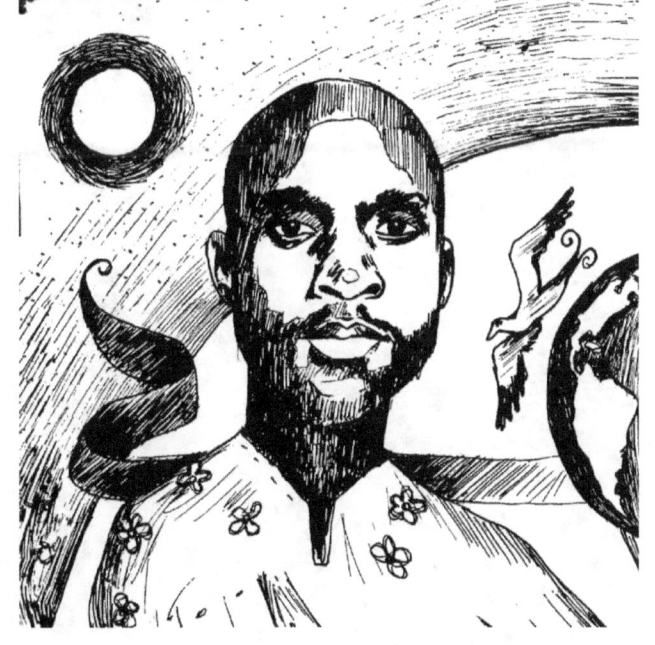

# A CEREJA

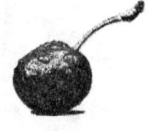

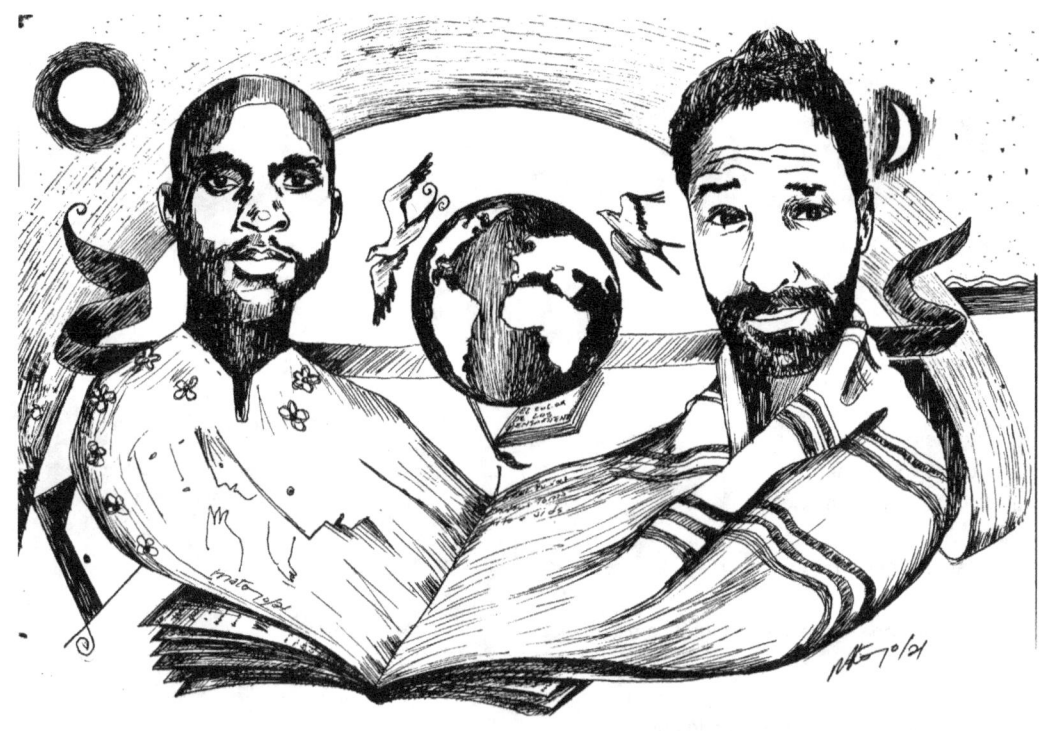

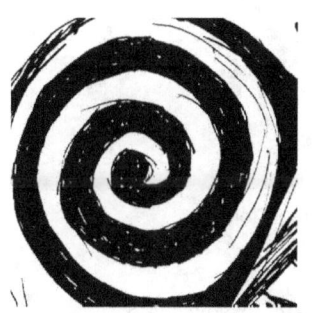

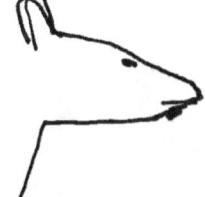
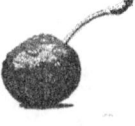
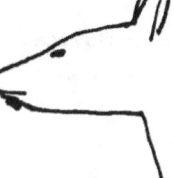

Autores:
Óscar Rivas
Mateus Tomo
Irene Aguilera
Juan Rivas

Textos:
Óscar Rivas

Ilustrações:
Mateus Tomo

Audios:
Irene Aguilera, voz y edición
Juan Rivas, voz y piano
Kumo Rivas, piano y edición
Jessica Juárez, voz
Inma Castillo, edición

Desenhos da capa, correcção ortográfica e liguística:
Diego Garrido

Desenho da coberta e maquetaión interior:
Paola Sandra Bellamy

Desenho e programação versão digital, ePub:
Paola Sandra Bellamy

Tradução inglesa:
Paloma López y Antonia Rovayo

Tradução portuguesa:
Antonia Rovayo, Álvaro Cardillo y Mateus Tomo

Contacto:
Facebook: Óscar Rivas y Óscar REMAR Mozambique
Instagram: @oscarrivas78 y @laguindaor
Email: oskitas78@hotmail.com y oscarrivasmolero@hotmail.com
Facebook: Mateus Tomo
Facebook: Antonia Rovayo (Nina) Traducciones

Depósito Legal:
1ª edição Granada, 2023

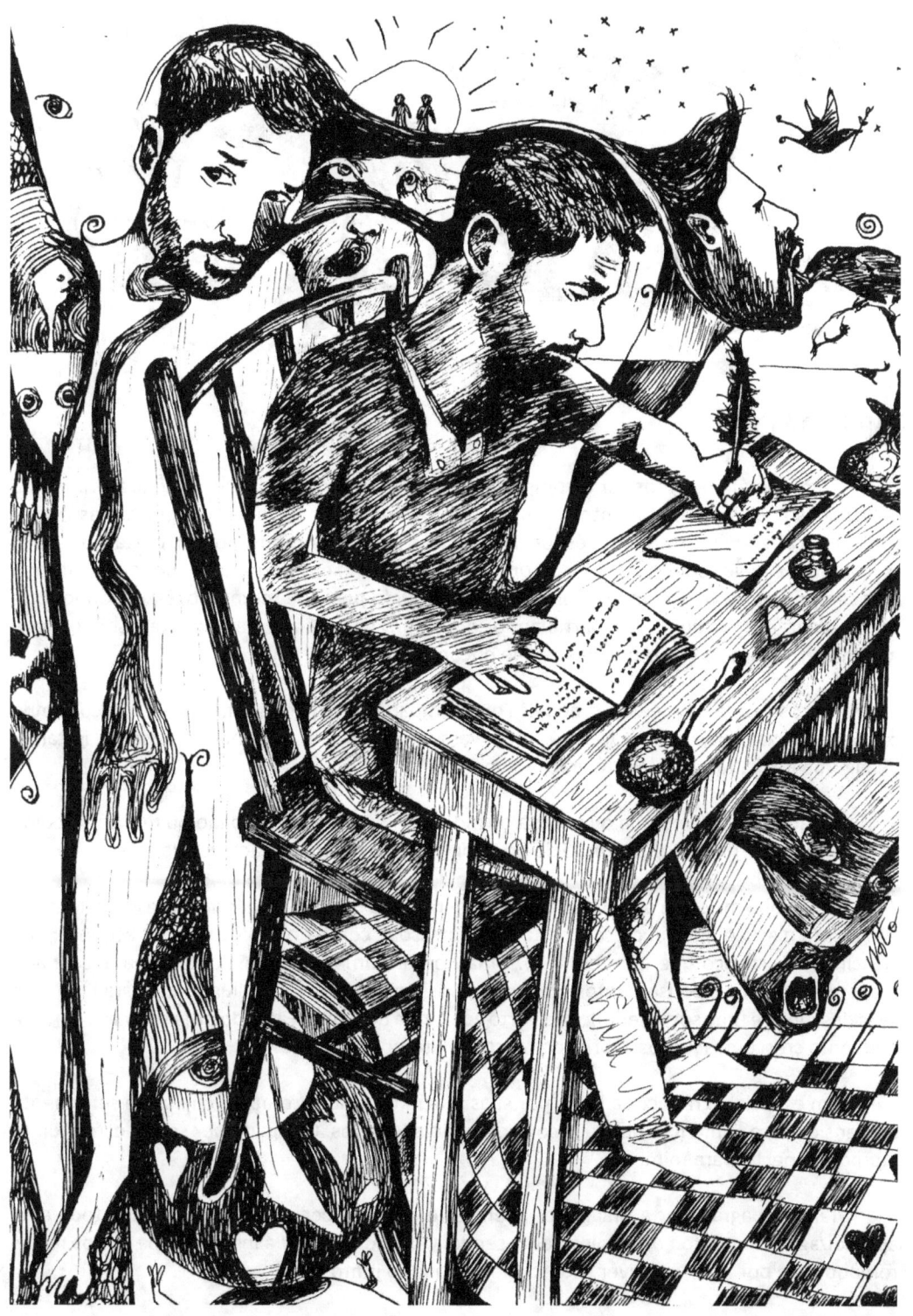

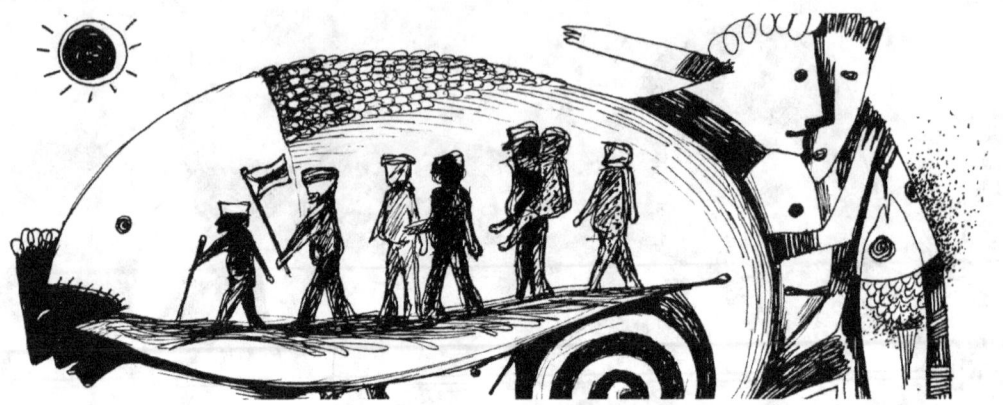

# OBRIGADO

Pretendo apenas mostrar e compartilhar algumas intimidades e experiências da minha vida, todas cheias de sentimentos intensos. Te ensinar esses sonhos, que em tantas outras ocasiões acabaram morrendo no esquecimento sem serem contados, porém, desta vez resolvi resgatá-los, aqueles sonhos que se amontoavam em um canto do meu ser de forma latente, mas sempre muito vivo, com fé e sem pressa esperando pelo seu momento. Esses sonhos que venho realizando, vivendo, compartilhando com alguns de vocês, jamais poderei esquecer que foi em parte graças a vocês que acabei me encontrando.

Graças a cada um de vocês, àqueles que compartilharam um momento do espaço-tempo comigo, especialmente por me fazer lugar em vosso pensamento, ainda que só fosse um instante, de alguma forma também existe graças a vocês.

Agradeço a cada pessoa que direta ou indiretamente têm participado ou tem contribuído neste projeto artístico, oferecendo de uma forma altruísta um pedaço de sua alma.

Não tenho mais que palavras de agradecimento para meu amigo e irmão de espírito Mateus. Um artista plástico que vai crescendo tanto no pessoal, como no espiritual, sem esquecer seu crescimento artístico que não tem teto. Uma honra e uma mordomia que tenha desenhado meus sentimentos e pensamentos em tantas ocasiões. Um luxo tê-lo ilustrando este livro com seus desenhos e uma sorte senti-lo tão perto apesar da distância. Fazendo uma simbiose perfeita enquanto crescemos juntos. Obrigado mestre Matomo, por tanto.

Em especial agradecer a Irene por suas magníficas interpretações cheias de sentimento e intensidade, e como não por suas correções tão acertadas. Obrigado por seguir este projeto íntimo e especial para mim.

Também agradecer a Maggi por aparecer e desaparecer, por me ter deixado toda essa aprendizagem sem esforço, simplesmente sendo. Obrigado por ser a inspiração de tantos textos românticos e por fazer-me viver este sonho inacabado junto a ti.

Graças a Juan meu pai, por seu esforço e contribuição artística, por sua voz e por seu piano, compartilhar meus sonhos com ele tem sido algo mágico, uma vez mais continuamos compartilhando experiências que trasciende a nosso ser. Obrigado por estar aí junto a mim.

Graças a Begoña, minha mãe que me ama como ninguém e obrigado por tantas conversas que serviram para nos acercar no caminho para a sanação de nossas próprias feridas. Obrigado mami.

Óscar Rivas

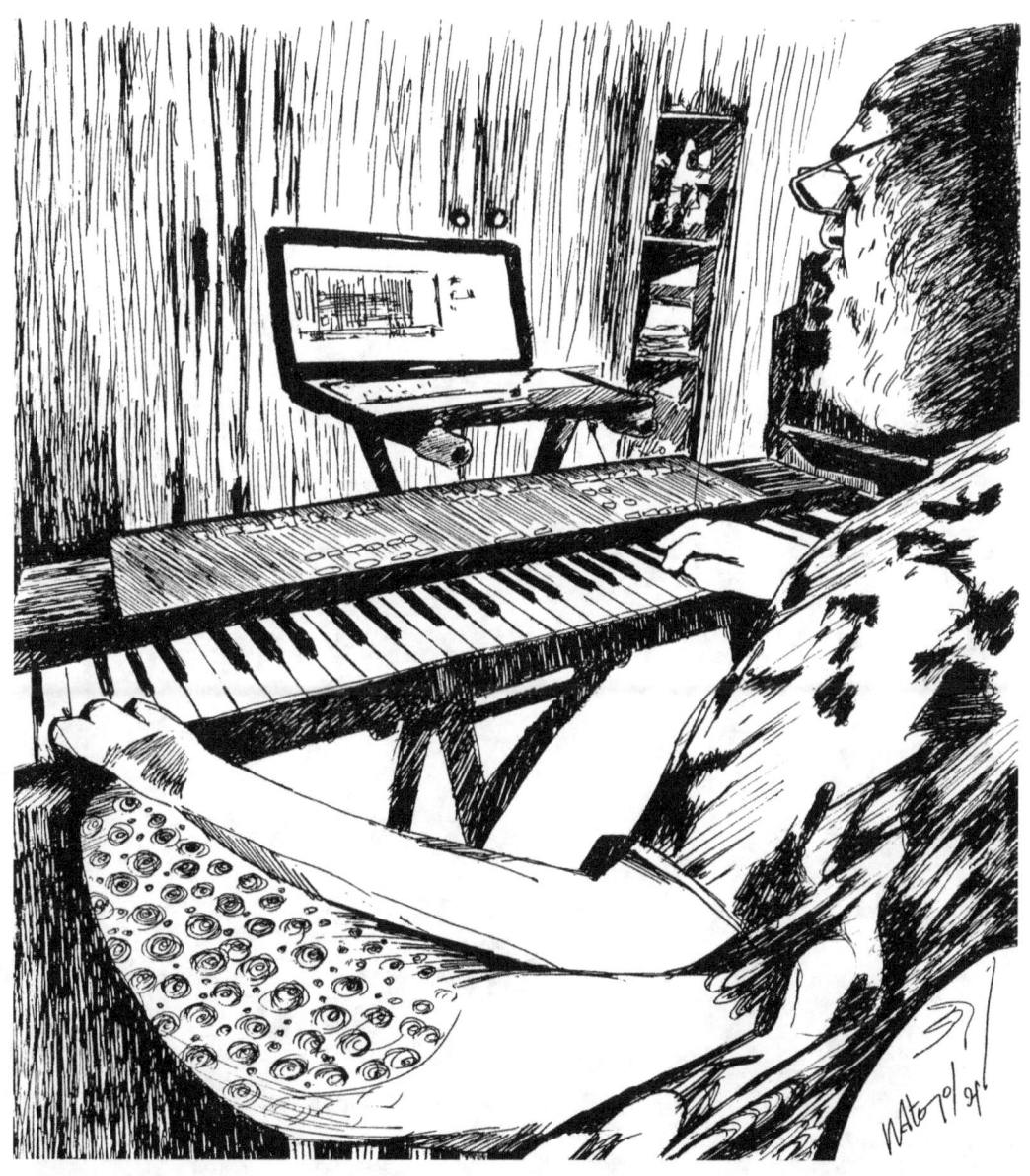

*"Este livro é dedicado às duas pessoas mais importantes da minha vida, o meu pai e a minha mãe. Ambos me acompanharam numa infância feliz e nunca deixaram de estar ao meu lado. Sempre os sentindo perto, mas ao mesmo tempo me deixando livre, uma mordomia que reconheço e sempre agradecerei. Obrigado, por tanto. A ti Begoña e a ti Juan vos amo".*

Óscar Rivas

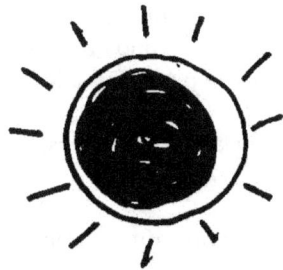

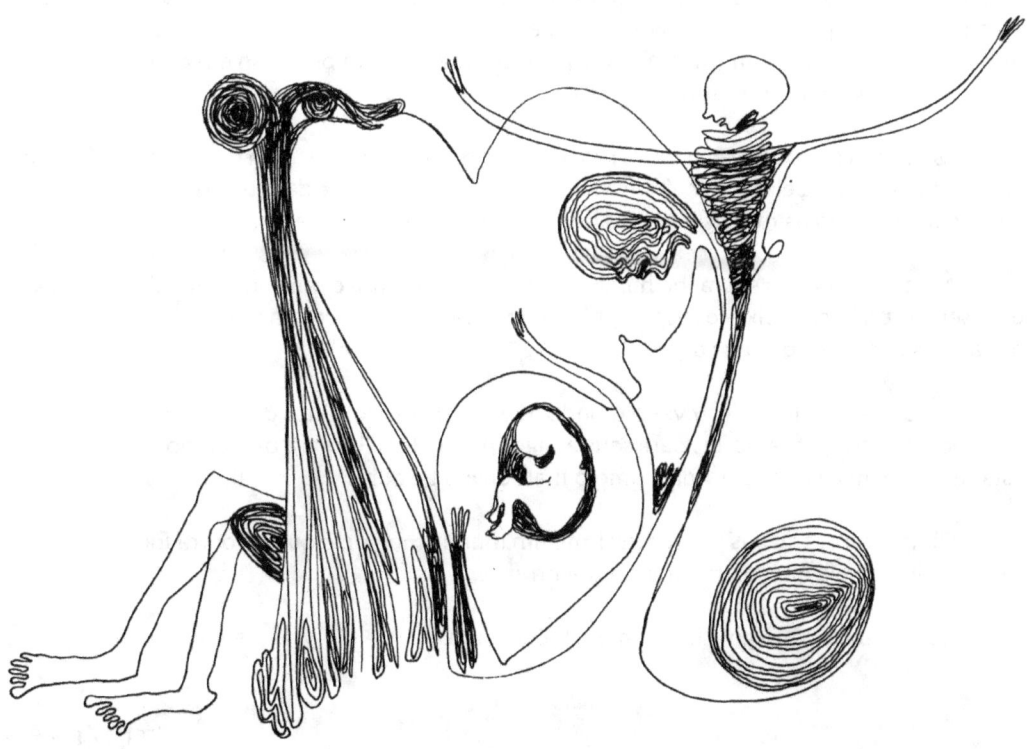

# A CEREJA - PREFÁCIO

Num mundo que alardeia ficar cheio de amor, chega um homem como Óscar e faz-te questionar que grau de pureza há em teus sentimentos, em que momento tens começado a ter medo de amar, e como é o caminho de aprendizagem que te leva até ele.

Desde abril de dois mil vinte temos mantido muitas palestras e olhamos nos olhos para contradizer-nos, nessa especial confrontação entre o espiritual e o terrenal, contribuindo céu a meu fogo, água na minha terra, perguntas a minhas difusas e pouco apuntadas respostas.

De sua profunda vocação a trabalhar com os meninos e de sua absoluta dedicação através de suas estadias em Moçambique foi aprendendo que é possível viver em paz com um mesmo através da capacidade de dar a mão e até o coração selvagem e atropelado.

Temos compartilhado experiências, erros, ideias, arte, sensibilidade e, em definitiva, vida. Um trocito de "pura vida".

Entre tantas reflexões, o sofrimento é um furacão surdo, uma potente viagem para a aceitação, um jogo de dar e receber que te faz forte, que te coloca num lugar no mundo completamente diferente.

Pôr-lhe voz a seus textos é como zambullir-se dentro de sua alma, é fazer universais seus pensamentos, mostrar desde uma cor transparente. Não posso me deixar invadir pela objetividade, porque ademais assim o tem pedido ele, e meu artista interior procura praças e ruas comuns aos dois, num trabalho de sonhar acordado. Num processo em que a música me arrasta e suas palavras me cativam.

As pessoas como ele não passam pela vida como se nada, não deixam teus olhos indiferentes, porque a sua étnica "beleza gitana" lhe acompanha uma integridade das que já não se encontram, uma lista de princípios morais e sociais que lhe fazem um ser diferente.

A meu julgamento sobra-lhe humildade e exigência consigo mesmo, e falta-lhe compaixão para seu próprio ego, deixá-lo respirar, não se mostrar tão duro com o menino que ainda se vê por alguns dos poros de seu corpo.

Sinto-me feliz de poder viver o mundo que encerra as cobertas deste livro, saber de seus sentimentos para seus amores, para seus amigos ou sua família, para os meninos. E deixá-lo na estantería do meu lar toda a vida, como o mais divino tesouro.

Obrigado Óscar Rivas por mostrar-me um mundo melhor, e que há outra forma de amar, a que aspiro, e pela que já brigou a contracorrente.

Obrigado pois, amigo e homem bom. Obrigado.

Irene Aguilera

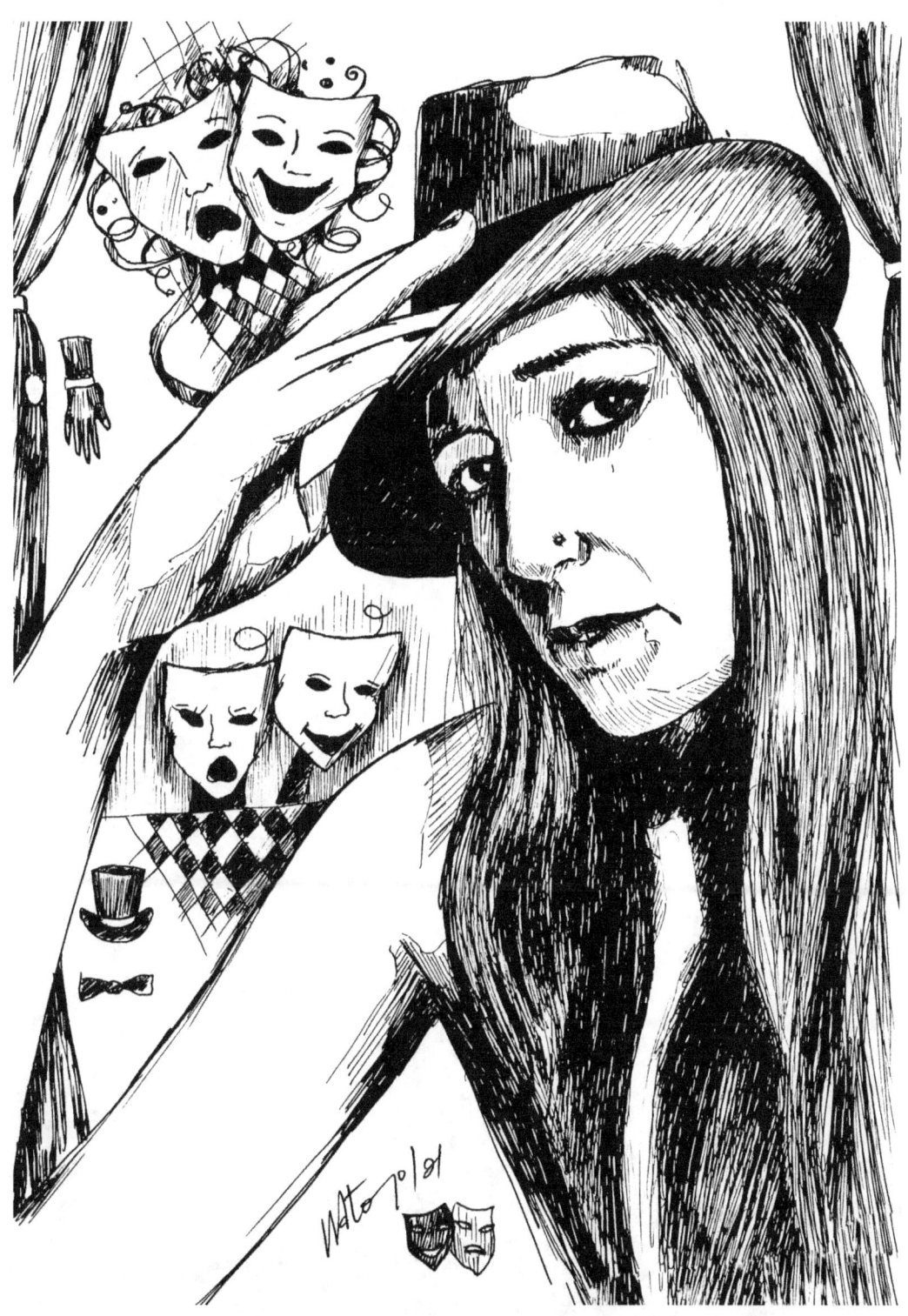

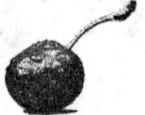

# LIVRO I – SENTIMENTO

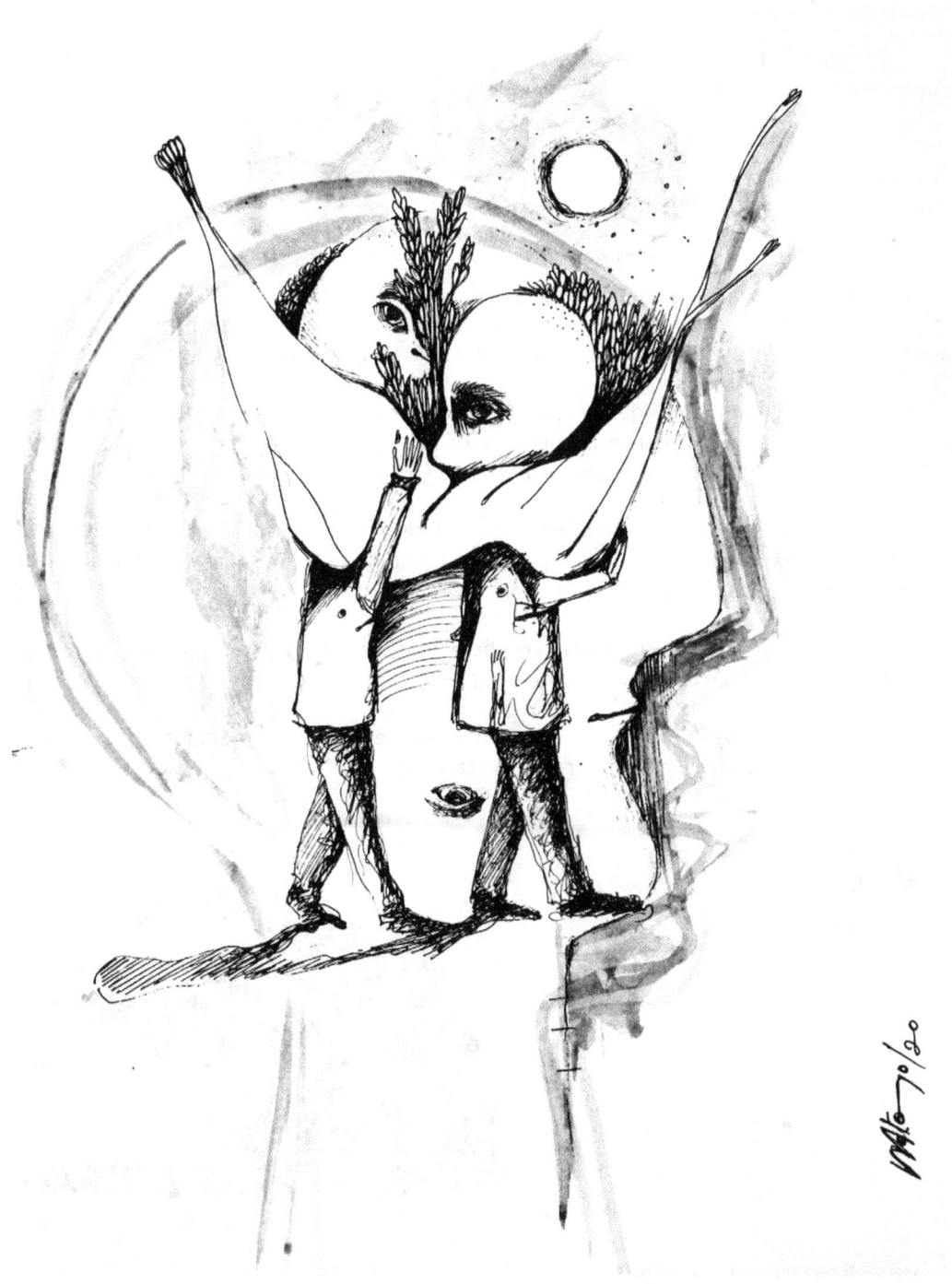

Vêm e vão os sentimentos ao longo de uma vida. Movemos-nos a seu são. Os sentimentos aparecem, por exemplo: quando nos relacionamos e experimentamos diferentes vivências com amizades, com a família ou com nosso casal.

Os sentimentos costumam ir acompanhados de uma interpretação ou valoração que nós mesmos criamos. Sentimentos que são nossa recompensa e às vezes nosso castigo.

Encontrei uma fórmula proibida que se chama liberdade, que trata de te dar a liberdade de sentir o que sintas a cada instante de tua vida, soa simples, mas acho que muitos temos reprimido por medo sentimentos alguma outra vez, tanto sentimentos de sofrimento, como sentimentos de amor. Dar-nos a liberdade de permitir-se sentir "A Cereja" [1].

É verdade que quando um poeta escreve romântico, costuma fazer uma exaltação de seus sentimentos de apaixonado, precisamente disso se caracteriza o romantismo, de ser uma exaltação que transmite sentimentos intensos, e assim o leitor possa sentir o mesmo que sentiu o poeta.

Às vezes há sentimentos que vêm e vão, uns te fazem respirar e entender, ainda que seja por um momento a razão de tua existência. Outros no entanto podem te levar a abismos e te fazer sentir sofrimento muito profundo e intenso.

Sentimentos que se acompanham com nossas decisões, com nossos julgamentos, com nossa capacidade de amar. Sentimentos que abraçamos e que repudiamos, mais nunca deveríamos esquecer que todos esses sentimentos provêm de nós.

Os sentimentos podem nos ajudar a conhecer-nos, a ser menos reactivos a eles, podendo assim usar eles como ferramenta de autoconhecimento.

Sentimentos que se acordam, sentimentos que se adormecem. Sentimentos que nos acompanham em nossas vidas e mostram a nossa verdade.

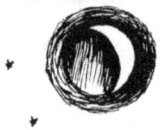

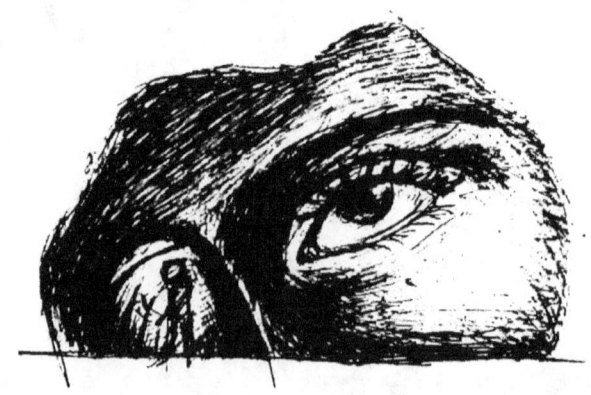

1 "A Cereja": sensação de vazio que todos experimentamos ao longo da vida.

A seguir encontrareis diferentes escritos que fui escrevendo ao longo dos últimos quatro anos e decidi os classificar como "Sentimentos". Sentimentos que fui experimentando e plasmando conforme os ia vivendo e interpretando. Falo da "Amizade", de meus sentimentos mais românticos, de minha forma de ver a vida e sobretudo de como a sinto.

Uma fábrica de lírica encontrei para poder mostrar meu interior, meu universo. Graças a todos por me acompanhar e sobretudo por essas cócegas que alguns me fizestes por dentro.

♫ Quando vejo estas notas musicais acompanhando o título de algum dos textos, significa que o texto tem um áudio com voz e música, podendo escutar na versão eletrônica. ♫

Óscar Rivas

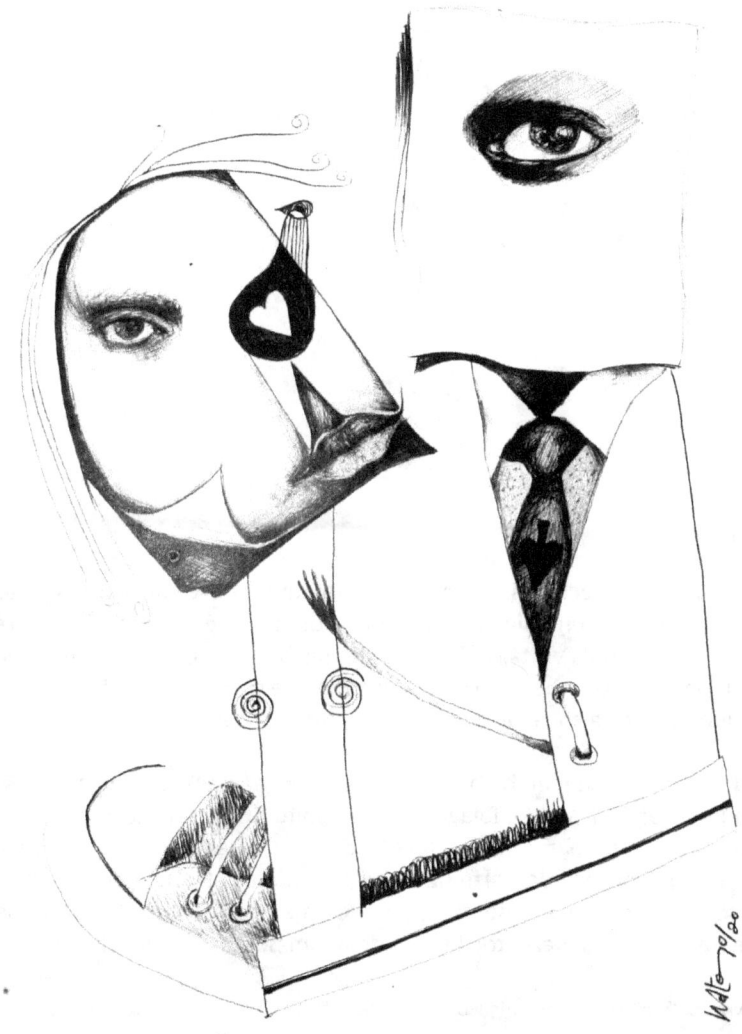

14

## 🎵 A CEREJA 🎵

*Todos conhecemos dessa sensação de vazio que fica ressonar como um eco em nossas vidas. Esse ressoar que às vezes confunde nos e faz achar que falta de algo.*

*Costumamos procurar fora, inclusive tentamos adormecê-la mediante diversas substâncias.*

*Encanta-nos distrair-nos disso com viagens, festas, sexo, séries, projectos, religiões ou crenças. Assim continuamos nossas vidas achando que falta algo, procurando, quando na realidade já está tudo.*

*Realmente, já é perfeito achar que falta algo. Sempre sentimos que falta "A Cereja" para que tudo seja perfeito, somos mestres buscadores da engrenagem perfeita.*

*Observando que a vida está cheia de perfeitas engrenagens de romanescos encaixando entre si, ainda que sempre falta um pouquito para que encaixem do tudo na "regüerta"* [1]*.*

*Esse pouquinho que não termina de encaixar, é magia para a vida, é o que nos move, porque nosso caminho o vai marcando a cereja que achamos que falta.*

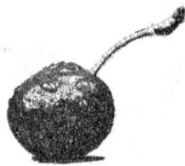

*Menorca, 2018.*

Um escrito muito especial para mim. Escrevi-o em Menorca um desses lugares mágicos que tive a sorte de conhecer em minha vida, poderia dizer que é um de meus lugares favoritos. Meu amigo Diego e eu fomos visitar a Elio e Borja uns bons amigos que viviam em Menorca, fomos acolhidos com os braços abertos. Estou seguro de que todos mantemos mágicas lembranças daqueles dias que tivemos a sorte de compartilhar, dias de pura vida.

A ideia do texto saiu de meu bom amigo Diego, conversávamos de volta a casa, e parados numa ponte, num lugar inolvidable, falávamos a respeito dessa sensação de vazio, sobre essa sensação de que falta algo para que encaixe todo e às vezes parece que nunca chegará a desaparecer por completo. Sendo parte desta viagem é crucial para que sempre estejamos a procurar e crescendo até chegar a nossa meta que não é outra, que chegar a nós mesmos e poder entender que tudo é já perfeito, libertando assim nossa consciência.

1  Regüerta: palavra que usou Diego em tom jocoso para me explicar sua ideia, a palavra correta seria revolta.

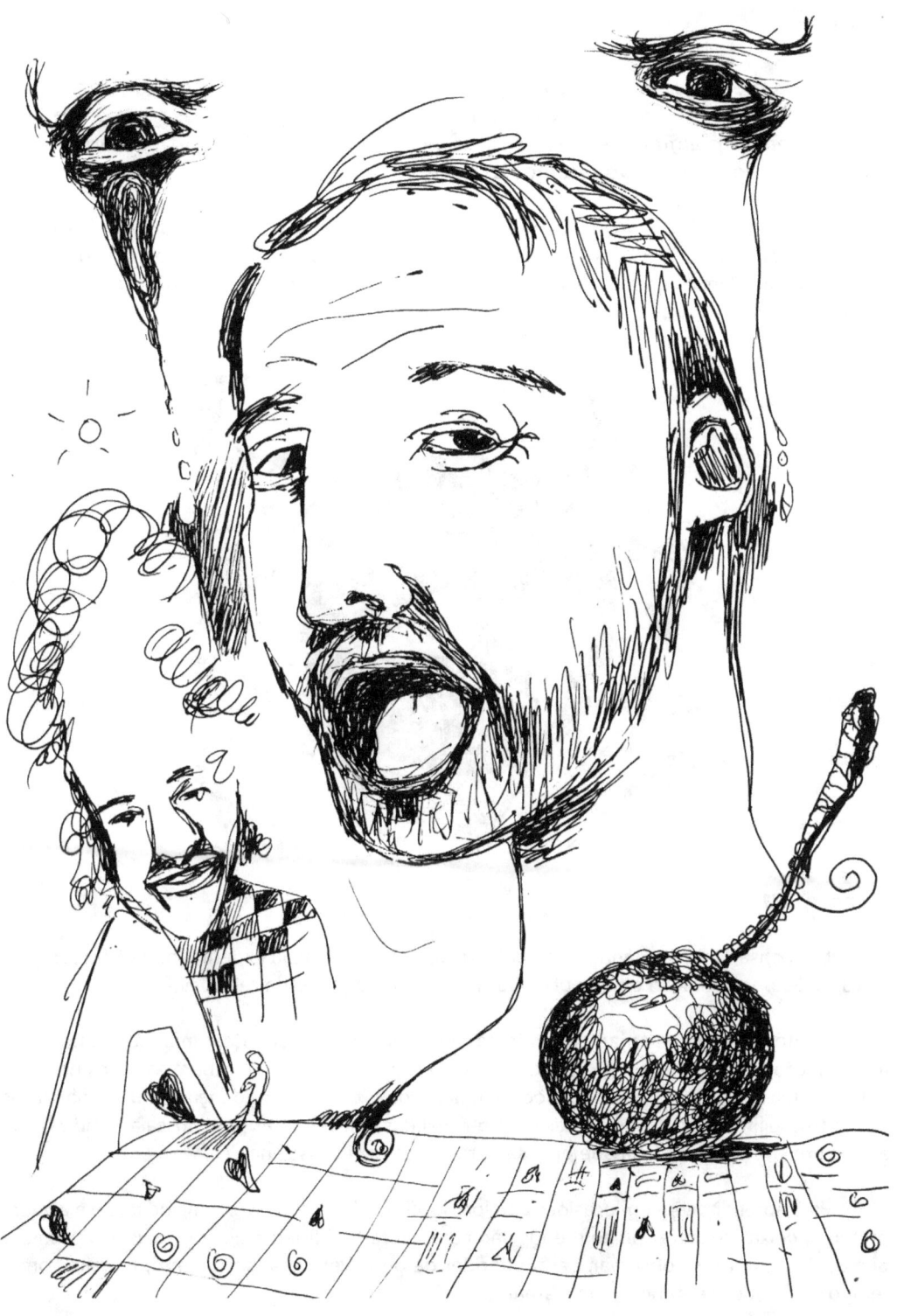

## AMAR

*Deixa-me crescer e quiçá algum dia acordarei. Permite-me aqui e agora esquecer tudo o que temos vivido juntos, e assim enfrentar nosso encontro sem condicionamento algum. Esqueçamos as palavras compromisso, dever e obrigação, experimentá-lo, e assim poderemos experimentar o amor.*

*Estamos juntos porque queremos, ninguém nem nada nos obriga ao estar. Vivamos esta experiência sem data limite, vivendo e decidindo juntos a cada dia, a cada instante. Deixa que a paixão nasça desde o interior de forma natural, que faça parte de dois e nos faça belos a cada dia.*

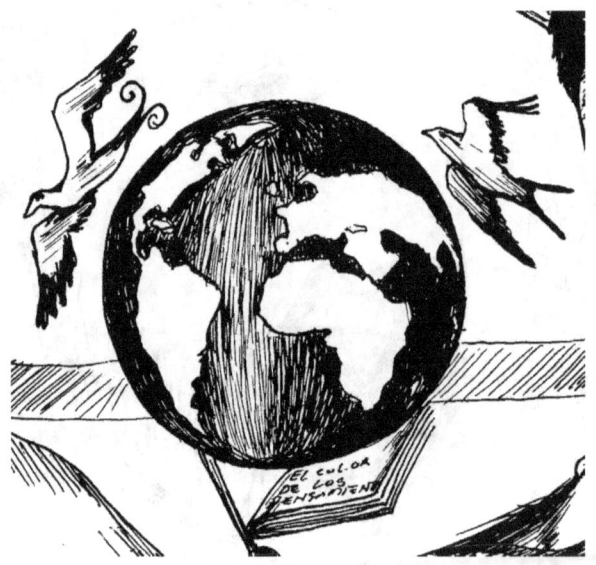

*Granada, 2018.*

Um pensamento romântico a respeito da relação de casal. Já experimentei várias relações de casal de longa duração e pude observar que há muitos tipos de relações.

Muitos acham que amam, quando na realidade não o fazem. Costumam confundir com uma relação baseada no apego, na conveniência, na comodidade, também às vezes no eu te dou se tu me dás, ou em outras ocasiões não deixo de fazer isto a mudança de que tu não faças isto outro, se limitando. São relações mais que válidas e necessárias para nossa aprendizagem, a cada um vive a experiência que precisa para crescer em consciência.

Essa aprendizagem em ocasiões é doloroso, cheio de sofrimento. Imagino que, se alguém pretende deixar de sofrer ou ao menos não acrescentar sofrimento ao sofrimento, o primeiro que deveria fazer é se observar, para entender de onde vem esse sofrimento, e assim com o tempo quiçá poder entender que é amar.

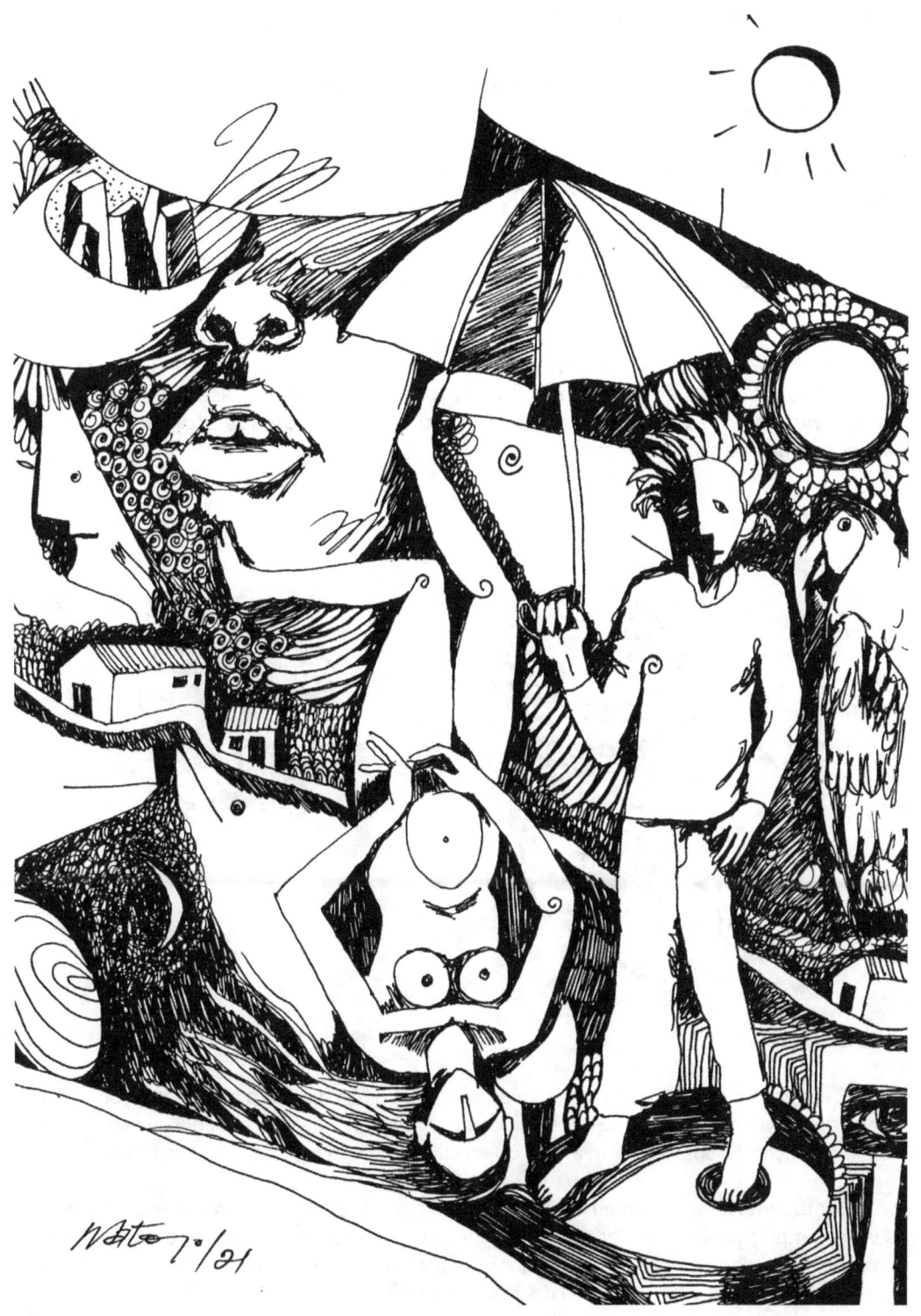

# ♫ TENHO OBSERVADO ♫

Tenho observado que o sofrimento te abre ocos do coração que se encontravam inacessível ou dormidos.

Observei-o em mim, por exemplo, quando tenho acompanhado os seres queridos durante seus últimos dias. Observei-o em outros, quando pessoas próximas a mim perderam uma mascote que foi sua colega de vida durante muitos anos. Assim mesmo, também o observei quando uma relação sentimental íntima chegou a seu fim, inclusive quando tenho achar# que um bom amigo me falhou.

São rincões do coração dormidos e só uma situação extrema cheia de sofrimento pode resgatar do esquecimento, e assim poder levar para a consciência. Só se trata de nos permitir sentir, tentarmos entender que esses momentos são simplesmente parte da vida e têm sua função perfeita, a de nos acordar e acercar à verdade, à aceitação, ao amor.

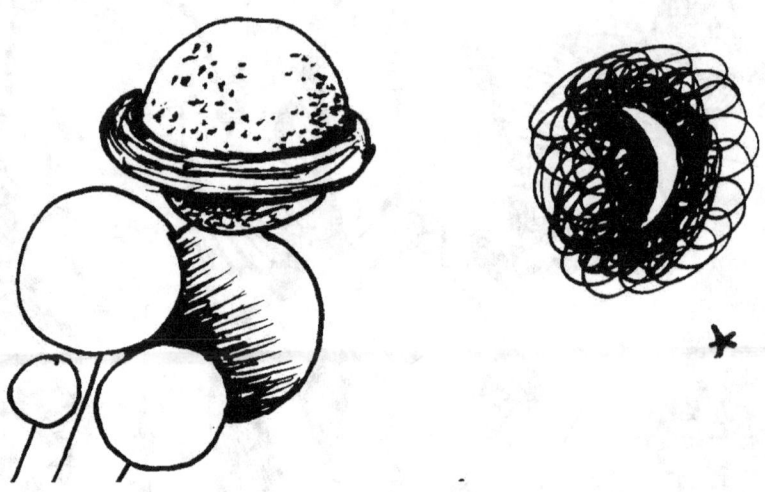

Granada, 2019.

É um escrito muito emotivo para mim, tentava lhe dar sentido a tantas situações duras e difíceis que às vezes se dão em nossas vidas, como acompanhar a um ser querido em seus últimos dias, uma discussão com um bom amigo ou terminar uma relação de casal, entre outras.

Sento como ressoa em meu interior que tudo o que sucede é perfeito e tem um propósito, às vezes simplesmente não o entendemos por falta de informação. Todos vamos no mesmo barco experimentando e tenho observado que só se trata de te permitir sentir. Assim, o conhecimento e a serenidade chegassem à tua vida de forma perfeita.

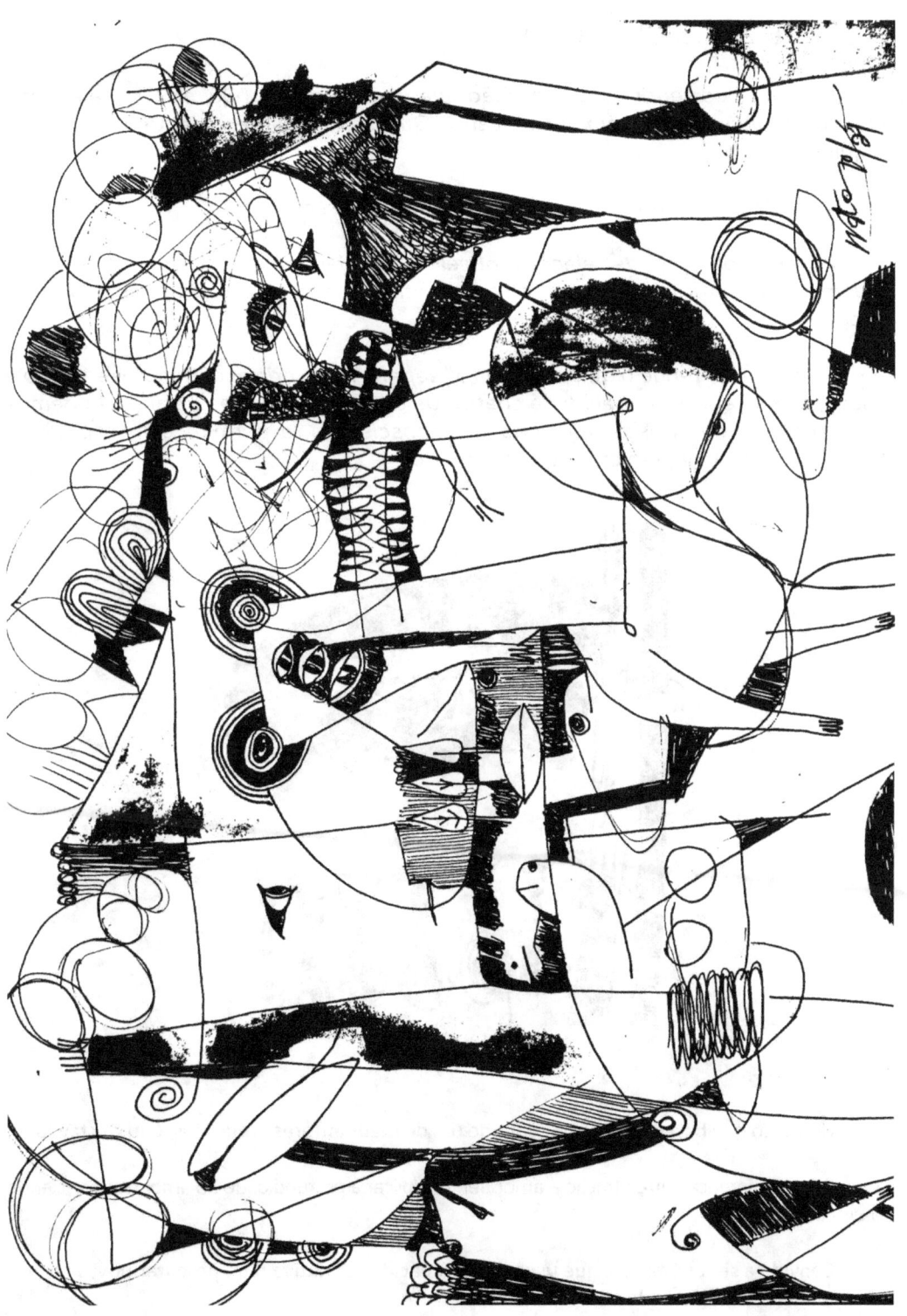

## ♫ QUÍMICA E ALQUIMIA ♫

*Encanta-nos sentir essa sensação que denominamos "Química", que sucede quando conhecemos alguém que nos atrai. Qual seria a diferença entre "Química" e "Alquimia"?*

*A "Química" sucede, a "Alquimia" constrói-se, isso é amor.*

*Há infinitos tipos de relações; observa e poderás reconhecer as diferenças. Podemos observar que a "Química" é uma atração que está sujeita aos caprichos do ego.*

*A "Alquimia" reúne o que a "Química" separa. A maioria acostumou-se à ação e reação, esquecendo a capacidade criativa de criar novas formas de amar. Podemos ser Científicos ou Artistas. Quando tua consciência te permite eleger, poderás desfrutar de uma viagem cheia de arte e amor.*

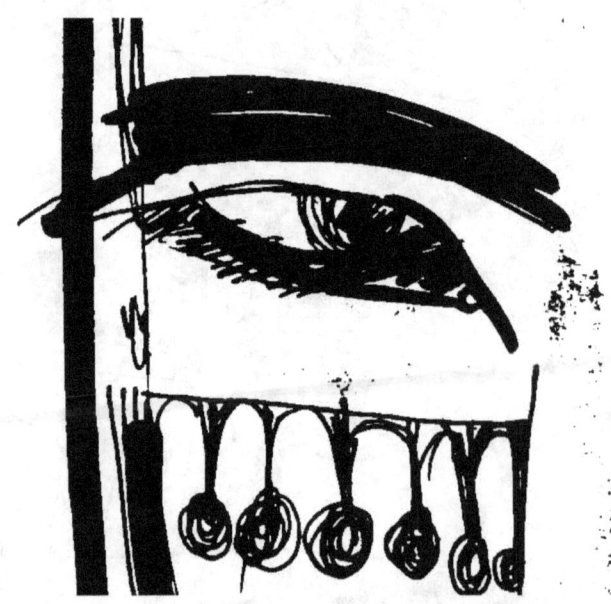

*Granada, 2019.*

Um texto que baseei-me num escrito de um de meus autores preferidos, Carl Gustav Jung.

Fala da diferença entre atração e amor. Tento explicar a profundidade do amor que trasciende ao ego e ao desejo.

Convido a ser artistas e a que uses vossa capacidade criativa para procurar novas formas de amar na cotidianidade do vosso dia a dia.

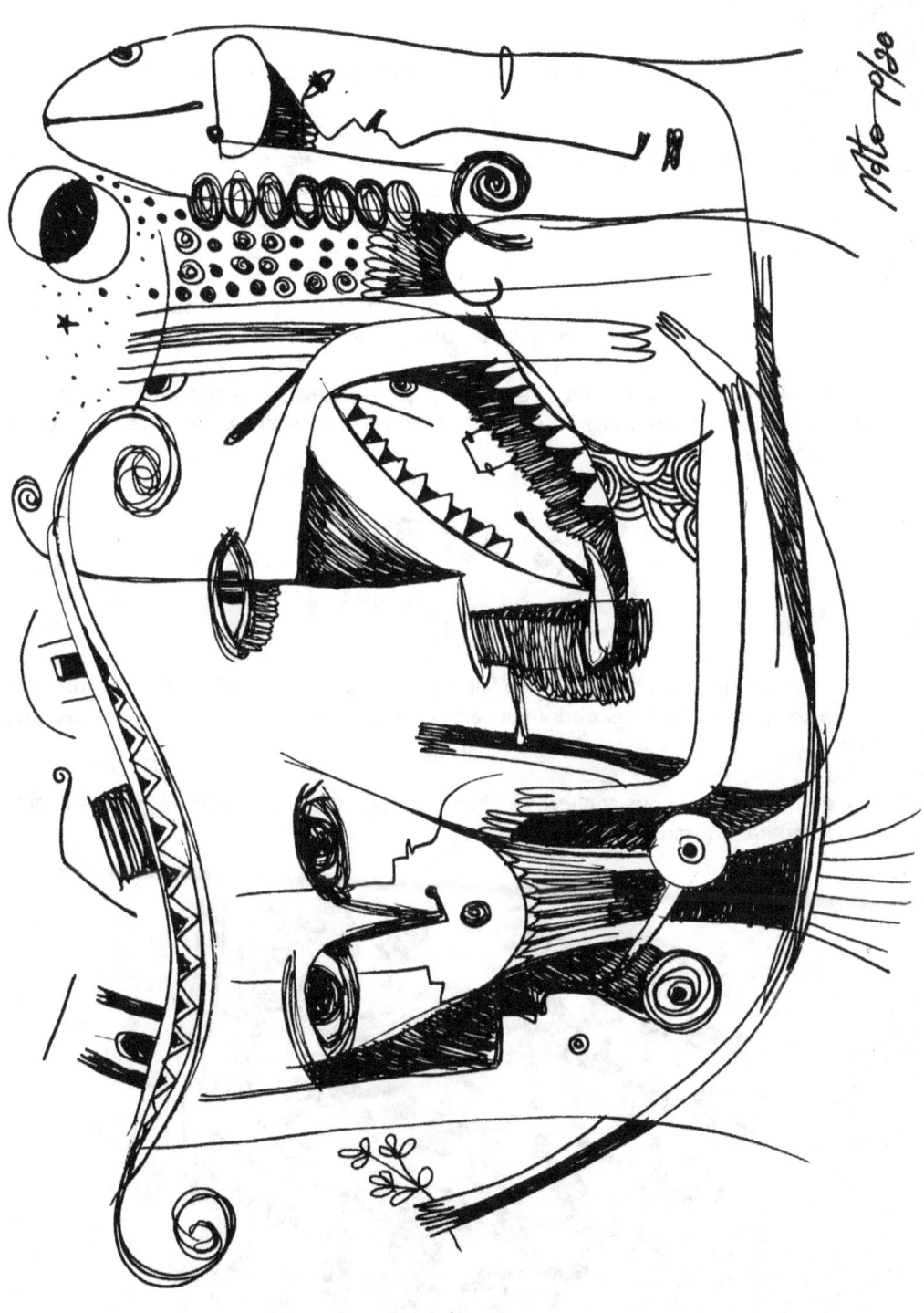

## PERMITE-TE VIVER

*Viver é permitir-te sentir. Inclusive deixar de sentir o que achas que não deveriam de estar a sentir.*

*Somos inimigos do sofrimento, tentamos fugir dele, o sentir o menos tempo possível é nosso anseio; quando a chave para deixar de sofrer ou ao menos para que não aumente, é nos permitir o sentir, nos enfrentar a ele o acolhendo.*

*Esses momentos densos de sofrimento permitiram-nos viver intensamente e entender outros momentos cheios de paz e felicidade, compreendemos que uma parte retroalimenta a outra, é uma grande dualidade.*

*Tudo se encontra ante nós e realmente, só se trata de te permitir viver, sentir, sofrer, estar em paz. Só te permitir ser e te amar a cada instante. Deixa-te permitir-te ser e encontrarás a verdade.*

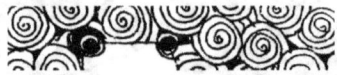

*Granada, 2018.*

Um texto cheio de sentimento, onde falo a para perto de te permitir sentir o sofrimento, te abrindo ao sentir far-te-á descobrir uma parte de ti que habitualmente recusas e precisava ser aceite.

Assim, chegamos a nos conhecer melhor e em vez de que o sofrimento nos submeta poder o usar para nos transformar.

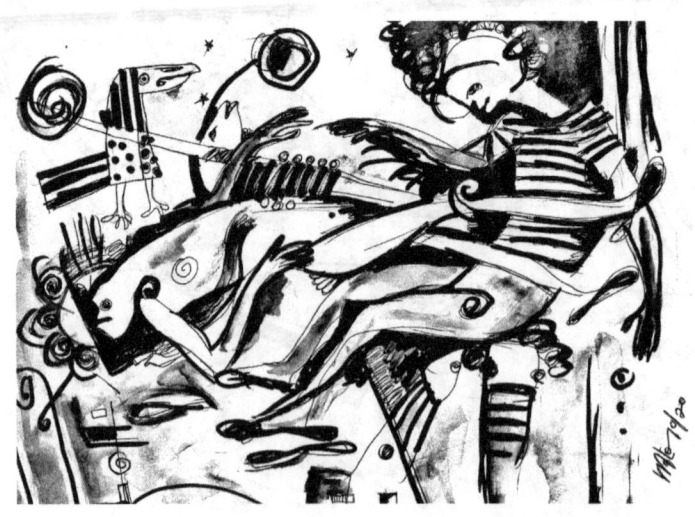

# ♫ SER ÚNICO SEM QUERER SÊ-LO ♫

*Desbloquear o todo só quando não precises nada, nunca antes. Porque só quando não precisas nada, o mundo inteiro pertencer-te-á.*

*Qual é o segredo da vida? Costumam perguntar-se. Dizer-lhes-ia que sonhar com tudo, chegar a isso e não o precisar.*

*Nós somos um tipo de pessoas, aqueles que entendemos o mundo de forma diferente, que nos procuramos e nos reconhecemos, aqueles eleitos que juntos nos unimos.*

*Talvez não de forma consciente, mas quando coincidimos, já seja em pessoa, em pensamento ou através destas palavras, nos reconhecemos e sabemos que somos nós, entendemos que tu és eu e que eu sou tu.*

*Porque temos algo em comum todos esses eleitos, acabamos brilhando, fazendo o que gostamos, o que amamos. Somos um tipo de pessoas que saímos do sistema, de trabalhos que não elegemos, de vidas programadas, para construir o que sonhamos. Ser único sem querer sê-lo.*

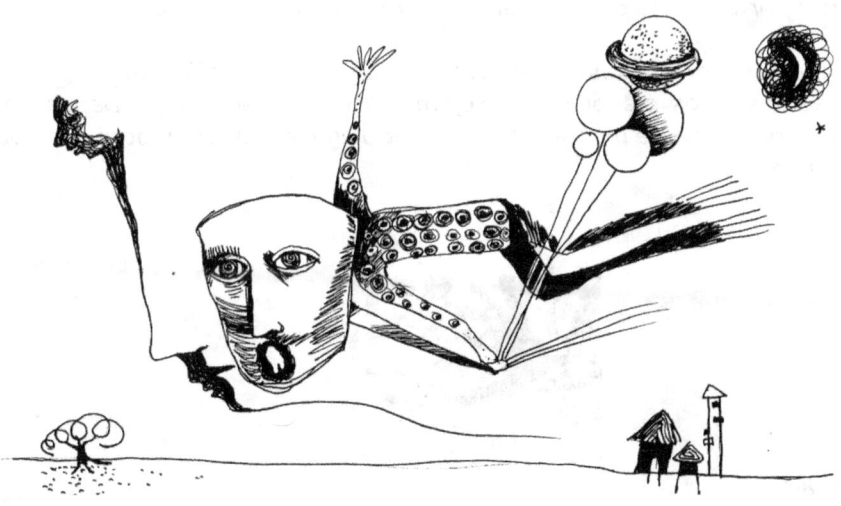

*Granada, 2018.*

É um escrito motivador para entender que está em nossas mãos aprender durante esta viagem. Seguir conhecendo-nos, e assim conseguir uma vida plena onde nos realizar e nos amar, para também compartilhar todo esse amor com os demais.

Vou querer-me um poquito mais para poder amar-te. A chave para não sofrer é amar, ou seja não esperar nada e desta forma tê-lo-ás tudo.

# ♫ NÓS CAMINHANO ♫

*Segundo o que creio ter aprendido até agora, parece ser que somos dois seres humanos, dois homens que deixaram atrás faz já uns anos a adolescência.*

*Temos ido experimentando pelo espaço-tempo através de vivências e sensações, valendo das relações com os demais e de alguma que outra substância recreativa para nos observar e tentar entender de que vai tudo isto.*

*Caminhando através de relações familiares, de casal, amigos, trabalho. Rindo, chorando, em paz, com medo, deprimidos, sem motivação, com ilusão, julgando, aceitando, mas sempre tentando ser honestos.*

*Encontrando num momento onde o medo e o amor se estão a fundir, ambos se encontram jogando em nosso interior em direcção ao infinito, como sempre tem sido, só que agora a consciência nos permite ver desde outra perspectiva, desde outro lugar, quiçá tenhas razão e estejamos mais para perto de a verdade que nunca.*

*Encontramo-nos caminhando juntos, surcando a aventura mais louca jamais criada por algum Deus. Poderíamos estar dentro de uma simulação, onde a única regra é que não há regras, onde a cada um cria sua própria gaiola, uma gaiola que sempre teve a porta aberta para poder voar, tão só é uma decisão.*

*Caminhamos por nossas ramificações observando e observando-nos, tudo está preparado para nós, o acolhemos. Sejamos como franjas fluindo, bem ante uma brisa de verão, ou bem ante um furacão. Obrigado amigo, por estar aqui observando comigo, te quero.*

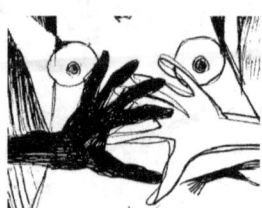

*Granada, 2018.*

Um escrito dedicado a meu bom amigo Diego. Nessa época passamos bastante tempo juntos por trabalho e isso nos uniu muito. Costumávamos falar continuamente de mil temas diferentes, íamos ramificando a cada tema, simplesmente por diversão, era curioso como o trabalho se confundia com a diversão e nos dias fluíam como um rio para o mar.

É um escrito cheio de sensações amistosas, um tempo no que senti crescer em muitos aspectos de minha vida. A vida costuma ter preparadas aventuras cheias de aprendizagem e esta sem dúvida foi uma delas.

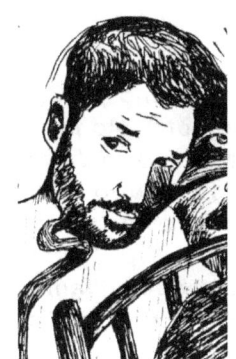
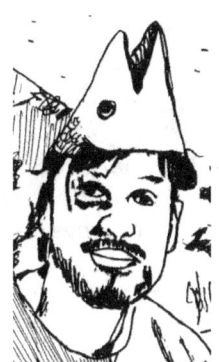

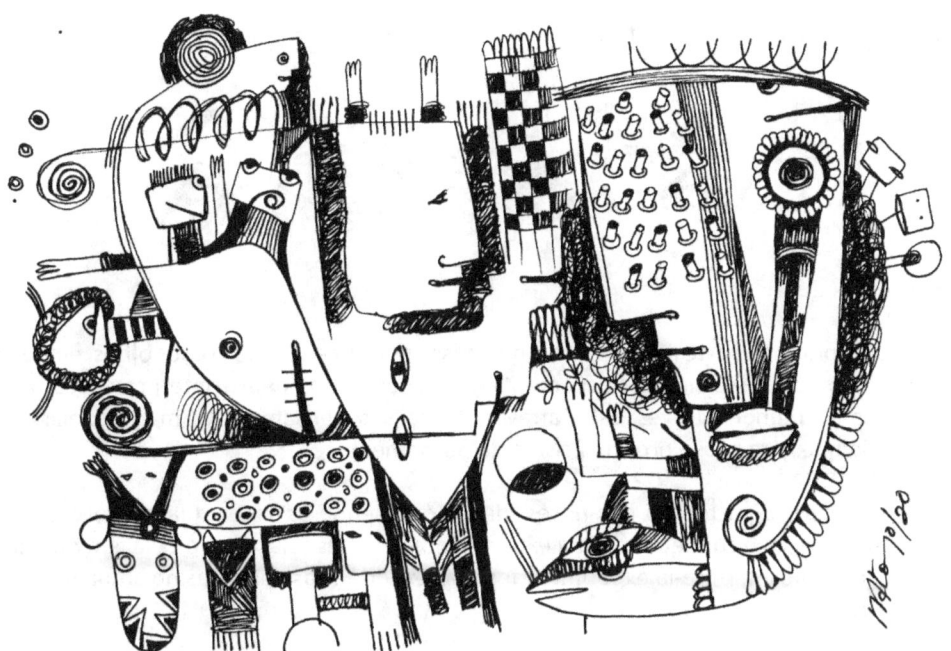

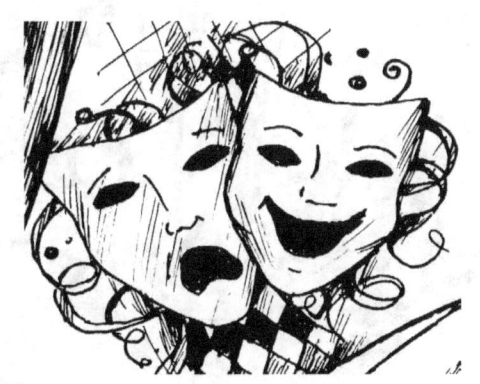

## NOSSO PENSAMENTO SÃO NOSSOS OLHOS

*Todos nós conhecemos mais do que pensamos, temos a sensação de que nosso pensamento está sesgado, isolado do outro. Ao pensar isolado não podes lhe conhecer e ao não lhe conhecer não sabes que o conheces mais do que pensas, porque é bem mais tu do que pensas, vemos ao outro através do que pensamos, assim nosso pensamento se converte em nossos olhos.*

*Se pensas que é o amor de tua vida, que é fantástica, questiona esse pensamento e unir-te-ás a essa pessoa, ver-te-ás nela, serás um com essa pessoa. Quando te vês um com essa pessoa não a precisas, ao não a precisar podes a amar porque enquanto a precises não poderás a amar, porque vais ter medo de que desapareça de sua vida, se tens medo de que desapareça te contrair e se te contrair não te podes abrir. Se não te abres, não amas, então sofres.*

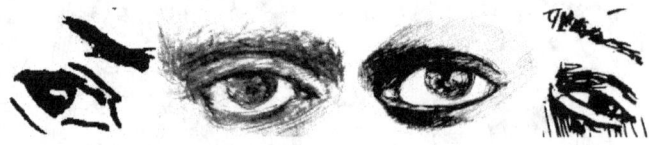

*Granada, 2020.*

Uma primeira parte na que falo de que nosso pensamento são nossos olhos, em realidade vemos através de nossa mente. Nossa mente gera todas nossas ideias e interpretações, portanto, vemos nosso mundo através dela, através de nossos pensamentos; mais especificamente através do que gera nosso próprio prisma de pensamento.

Na segunda parte falo das necessidades que sentia às vezes quando recordava a um maravilhoso ser que conheci. Já tinha experimentado várias relações de casal em minha vida e pensava que encantar-me-ia experimentar novas experiências baseadas no amor, na confiança e na liberdade.

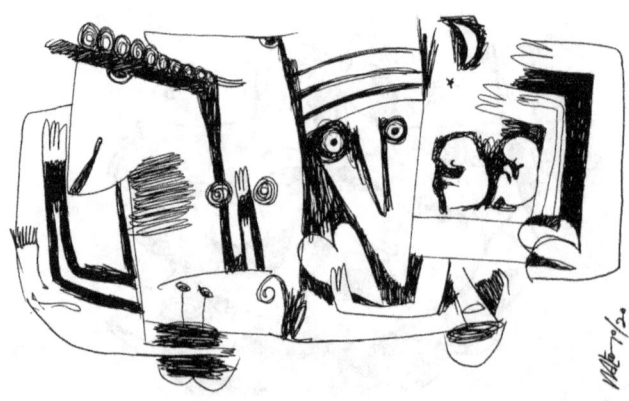

## APAIXONAR-SE, QUERER E AMAR

Após ter passado por diferentes experiências de casal e diversas relações, tenho podido observar as diferenças que há entre estar apaixonado, querer e amar. Para aproximar-nos a compreendê-lo tentarei dar-lhe um significado a cada fase.

Para mim me apaixonar não está relacionado estreitamente com o amor, mas bem com a idealização. Normalmente quando te apaixonas por alguém em realidade te apaixonas por uma ideia mental idealizada que creiais a partir de seu próprio prisma de pensamento. Se observá-lo com atenção dás-te conta de que é uma grande artimaña da natureza para que de alguma forma continue a espécie, permite por um tempo limitado mal julgar ao ser do que te apaixonas, e assim poder aceitar de uma forma mais singela. Normalmente ainda não conheces o outro o suficiente como para te apaixonar por coisas reais. Apaixonar-se é um estado onde a química te descontrola os sentimentos e te faz permanecer num estado similar a estar sob os efeitos de uma droga. Na fase de enamoramento os defeitos do outro são praticamente ignorados, no entanto, as virtudes são altamente veneradas. Quando um está apaixonado costuma sofrer pela ausência do outro e isto é um claro sintoma de que não é amor, sina apego.

Querer relacionar-o com o apego. O apego é ter necessidade, achar que sem o outro não és feliz, achar que o outro te complementa. As relações que se querem e se precisam costumam sofrer, é difícil que possam cobrir todas suas necessidades o um ao outro durante toda a relação. Costumam proibir-se coisas mutuamente, por fitas-cola ou inseguranças. Eu te quero se tu me queres, eu te dou se tu me dás. Limitam-se mutuamente, costumam ter data de caducidade e com frequência são rupturas dolorosas. Sem ti morrer-me-ia, sem ti não sou ninguém, são exemplos de frases que dizer-se-iam casais desde a necessidade, casais que se querem muito. Simplesmente tento definir um fato que se dá em algumas relações, não o julgo, sina que o aceito como uma fase mais pela que passamos alguns humanos ao nos relacionar.

Amar é dar sem esperar; aceitar-te a ti mesmo, aceitar aos demais, não julgar, ter compaixão. É a fase onde se caem as máscaras, passa o enamoramento que tampava os defeitos do outro e aparece uma realidade, está cada vez mais completa. Gosto de dizer que um ama desde que começa a ver os defeitos do outro com ternura. Amar é diferente de estar apaixonado é diferente de querer. Amar é oposto ao apego, oposto à necessidade do outro para sentir-se completo. Amar é deixar escolher a teu casal quiçá coisas que achas que não te convêm, ajudando em sua liberdade. Amar está estreitamente relacionado com a liberdade. Uma relação baseada no amor não quer dizer que deva durar toda a vida, de facto, as relações baseadas no amor quando terminam costumam ser rupturas amistosas, simplesmente compreendendo que terminou o ciclo que compartilharam, agradecendo por toda a aprendizagem e feridas sanadas.

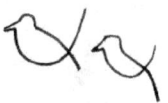

*Granada, 2020.*

Este texto andou por minha mente durante muito tempo. Finalmente, decidi escrever minha ideia sobre o que é estar apaixonado, querer e amar. Minha experiência em minhas relações serviu-me para ver desta forma. Estar apaixonado é uma espécie de ilusão cheia de sensações pouco próxima à realidade, querer está relacionado com o apego, com a necessidade e o amor com a paz, a liberdade estando para perto da verdade. São fases que experimentamos os humanos em nossas relações, fases cheias de paixão, de sentimentos, que nos fazem nos sentir muito vivos.

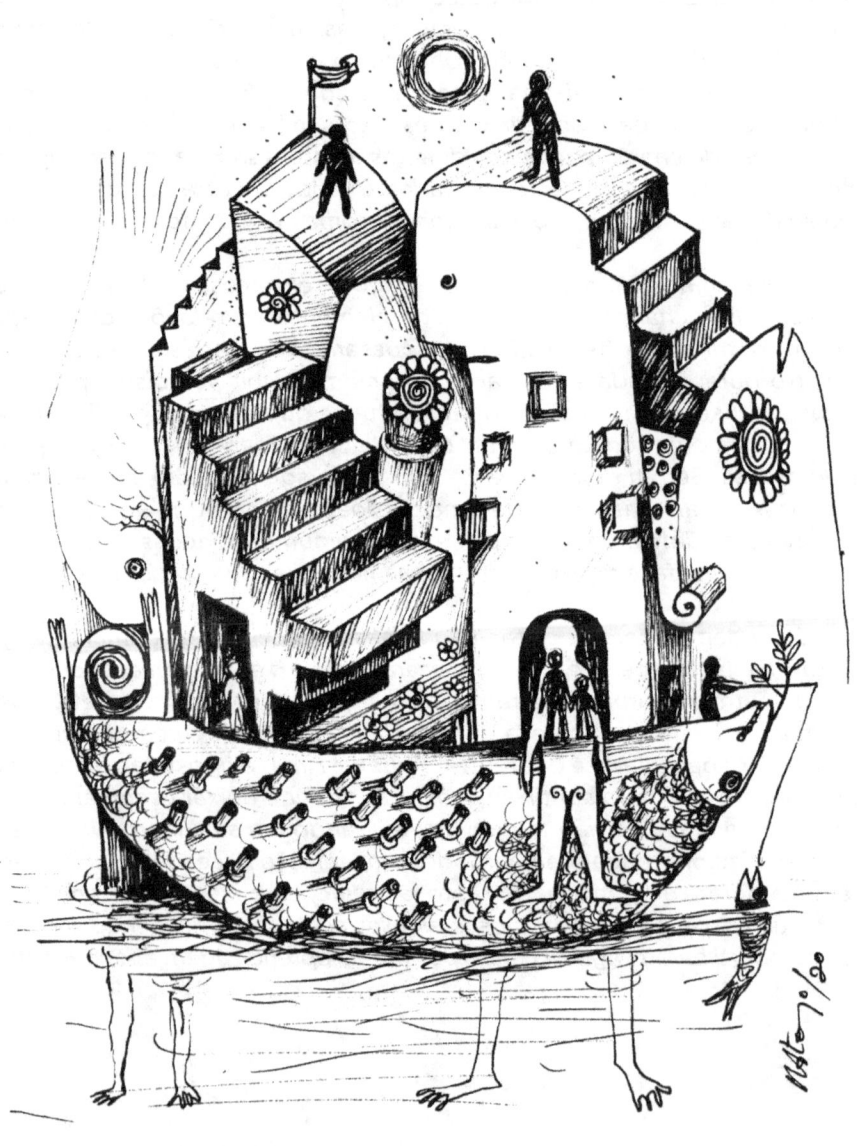

# TÊM VISTO O QUE CANSA?

*Não sei como expressar isto, mas o vou tentar, não sei se alguma vez tenha experimentado em tua vida a sensação de que enquanto está a ocorrer uma coisa deveria de suceder outra. Essa forma implacável quando entramos dentro de uma situação, esse golpe que lhe damos ao instante, onde entramos desde nossa perspectiva da coisa, irrompendo no que sucede, para promover que suceda o que não sucede, a nosso desejo, e é muito estranho. É o que trata de expressar, que a cada instante tem sua própria dignidade; significa que é digno de existir.*

*É curioso que quando entras numa situação e tu queres que à força suceda o que tu queres que suceda, ou o que tu pensas que deveria suceder, ou se sucede o que tu pensas que deveria suceder, pensas que deve suceder o que sucede que pensas, mas mais como tu pensavas e menos como está a suceder, porque se está a passar o que está a passar que é o que querias, mas não termina de passar como eu quereria. Por que? Porque não termina de me satisfazer. Por que? Porque estou a esperar um resultado do que sucede e se tu esperas um resultado do que sucede no presente nunca o vais encontrar, porque o presente é o resultado em si mesmo. Em ocasiões compreendo que o compreendo, mas diria que não é um entendimento intelectual.*

*Sim estou a dar-me conta de que estou a compreender algo, mas não sê muito bem que estou a compreender e desconheço o envolvimento que tem nem em meu passado, nem em meu futuro o que estou a compreender, porque realmente o estou a compreender agora, que é quando está a suceder sem minha intervenção intelectual, do que se espera que devo obter do que tenho entendido.*

*Têm visto o que cansa? É um mecanismo no qual investimos muita energia, é nossa luta com o ego, pretendemos antepor nossa ideia de viver ao que a vida oferece a cada instante.*

*Um enxame de abelhas funciona à perfeição, porque a cada indivíduo que o conforma está ao serviço do resto dos indivíduos e sabem que todo o que sucede tem um sentido, ainda que não o compreendam. E nós ainda não compreendemos isto porque o vemos desde nossa moral, achamos que isto é bom, estar ao serviço dos demais e não é nem bom nem mau. Possivelmente dentro de nós há um espaço natural que ainda está por explorar, um que quando tu fazes o que sentes que deves fazer sem te dar conta estás a beneficiar a um número de pessoas que jamais tivessem imaginado.*

*Quantas vezes nos golpeamos com nossos próprios sentidos e nossos próprios significados das coisas, tentamos conseguir compreender para estar em paz, quando a paz surge de te abrir ao viver tal como é e te descobrirem isso. Quantas vezes nos golpeamos com nossos próprios significados, nos golpeamos contra situações que tentamos compreender intelectualmente e que justamente essas situações são tal e como são para que tu te descubras a ti mesmo e encontres a paz dentro de ti, justo aquela paz que estás a tentar descobrir, uma vez tu achas que o compreendeste intelectualmente, não faz sentido e isto tem uma despesa de energia tremendo.*

*Quando nos encontramos em frente a uma situação de vida na que pensamos que está a passar o contrário ao que gostaríamos que passasse, vemos que não compreendemos e usamos de nosso medo para que nos asesore correctamente para sair adiante nesta situação, o medo nos costuma dizer algo bem como "tu tranquilo que vais sair adiante em isto" e é estranho. Por isso temos essa mentalidade de sair ã frente.*

*E daí tal deixar-se levar? Penso que, se me deixo levar, sei aonde me leva isto, porque meu medo me disse aonde levar-me-ia, mas a realidade é que não o sei. E saber que não o sei é uma tremenda experiência de sabedoria.*

*Imaginas-te que um ser humano estivesse a experimentar e vivendo uma vida e enquanto a está a viver, sente que lhe falta o que precisa para viver esse instante de vida? Não faz sentido.*

*A mim me ocorre que quando escrevo me costumo encontrar, me encontro em minhas ideias e reflexões, me ajuda em meu caminho de aprendizagem, que somado a minha observação são ferramentas finque para minha acordar.*

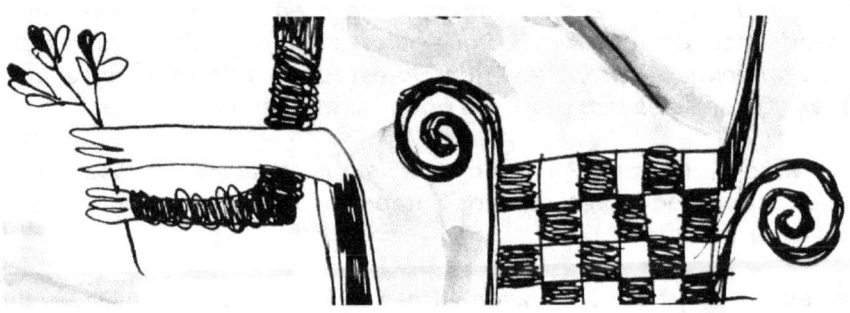

*Granada, 2020.*

É um texto que escrevi durante uns dias de intensidade emocional. Observava meus pensamentos e tentava entender por que me causavam sofrimento e por que os criava, simplesmente os observava e me fazia perguntas para entender por que criava essas necessidades e essas hipotéticas histórias. Às vezes chegava à conclusão de que apareciam quando não me sentia completo, procurava fora por falta de amor próprio, outras vezes por inseguranças ou apego.

Um texto no que falo de aceitar o que sucede para não lutar contra o que se dá e aprender a aceitar a vida tal e como se vai dando à cada instante. A insatisfação e o sofrimento dão-se quando esperas algo a mudança e te enches de desejos.

# NECESSIDADES

Quando te encontras que precisas fazer algo para estar bem, não o faças, depois o faz, mas não o faças primeiramente. Se fazê-lo anestesiar a necessidade que te levou a fazer algo que seguramente não encher-te-á também não. Quando tenhas a necessidade de pôr música, de enviar uma mensagem, de jogar a um videojogo, de ver uma série, quando precisei fazer algo, não o faças, porque ao o fazer te despistar as, cobrirás a necessidade que tens, não encontrar-te-ás na necessidade que tens e se não te encontras na necessidade, a necessidade sempre será um vazio, um vazio que sempre projectadas nos demais, que precisarás que façam o que tu pensas que precisam fazer para tu te sentir não precisado.

Cansa muito viver precisando algo, mas se te deténs e o precisas do todo tu encherás essa necessidade, que encontrarás sendo o "necessitado", podes criar uma relação entre tu e o "necessitado" de tuas necessidades e como curiosamente coincide que tu e o "necessitado" de tuas necessidades é o mesmo, a relação em princípio pinta bem para se entender.

Estar em conflito significa que estás no final do conflito, significa que estás olhando a última porta que não te atreves a cruzar para descobrir sua capacidade de amar sem condição.

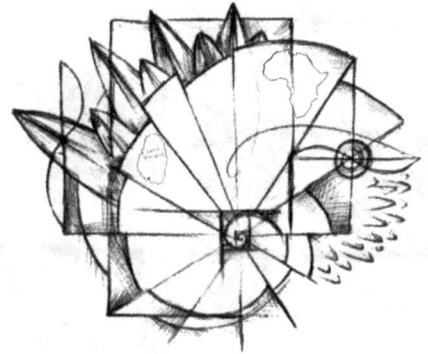

*Granada, 2020.*

Um texto que fala das necessidades que criamos nós mesmos em nossas vidas. É normal que se alguém gostas queiras passar de tempo com ele, o problema está quando creias a necessidade de passar tempo com ele. A diferença entre que queiras passar tempo com ele e que precisas passar tempo com ele, é que com a necessidade sofres.

Quiçá estabelecendo uma relação entre tu e tua parte "necessitada", possas chegar a entender de onde vêm suas necessidades e ver que são criações mentais próprias, e assim entender que as necessidades ou desejos que criámos nos produzem sofrimento já que costumamos procurar fora, o que em realidade já temos dentro, amor.

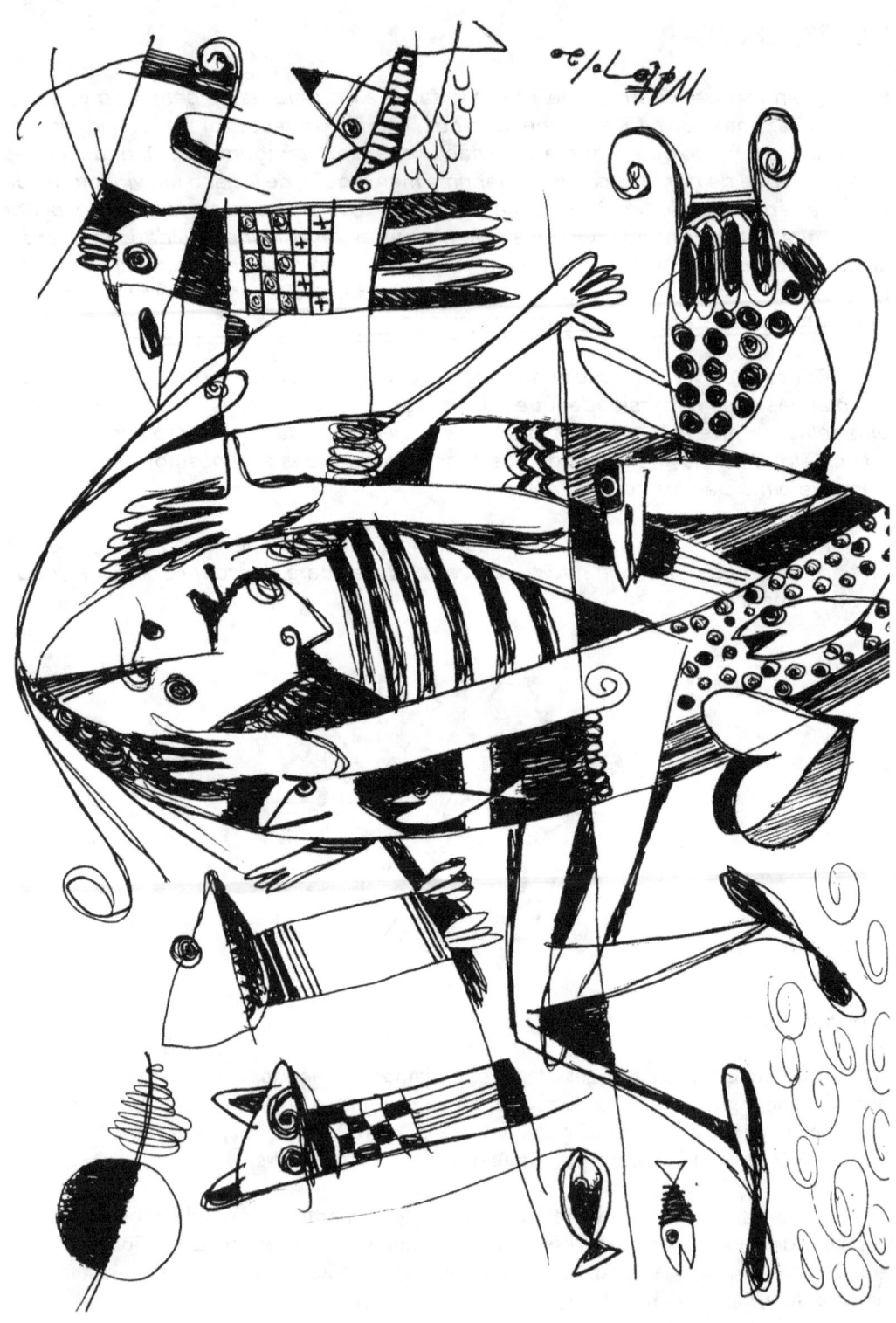

33

## MARAVILHOSO SER

*Conheci e descobri a um maravilhoso ser, aparentemente encontrava-se fora de mim. Com o tempo entendi que esse maravilhoso ser era eu, pois nasceu através de meu próprio prisma de pensamento. Surgiu desde minha criatividade e meu ego. Foi criando-se com mimo, utilizando os recovecos latentes cheios de segredos que se achavam escondidos no mais profundo de meu subconsciente. Começaram a criar-se torbellinos de sensações que tomavam forma ao ritmo dos batidos de meu coração. Assim fui criando esse maravilhoso ser que em realidade saía de meu interior e era eu.*

*Pensava que se tivesse sido mulher me teria encantado ser esse maravilhoso ser que conheci, com sua personalidade, seu físico, sua energia, sua essência. Pude descobrir durante minhas cavilações que, se nunca vi nada que não fosse eu, esse maravilhoso ser sem dúvida era eu. É uma experiência incrivelmente profunda entender que sempre que me apaixonei o fiz de mim e portanto sempre que odiei foi a mim mesmo.*

*Uma experiência a da vida que nunca deixa de te surpreender, quanto mais libertas tua consciência mais descobres o que não és e aparece a opção de eleger ser o que realmente és e sempre foste, amor.*

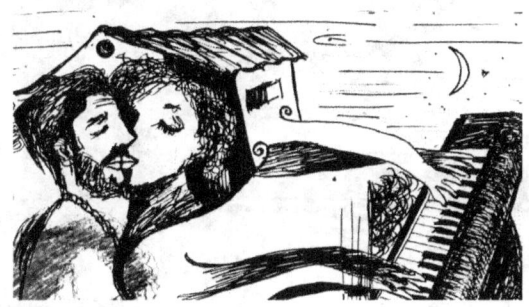

*Granada, 2021.*

Um texto que escrevi me inspirando em Maggi [1]. Um maravilhoso ser que conheci e do que me apaixonei. Com o passar do tempo fui descobrindo que tudo o que via e admirava pela sua forma de ser, sua energia, era uma interpretação que realmente partia de meu interior, de meu prisma de pensamento. Esta teoria li-a nuns textos de Carl Gustav Jung onde falava do espelho, dizia que a cada pessoa com a que interagimos reflete o que somos e dizia que todo o que odeias és tu e portanto todo o que amas também és tu.

A vida trata de descobrir nos demais e neste caso o tempo que compartilhei com Maggi me marcou e me ajudou a me conhecer descobrindo alguns de meus limites, aqueles que não estava disposto a observar, ela sem esforço, simplesmente sendo conseguiu me ajudar, às vezes só, basta com se permitir ser e viver para exercer um importante papel na vida dos demais.

1  Maggi: ver Livro III – Um Sueño Inacabado.

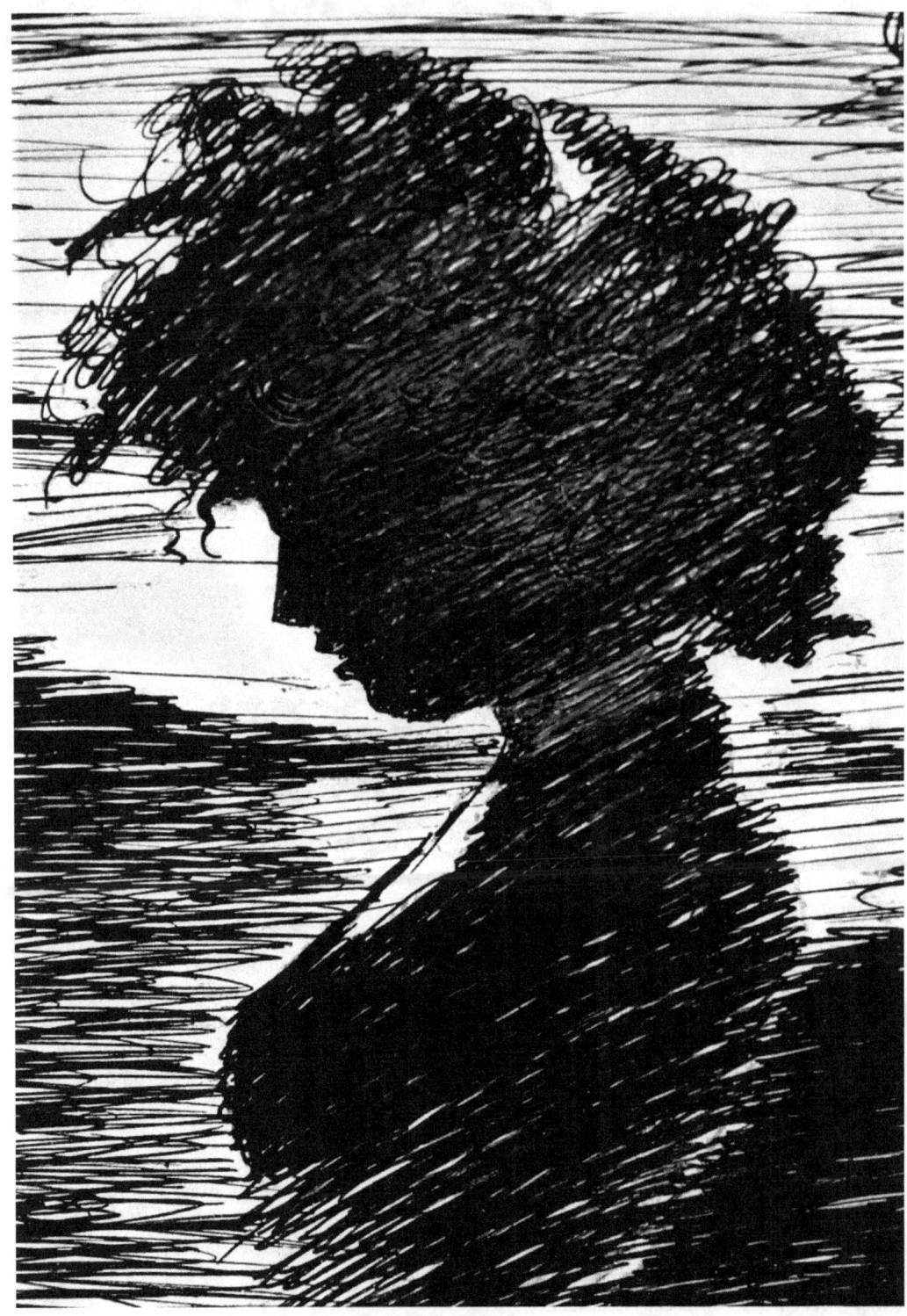

## MOMENTOS ÍNTIMOS

*1.- A cada dia a vida surpreende-me. A cada vez mais assombra-me poder observar como vai criando justo a situação que precisas viver. Tão perfeitamente desenhada para que aprendas a te adaptar e a aceitar. Todo preparado para que quando não aceites, sofras, sintas medo e a sua vez possas observar essa confusão, te permitindo sentir estando presente ao agora.*

*2.- A compaixão à hora de não julgar as confusões do outro é chave para experimentar o amor.*

*3.- Encontro-me uma vez mais cruzando pontes invisíveis por ti. Como custa confiar é andar sobre eles. Reflete a parte mais escura da minha alma, mostrando-me quem sou. Um presente que nunca esquecerei. Graças a ti conheço novas partes de mim.*

*Seguirei observando-me enquanto te conheço, e assim seguir me descobrindo.*

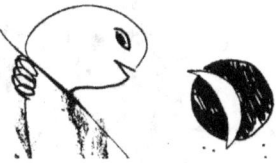

*Granada, 2018.*

Desta vez foram vários textos curtos, são ideais, restos de pensamentos que surgem em qualquer lugar, andando pela rua, na parada do metrô ou em momentos de meditação.

Falo do perfeito mecanismo da aprendizagem que oferece a experiência de viver. Comento sobre a relação entre a compaixão e o amor.

E termino com um texto sobre meus medos e inseguranças quando conheci a Maggi pela primeira vez.

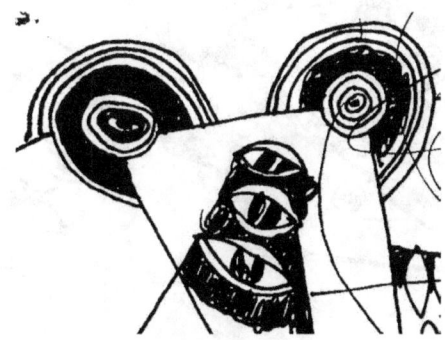

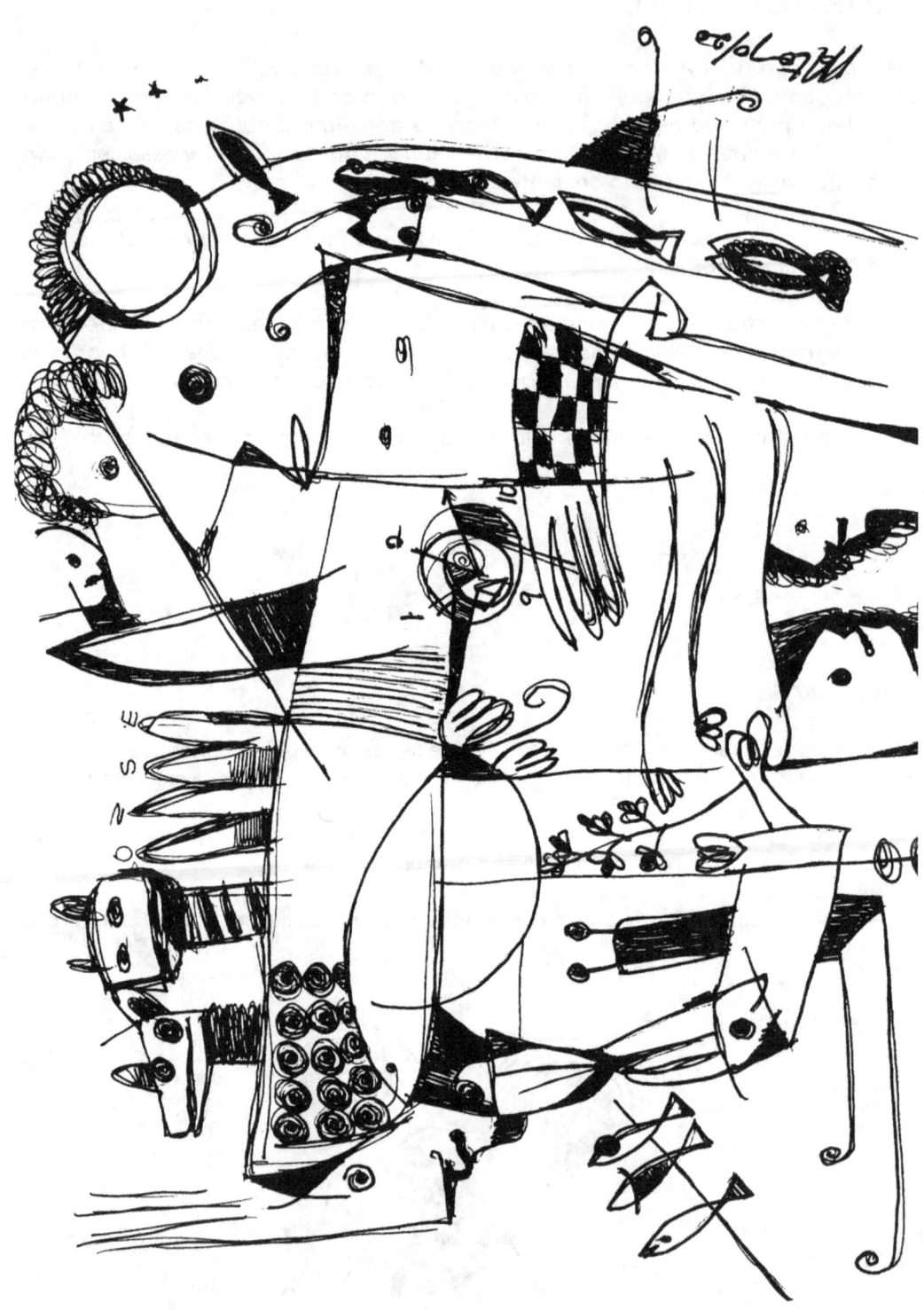

## CORAÇÃO FERIDO

*Um coração ferido pode recobrir-se de espinhas como medida protetora. Pode que um dia concluísse: "não voltarei a me unir sentimentalmente a ninguém, dói demasiado o desamor". Pode que a solidão e a desconfiança o fizesse huraño e desapegado. Pode que o isolamento o recobre se de fria autossuficiência. Mas em seu interior bate uma terna essência com anseio de carícias, sonhando com a cercania de um vínculo seguro.*

*Para ligar com um coração ferido, primeiro há que se colocar o chapéu da paciência, as gafas da compaixão, o traje da generosidade e os sapatos da constância.*

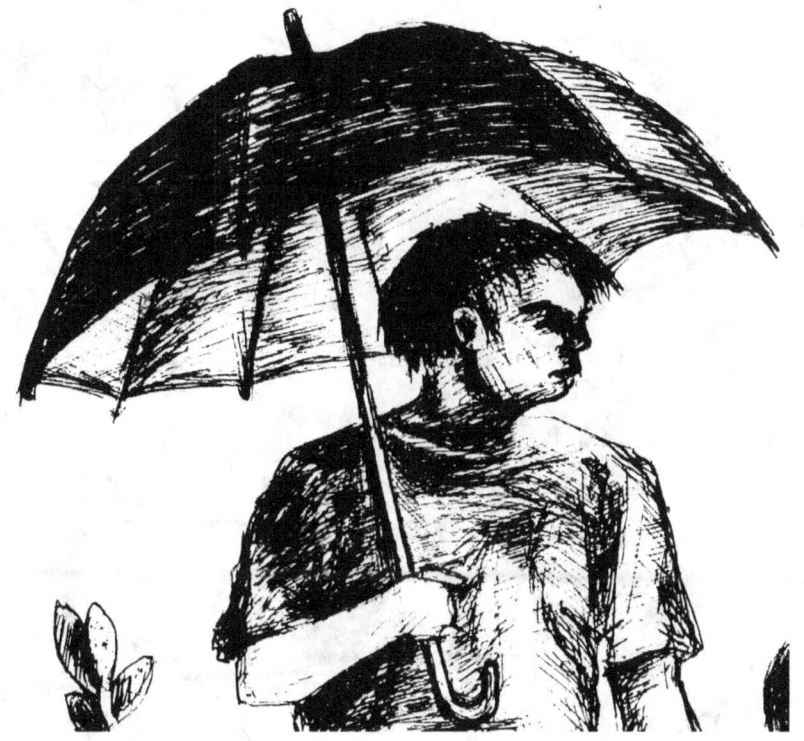

*Granada, 2019.*

Um texto escrito numa madrugada de nostalgia, pensava a respeito da necessidade que às vezes sentimos de nosso casal, essa necessidade de querer estar com ela e de que te faça feliz. Com essa necessidade arriscas-te a que o outro não te dê o que achas que precisas e sofras por isso.

Daí nasce um coração ferido. Na realidade, os únicos que podem ferir nosso coração somos nós mesmos. E termino com uma fórmula criativa para ligar com um coração ferido.

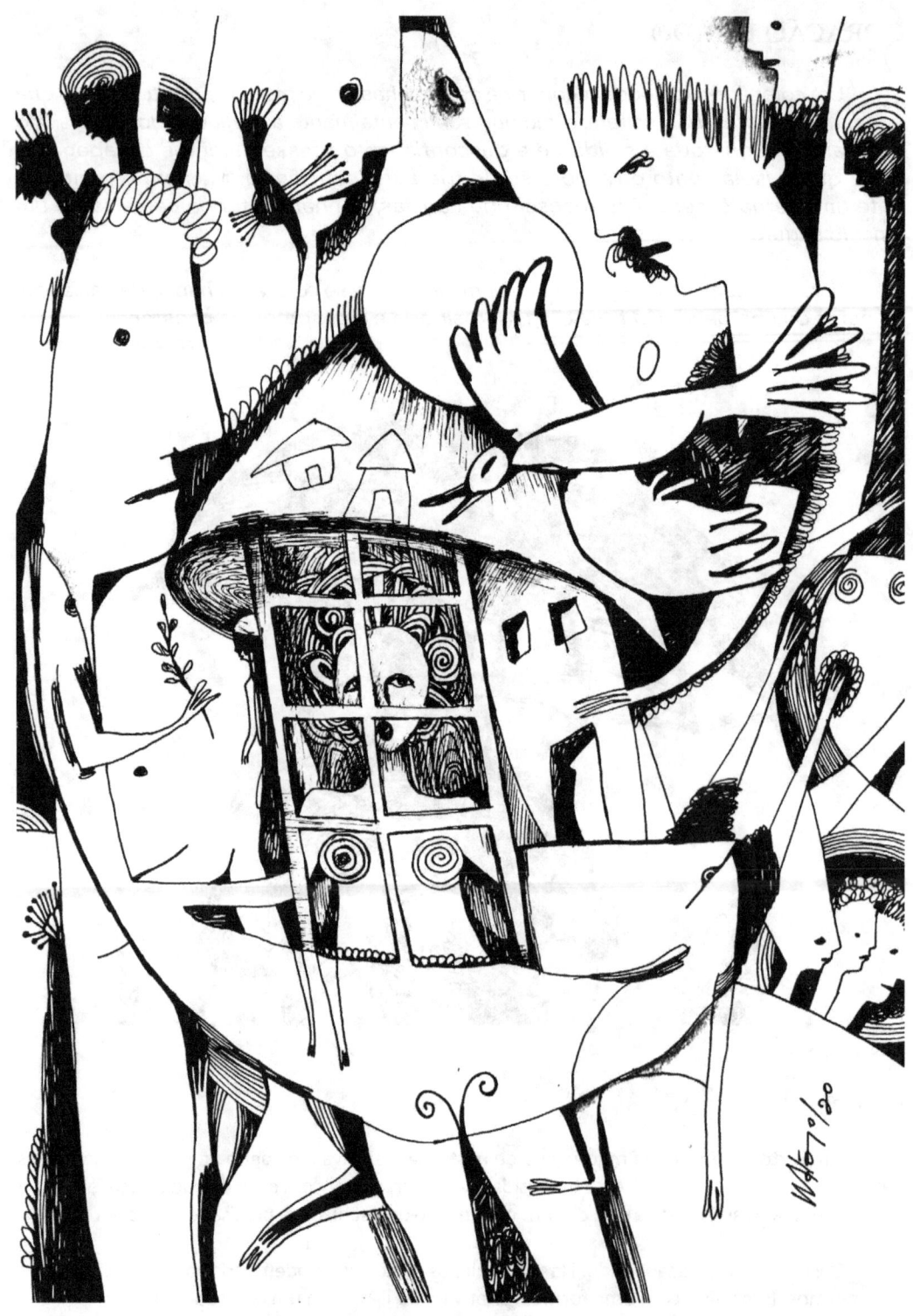

## SOMOS AMIGOS

*Somos amigos porque temos criado um mundo parecido. Tu és o teu e eu o meu. A cada um com suas verdades e com suas confusões.*

*A vida oferece-nos a experiência de unir esses mundos com a amizade, para encontrar-nos olhando nosso reflexo um no outro, e assim a cada um seguir se conhecendo. Encontro-me viajando pelos caminhos de teu mundo, agora também o meu.*

*Reconheço abismos que estavam latentes. A vida é incrível, digna de ser criada por um Deus, eu já me dei conta e acho que tu também. As sensações são nossas colegas, prestemos atenção, e assim descobrir-nos-emos um em frente ao outro.*

*Encanta-me sentir que estou agradecido por viver, isso é amor. Também entendo que às vezes, minha escuridão não me permite sentir essa gratidão, isso é ego. É a vida desde nossa experiência, dois mundos que se unem para seguir aprendendo a amar.*

*Enquanto, curamos as feridas mutuamente. Olhando-nos de frente e criando nossa amizade por amor.*

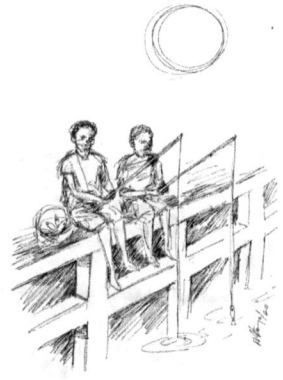

*Granada, 2019.*

Um escrito que fiz pensando em meu bom amigo Diego.

Passamos um ano compartilhando muito tempo por trabalho, nossa relação cresceu e criamos uma amizade mais intensa e profunda. Foi um tempo cheio de aprendizagem; pois íamos compartilhando vivências, cheias de intermináveis palestras filosóficas. Eram muito enriquecedoras, ao mesmo tempo eu ia observando meus pensamentos, meus sentimentos e minha capacidade de amar.

Um tempo que recordo com um especial carinho, o qual às vezes me inspirava a escrever pensando em minha grande amizade com Diego.

## JÁ TENHO UM RATICO "VIVÍO"

*Já levo um ratico "vivío" e sigo sem entender muito, mais bem pouco. O único que parece funcionar para conseguir paz e serenidade é aceitar, amar. É algo em princípio simples, no entanto, parece ser que à maioria nos custa o entender. O maior indicativo desta situação é que todas as pessoas que conheci em minha vida não vivem numa paz absoluta e lhes custa viver numa vida onde reina a serenidade. Nunca conheci ninguém que se tenha alugado. Parece ser que Jesus e Buda o conseguiram.*

*Há algo que às vezes nos impede de aceitar, amar. Chamemo-lo confusões: estas às vezes nos impedem de ver e viver na verdade, nós costumamos sacar do agora e nos fazem achar que nossos julgamentos são a única verdade, inclusive chegando a lutar por ela. Se temos a sorte de ser conscientes de nossas confusões, poderemos observá-las e com indagação procurar sua origem para chegar, quiçá, a entendê-las, ou ao menos, poder chegar a aceitá-las, assim poder te libertar delas e a sua vez viver mais para perto de a verdade, para poder estar presente ao agora de uma forma consciente, a cada vez com mais paz e amor.*

*Granada, 2018.*

A meus flamantes quarenta anos seguia observando minha vida, sentia-me como um menino descobrindo a vida, minha vida. Pensava, sendo otimista, que poderia perfeitamente me encontrar no equador desta viagem apaixonante e mágico. Pensava no que creio ter aprendido, no já percurso e nas aventuras que ainda ficar-me-iam por viver. Um texto que resume alguns de meus pensamentos filosóficos.

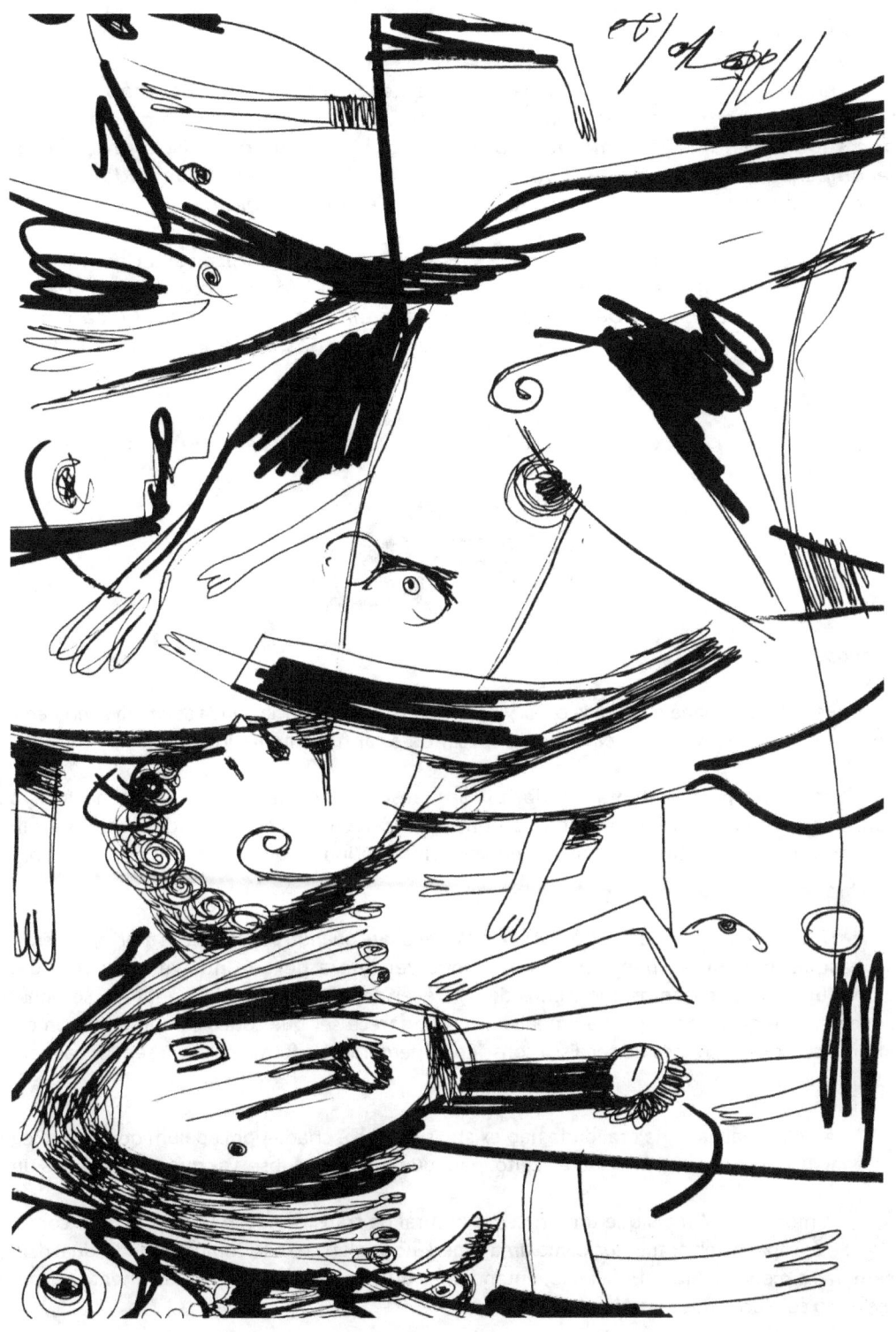

## TEXTO INACABADO

*Encanta-me quando me dizes que te amo. Sobretudo, quando não o espero. Sendo essa energia atravessando a distância que nos separa e ao mesmo tempo nos segue unindo. Os caminhos da aprendizagem são sofridos, o preço alto e recompensa-a será conforme. Viver com amor é o maior presente que podes oferecer e oferecer ao universo, é teu perfeito tributo pela vida recebida.*

*Tua consciência liberta-se graças às vivências e aprendizagens das gerações humanas que já sofreram e contribuíram conhecimento à fonte, à consciência coletiva. As futuras consciências libertar-se-ão obrigado em parte a tua contribuição, quiçá tudo se resume em quando dás tu dás e quando não dás tu tiras.*

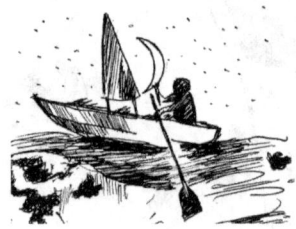

*Granada, 2018.*

Pensava em minha relação de casal, vivia uma relação a distância. Ainda assim, tive momentos bonitos quando sentias o teu casal perto apesar de estar fisicamente longe.

Por outra parte, intenta interiorizar al maestro Carl Gustav Jung. Costuma falar da consciência coletiva, o que me ajuda a entender um pouco mais o significado do amor e a lhe perder o medo à morte ao deixar de me ver como um indivíduo e começar a me ver como parte de um coletivo.

De facto, um exemplo que poderia explicar seria que quando pensamos na morte, sofremos. Se pesquisamos nesse pensamento podemos ver que é porque nos vemos como uma individualidade, pensamos que vamos desaparecer depois da morte. No entanto, se pensas em coletivo e observar o que há embaixo do ego, parece ser que todos os humanos somos a mesma consciência, o mesmo ser. Essa consciência perdurará de forma coletiva, sendo realmente tudo o mesmo.

A individualidade na realidade não existe, sina que é criada por cada um de nós. É o ego pessoal que deve ser reconhecido e aceito, para que possamos observar que todos somos um.

A morte não é mais que um processo natural de transformação tão necessário como a vida. Se és capaz de olhar tua vida como uma experiência coletiva e não como uma individualidade, perderás o medo de morrer: de facto, entendemos que a morte não existe. Finalmente termino o escrito com uma frase de Alejandro Jodorowsky.

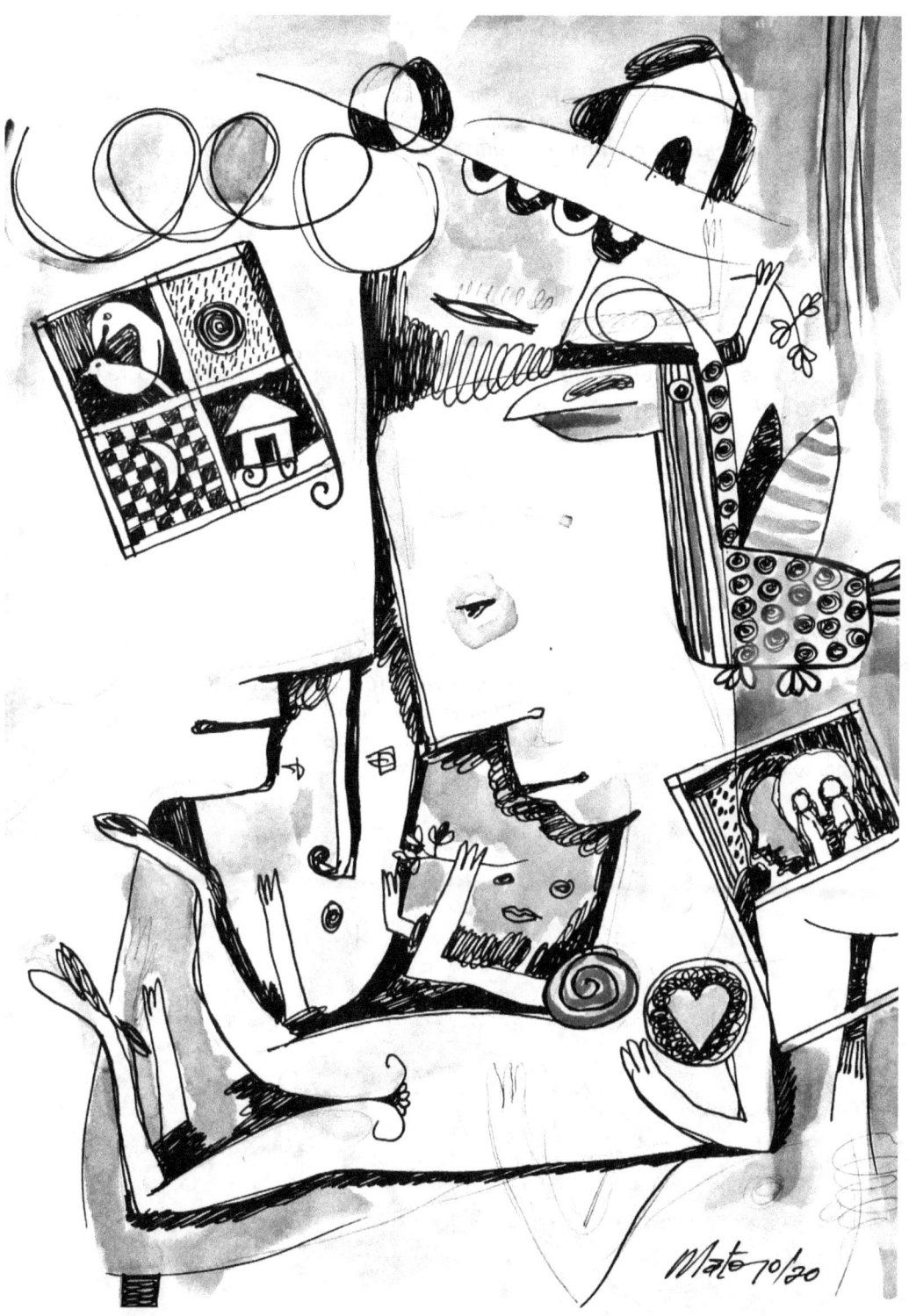

## COMPARTILHAR TEU NADA COMIGO

*Não me posso apaixonar por mais de uma mulher ao mesmo tempo, o vejo realmente complicado, ainda que quisesse não poderia, parece ser que só posso estar apaixonado por uma mulher sozinha.*

*O físico de uma mulher é importante para chamar minha atenção e para gerar um desejo, uma primeira atração, mas não o é para que eu me proponha uma relação estável com ela. Seu físico é como uma porta primeiramente, seria o bonita que é a porta. Mas se uma vez cruzar essa porta e não há nada, se encontra vazio, a química vai se diluindo para essa mulher.*

*Gosto de uma mulher que possa valorizar o incrível que é não fazer nada. Encanta-me uma mulher que queira compartilhar sua nada comigo.*

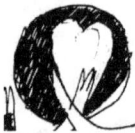

*Granada, 2018.*

Um texto que me inspirou a pensar em meus próprios sentimentos. Como sou quando me apaixono. E como se produz esse enamoramento. Fixando-me tanto no exterior como também no interior, ambos devem se complementar para que surja essa química e essa alquimia, esse sentimento que muda tudo.

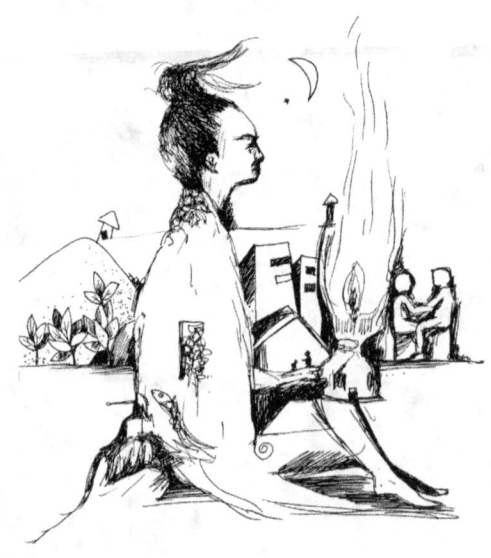

## UMA VEZ MAIS

*Aqui encontro-me de novo no enésimo começo da minha vida. Com a mochila carregada de experiências e umas quantas cicatrizes. Com a ideia de observar meus sentimentos e a vida que me rodeia. Num selvagem oeste procurando a verdade. Com fé e amando a cada dia de minha vida.*

*Sou um sobrevivente, um soldado do amor. É o que decidi ser, descobri que minha essência é amor, mas parece que em ocasiões decido o esquecer, com o fim de poder entender enquanto experimento jogando com o sofrimento.*

*É incrível, quanto empenho pomos em querer que a vida seja como nós queremos que seja. Quando não o conseguimos, lutamos e sofremos. Muitas vezes somos inconscientes de que a vida sempre nos oferece justo o que precisamos para libertar a consciência, por exemplo, com frequência nos atraem as pessoas que trarão os conflitos necessários para nosso crescimento.*

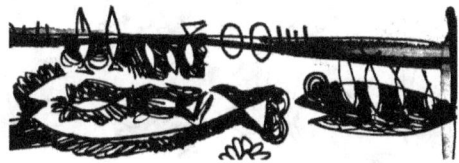

*Granada, 2018.*

Era uma época em que começava uma nova vida. Considero-me uma pessoa que tenta amar aos demais. Tentarei ir amando dia a dia e estarei atento quando não o conseguir, assim poderei entender minhas confusões, as quais provocam sofrimento.

É um texto que plasma um início de ciclo, pensava que seguramente viriam novas experiências, uma época cheia de vida pela que passava onde seguia por meu caminho perfeito.

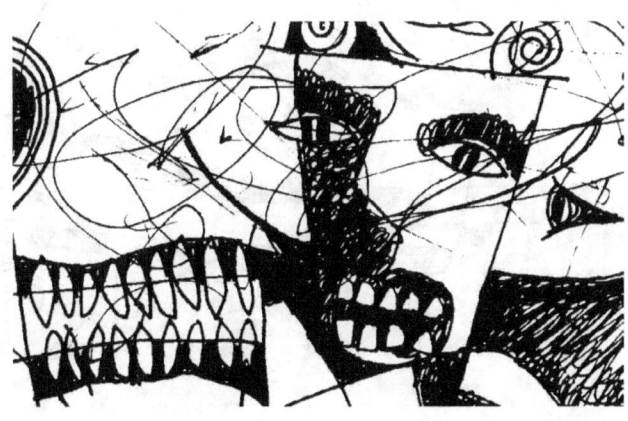

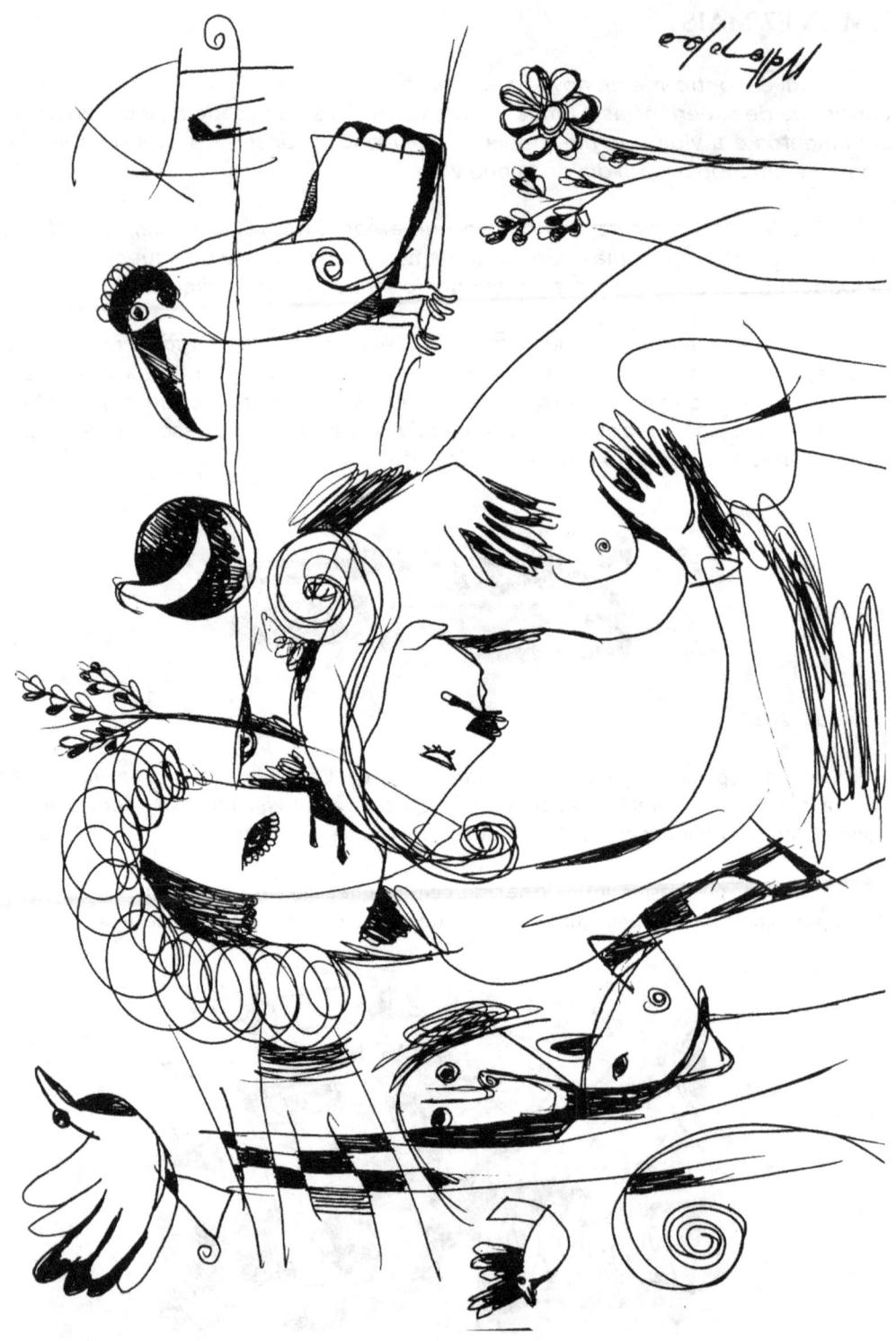

## ROMANCE

A evolução do homem tem levado a uma nova era aos humanos. Agora alguns evoluídos ou alumiados são capazes de amar em plenitude. Ao amar, produz-se uma reação química de forma natural nas células do corpo, a qual faz emanar luz branca da cada poro da pele. Comprovou-se cientificamente que há uns poucos milhares no mundo capazes de tal façanha. A raça humana vai para a luz, mas ainda são muito poucos os que o conseguiram.

Que obstáculos terão ainda que enfrentar para seguir evoluindo? É um dos momentos históricos mais transcendentais para a raça humana. O momento onde se produziu um das mudanças mais significativas. Quais foram as chaves que finalmente declinaram a balança para a luz?

Ao final entendem que não se tratava de lutar contra o medo, sina do aceitar e o usar para aprender, entendendo que se amar e amar a cada instante é o caminho. Continua a evolução exponencialmente, a cada vez mais gente brilha ao conseguir amar.

Finalmente, a espécie humana descobre que a vida não era mais que uma espécie de campo de treinamento de almas com o fim de reconhecer e atravessar sua escuridão e se alumiar se unindo a Deus, ao amor.

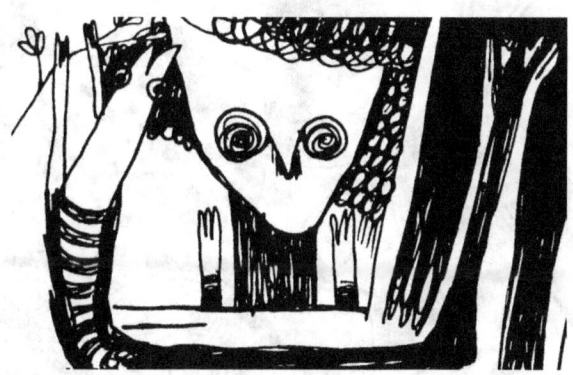

Granada, 2018.

Comecei a pensar em escrever uma novela fantástica ou de ciência-ficção e em seu argumento, pareceu-me interessante a ideia de emanar luz quando se ama e se sente paz. Uma evolução que sofreria e seria um pasito mais para a sobrevivência da espécie, pois nunca sobreviveremos se não reina o amor.

É possível que experimentar a vida de um ser humano na terra não seja mais que uma espécie de formação ou treinamento para seguir crescendo, acordando a luz que todos levamos dentro, que é amor.

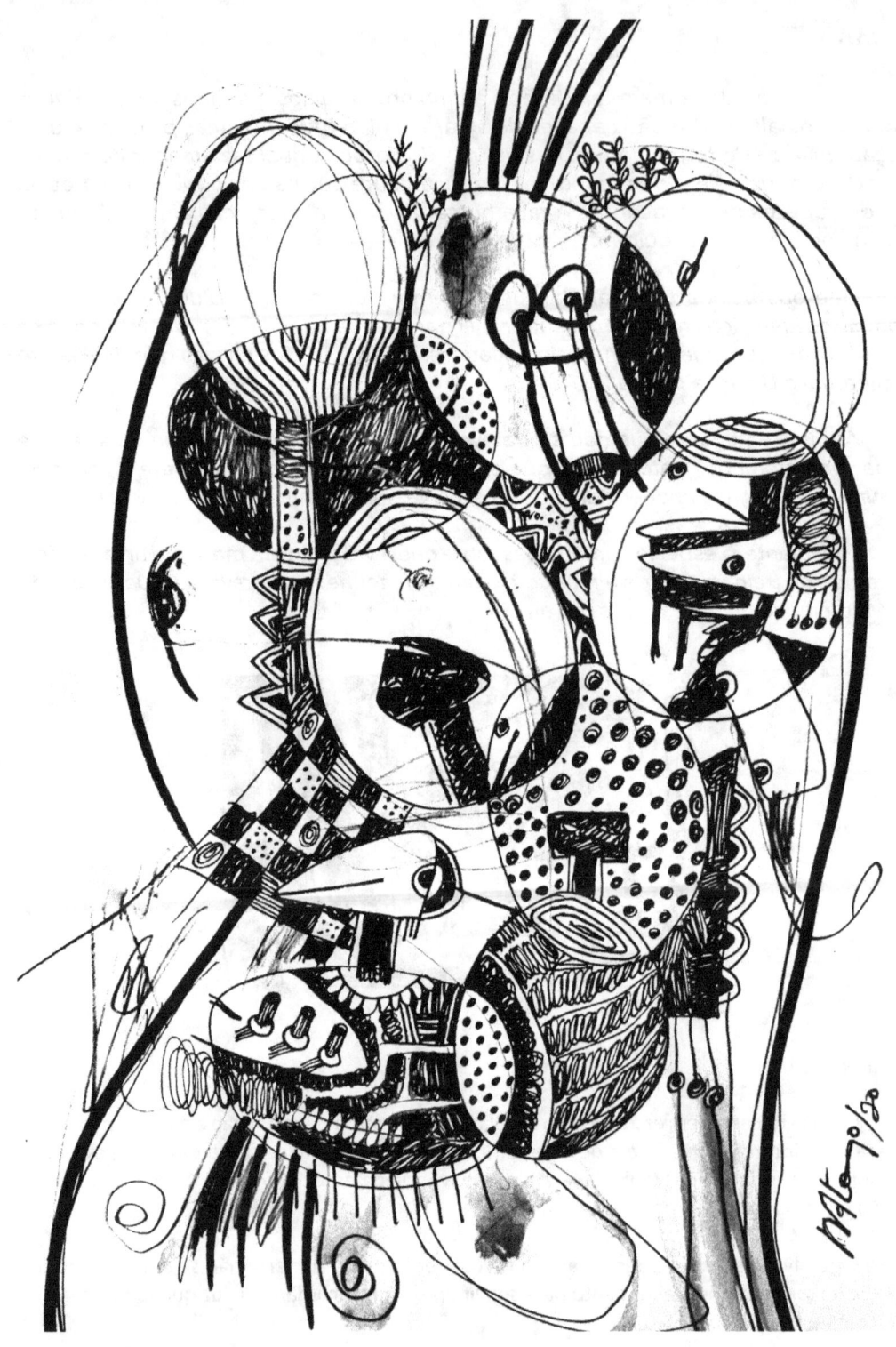

# NÃO MUDA NUNCA

*Dize-me algo que não muda nunca, não muda nunca que tudo está continuamente mudando. Há algo embaixo de toda essa mudança contínua que é inevitável? Quiçá isso que há embaixo que não muda, que é silêncio, seja Deus. Ou quiçá Deus seja toda essa mudança contínua. Quiçá alguém que chegue à iluminação poderia ter chegado a um estado permanente sem mais mudanças, entraria num estado divino, nesse caso Deus poderia ser o que há embaixo desta contínua transformação, o alumiado seria como Deus, silêncio, Amor.*

*No entanto, se ao chegar à iluminação contínua num estado de transformação para outros estados diferentes ou mais elevados, Deus poderia ser toda esta transformação que tens sofrido até a iluminação. Por exemplo, vejo uma similitude em que supostamente Deus é omnipotente, está em todas partes, parece ser que a contínua transformação se encontra em todas partes. Mas não sabemos se esta transformação contínua teve um princípio ou é algo eterno. Como sempre, ao aprofundar numa ideia filosófica, podemos observar que nos falta informação. Como saber que tinha antes do suposto Big Bang ou que há depois da morte.*

*Não podemos chegar a uma resposta da que estejas seguro ao cem por cem, Deus será aquilo que reside baixo esta mudança ou transformação contínua? Ou quiçá, Deus será toda esta mudança ou transformação contínua que nos acompanha e nos vai libertando? Quiçá ambas coisas. Quiçá nenhuma. Isto é filosofia. Onde a ciência não chega, aparece a filosofia oferecendo outros possíveis caminhos.*

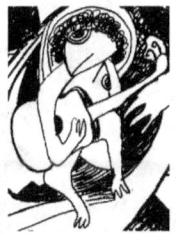

*Granada, 2018.*

Jogava com ideias filosóficas. Pensava em Deus e numa verdade budista que diz que tudo está em contínua transformação. Falo de como utilizar a filosofia de forma recreativa, a uso para me divertir pensando, ainda que sendo consciente de que o mais seguro é que não encontrarei respostas às grandes perguntas, mas quiçá se tenha um importante papel em minha evolução e acordar ao me oferecer diferentes perspectivas.

Às vezes quando jogo com pensamentos filosóficos noto como algo muda em mim, como se a cada vez estivesse mais para perto de encontrar respostas. Uma sensação estranha, um jogo filosófico, que não sei por que, me leva a sentir que tudo reside em se amar a um mesmo, para depois poder compartilhar todo esse amor com os demais.

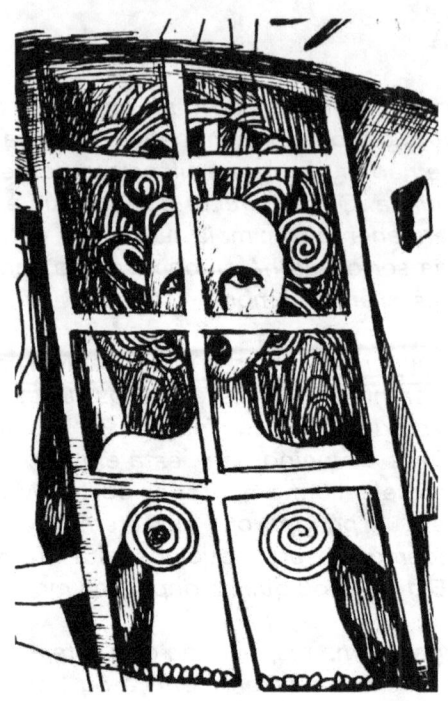

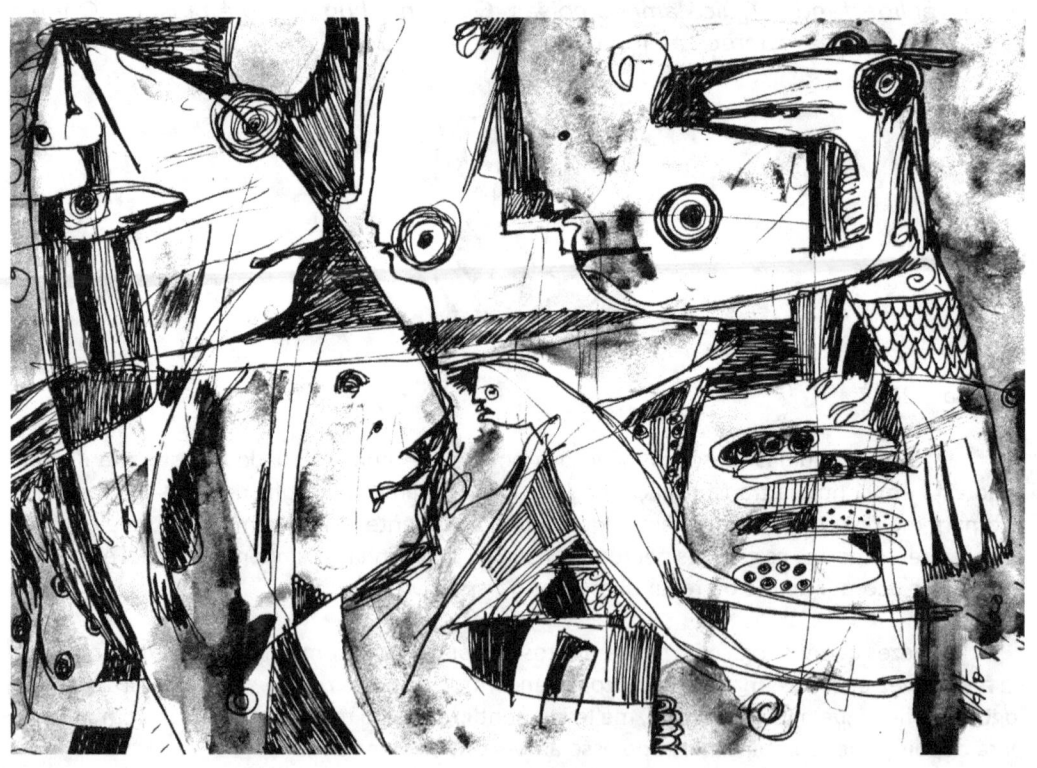

# É IMPORTANTE QUE ESTEJAS AQUI

*É importante que estejas aqui, inclusive que tenhas estado ou estejas a sofrer. É importante que simplesmente estejas, ainda que às vezes acho que não queres estar. Estar para enfrentar, observar o que possas, teu sofrimento, tua paz, mas estando, para que possas entender que tudo está bem e vale a pena. Observar simplesmente o que tua consciência te permite observar e não te crer do todo teus pensamentos: se julgas observa teu julgamento, mas tentando entender que esse julgamento o mais provável é que não seja a única verdade. Se podes, não tos creias em tudo.*

*É importante que estejas aqui para ti e para todos os que te amamos. Aqui todos, juntos nos curando as feridas uns aos outros, caminhando, nos cuidando, aprendendo de uma forma sutil e perfeita. Pouco a pouco iremos a cada um observando e entendendo nossas confusões, num dance de egos que se dirigem para o acordar, para a iluminação.*

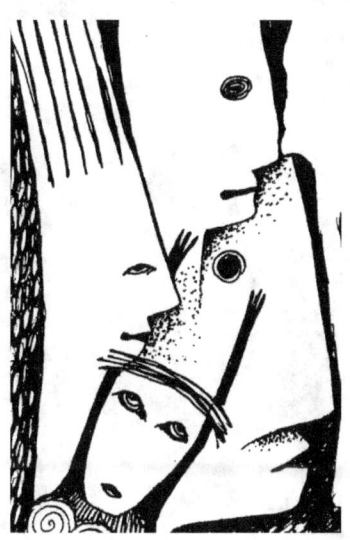

*Granada, 2019.*

Um texto dedicado a meu bom amigo Diego. No ano dois mil dezenove foi uma época em que compartilhamos muito tempo de trabalho. Recordo aquele tempo como uma explosão de criatividade para minha mente. Aprendi muito sobre o mundo escape room. Desenvolvi minha capacidade comunicativa, interpretativa, criativa, foi um grande crescimento pessoal, foi perfeito para conhecer de uma forma mais profunda.

Tudo isto me ajudou a tomar decisões com meu futuro e a seguir me propondo o que queria fazer com minha vida. Com o texto, só pretendia animar a meu amigo em momentos duros de trabalho, quando o ânimo flanqueada. É uma forma especial que tenho de me expressar, a de escrever. E, às vezes, também me serve para demonstrar meu carinho.

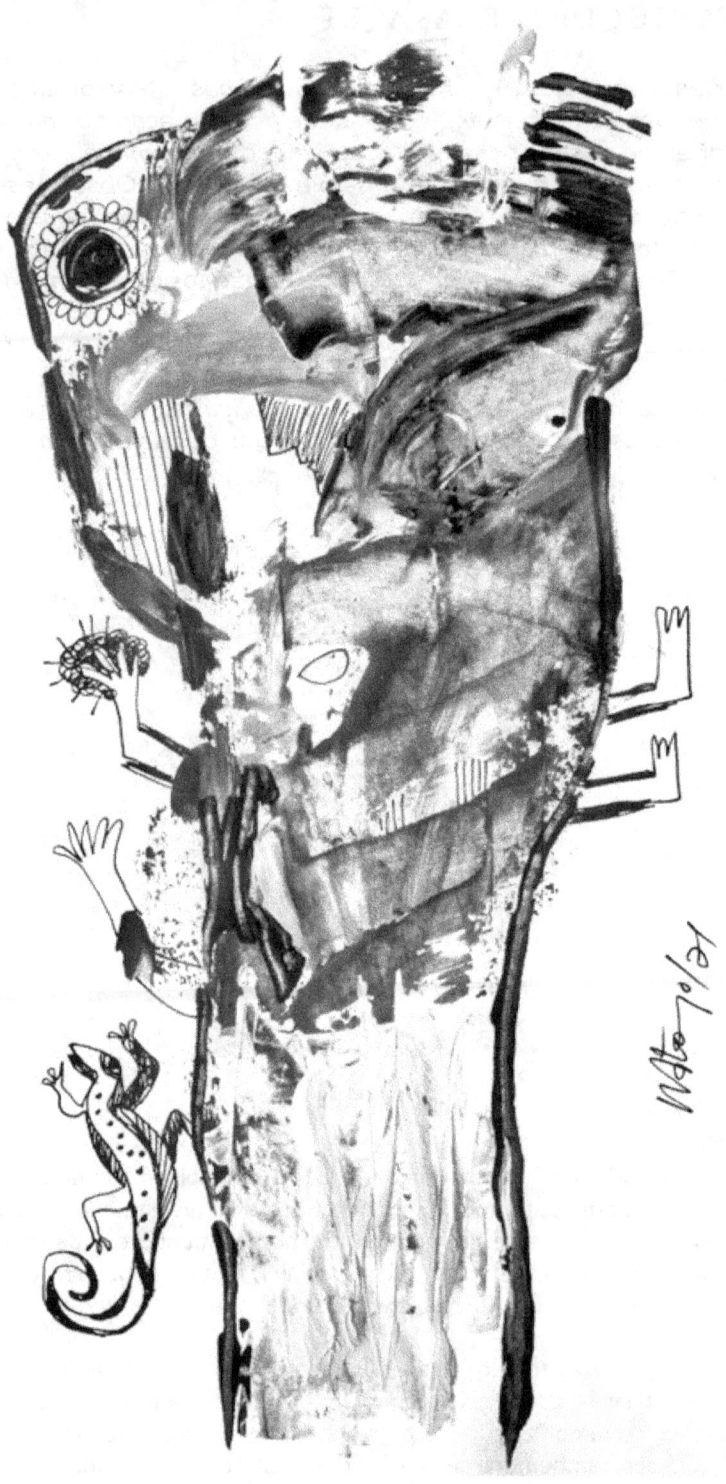

# COVID-19

*Esta é uma prova mais de maturidade para a humanidade. Para cada um de nós. Uma prova de consciência e de responsabilidade, de olhar em nosso interior e perguntar-nos para que está a ocorrer tudo isto.*

*Todos somos co criadores de nossa realidade em todo momento e suceda o que sucede, se o perdemos de vista, se seguimos assinalando a outros, se nós escutamos no papel de vítima acusando aos "maus" e enviamos qualquer tipo de responsabilidade com respeito ao que sucede em nosso meio, seguiremos sem dar o salto e colocando novas circunstâncias parecidas à atual, até que compreendamos que o que sucede no exterior é um reflexo do que há em nosso interior.*

*Todos somos um, mas nestes dias o estamos a esquecer e estamos a voltar à guerra mental da que muitas vezes temos falado. Estamos a esquecer, uma vez mais, que todos fazemos parte do mesmo e que a realidade externa é a manifestação de nosso estado interno. Que nos quer dizer tudo o que está a ocorrer? Por que estamos manifestando este medo é esse vitimismo? Por que esta onda de temor e de incerteza em muitas pessoas? Singelamente, porque é o que se acha em nossa sombra. E está a vir à tona para que voltemos a ver e a reconhecer. Olhar para outra parte ou acusar aos "culpados", crendo inconscientemente que somos vítimas e "seres de luz imaculados" que nada têm que ver com o que passa. Já não nos serve. Não nos vai fazer crescer nem evoluir. Seguiremos enredados no mesmo de sempre.*

*Gostemos mais ou menos, todos somos responsáveis porque "todos somos um". Não usamos a frase só quando nos convém. Este vitimismo é nosso. Este medo é nosso. Esta criação é nossa, de todos. Este "assinalar afora" sem responsabilizar de nosso estado interior e de nosso crescimento, é nosso. Estes victimarios que "nos atacam" e "nos contaminam" somos nós mesmos.*

*Todos e a cada um de nós temos criado este vírus e, de algum modo, somos este vírus (para nós mesmos e para o planeta). O somos em cada uma de nossas fronteiras e bandeiras. O somos em cada uma de nossas rencillas e lutas políticas. O somos em cada uma de nossas invejas e disputas. O somos em cada um de nossos temores. O somos a cada vez que não nos respeitamos nem nos vemos como iguais. O somos a cada vez que insultamos alguém sem sequer o conhecer. O somos a cada vez que criticamos e julgamos por televisão. O somos a cada vez que nos divertimos matando a outros seres que convivem pacificamente conosco no planeta. O somos, em definitiva, a cada vez que nos consideramos em guerra contra alguém e perdemos nossa paz interior.*

*Esta mensagem, no entanto, não pretende ser pessimista. É uma mensagem de esperança. De responsabilidade. De tomada de consciência. De ver para além e ampliar a perspectiva. Antes de nos darmos conta tudo terá terminado, porque a consciência, apesar da dificuldade, está a crescer e se propagando bem mais rápido que qualquer vírus (esta é a razão de que surja, ao mesmo tempo, tanta inconsciência).*

*Só temos de ligar com essa consciência e com essa paz interior. Com esse entendimento de que tudo é perfeito e todos somos corresponsables do que sucede, é de que depende de nós contribuir nosso grão de areia em forma de acalma, sosiego e responsabilidade.*

*Para terminar, nestes dias estou a ler que "a escuridão não poderá com a luz", e em verdadeiro modo é verdadeiro, mas devemos de ser conscientes de que o que estamos a ver é a manifestação da nossa própria escuridão. Desde uma consciência de unidade não há divisão: todos somos um, para o bom e para o mau, e se estamos a manifestar esta realidade é porque ainda há muita escuridão (coletiva, da cada um de nós) que trazer à tona e que transcender. Não o esqueçamos.*

*Responsabilizando-nos da nossa realidade, compreendendo a mensagem e actuando em consequência seremos capazes de criar um novo mundo mais consciente. Passo a passo. Com alguns tropiezos às vezes. Mas avançando e iluminando o caminho a cada dia.*

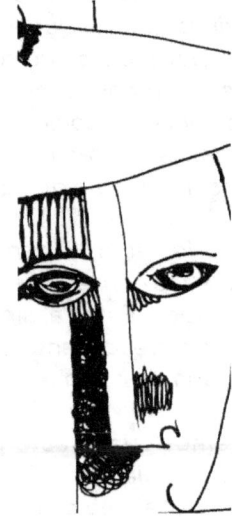

*Granada, 2020.*

Todos recordaremos a época do primeiro confinamento pela COVID-19, foi uma época de incerteza, cheia de temor, tanto por nossos seres queridos como por nós mesmos.

Teve uns meses cheios de dúvidas, onde saíram nossos medos. Com o tempo foi-se normalizando a situação, ainda que realmente ainda é cedo para saber que passará finalmente com a pandemia, e sobretudo saber quanto tempo demoraremos em voltar a desfrutar dessa liberdade que dantes pudemos desfrutar e hoje tanto temos saudades.

Ao mesmo tempo também foi um tempo de reflexão e aprendizagem, que a cada um aproveitou como pôde. Um texto de união e consciência.

# O BURACO

A solução para escapar e superar o repto do "Buraco" era encontrar a menina que se encontrava no nível mais baixo da prisão, os trezentos trinta e três, lhe dar de comer e a fazer subir na mesa ao nível mais alto, o zero. Assim, enviar uma mensagem criativa de solidariedade aos altos comandos, a resposta ou solução, se encontrava no último lugar onde tivéssemos procurado.

Metaforicamente encontro similitudes com a vida que vivemos. Onde se escondem as respostas que a maioria vai procurar durante sua vida? Quiçá também se escondam no último lugar onde procuraremos. A maioria parece estar a procurar respostas olhando aos demais, julgando (esse o está a fazer bem, ou esse o está a fazer mau), para assim saber que rumo tomar em sua vida, a cada um tentando se preparar uma vida cómoda, procurando prazeres e distrações, planeando sem cessar, criando histórias para auto convencer se e viver numa realidade própria mas sesgada da verdade, do amor.

Procurando fora, quando em realidade o que todos procuramos, todas essas respostas estão onde quase ninguém procuraria, dentro da cada um de nós, quiçá o último lugar onde tivéssemos procurado.

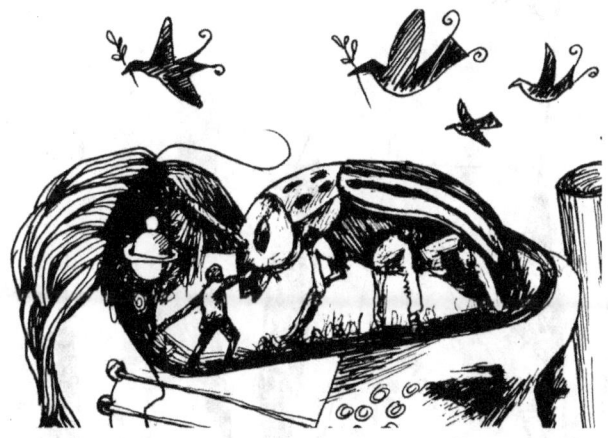

*Granada, 2020.*

É minha interpretação do filme "El Hoyo". Foi um filme que deixa um final aberto e oferece diferentes interpretações.

Facilita o debate e a possibilidade de compartilhar os diferentes pontos de vista de cada um. Aqui tento dar sentido a um filme muito original e impactante por seu guião, algo intenso em ocasiões. Um filme que recomendo ver em companhia e depois compartilhar os diferentes pontos de vista em grupo. Uma forte crítica social, tocando temas como as classes sociais, o egoísmo e a sobrevivência, entre outros. Um filme que pode te fazer explodir o cérebro.

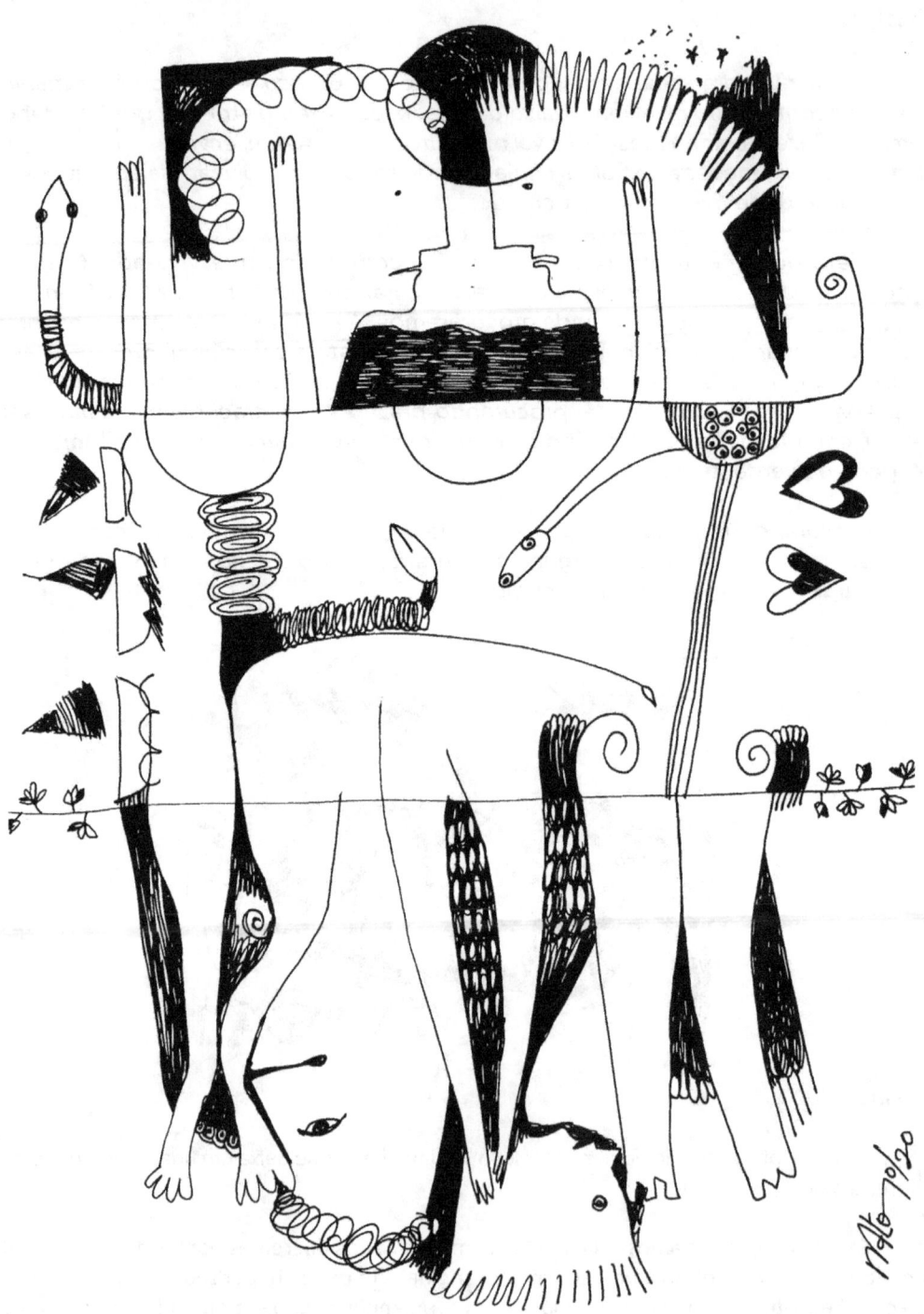

## COMO SE MOTIVAR

*Não existem as situações perfeitas, mas também não imperfectas. É possível que a chave seja procurar e observar a perfeição a imperfeição. Ao mesmo que poderias encontrar pensamentos que te produzem medo numa situação de paz, também podes encontrar pensamentos que te dêem paz em momentos de sofrimento.*

*A chave para motivar-se poderia ser usar nossa capacidade mental para procurar um pensamento (chamemo-lo) feliz, que nos resulte fácil de aceitar entre o pressionar de uma crise de tristeza. Um pensamento ou lembrança que, tão só com o pensar te saque um sorriso.*

*É possível, que isso nos distraia de nosso sofrimento, mas às vezes precisamos de um oásis para respirar e seguir nosso caminho. Se distrai-te, começa de novo.*

*Não existem as situações perfeitas, agora decide tu se fixar nos defeitos. Agora tu decide se pôr tua atenção nessas imperfecções ou bem decidir pôr tua atenção em procurar pensamentos de paz que poderiam ajudar a te motivar.*

*Quiçá uma forma de aprender seja estar atento, observar e entender que nada é perfeito ou imperfeito, sina que simplesmente é.*

*Quiçá estar motivado é estar conectado com a verdade, com amar-se a si mesmo.*

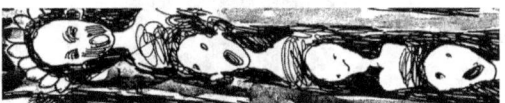

*Granada, 2018.*

Dispus-me a escrever um texto para meu amigo Diego. Tento explicar qual é minha ideia a respeito da motivação e daí poderia ajudar a motivar uma pessoa.

Tudo parte da própria observação. Se observarmos o que sentimos, perceberemos quando sentirmos paz, serenidade, medo ou desconforto.

Só se trata de procurar nessa suposta imperfeição da desmotivação, algo perfeito que amemos e aceitemos facilmente, simplesmente procurar esse pequeno raio de luz que nos alumbre em nossa escuridão e nos dê um respiro para continuar.

Quiçá estar motivado é estar conectado ao presente e não perdido numa história inventada por nosso ego.

Este texto foi inspirado simplesmente para tentar animar o meu amigo Diego, com o que caminho pela vida neste acordar tão mágico.

É possível que ao analisar a ideia do texto penses que não é uma grande ideia, mas se olhar um pouco para além poderás ver que é uma mensagem de amizade entre dois seres humanos, onde somente um lhe diz a outro que está aí a seu lado caminhando por seu inferno. A amizade verdadeira é aquela onde um acompanha ao outro também em seus infernos. Se tivesse que eleger alguém para que me acompanhasse a cruzar o inferno, encantar-me-ia que fosse meu amigo Diego, de facto, acho que na realidade já nos acompanhamos neste sonho, neste inferno que às vezes cria nosso ego.

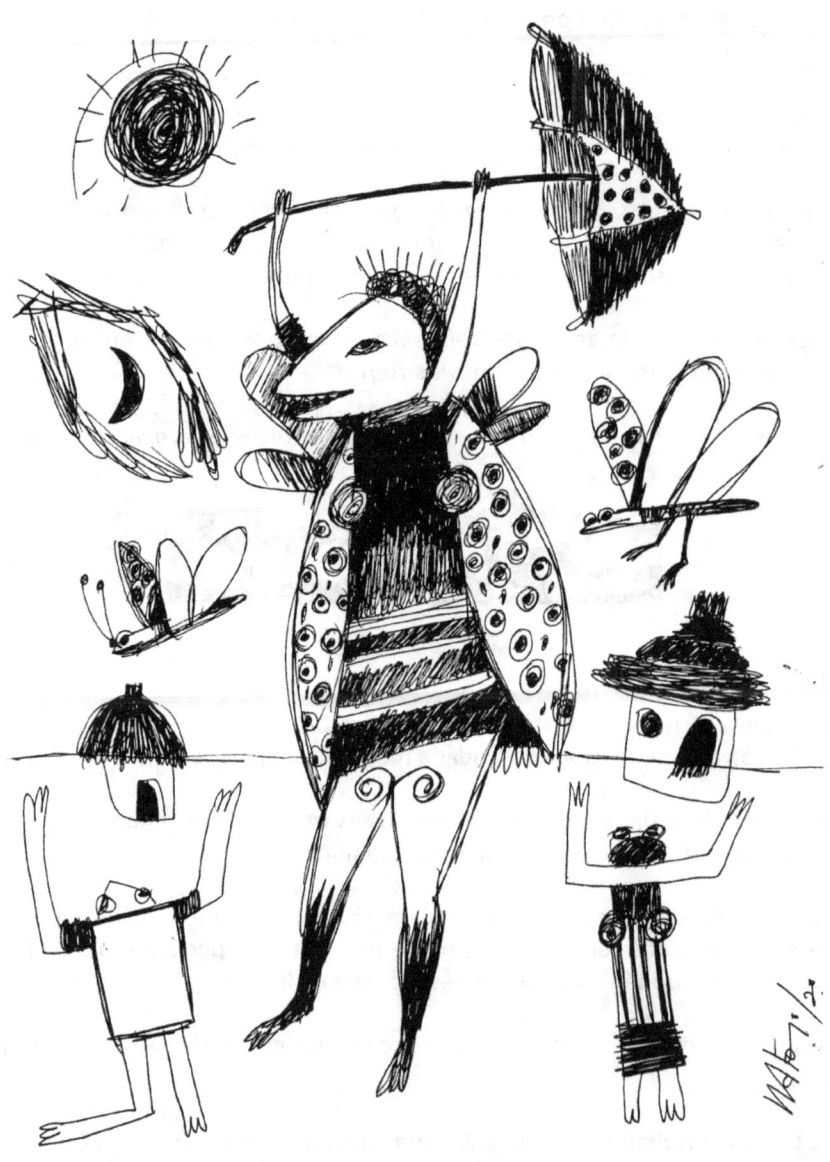

## VIAGEM LSD

*Lembras-te do momento LSD embaixo da árvore? Maggi estava ali junto a essa enorme árvore solitária e nós a ela. Ao pouco ela se foi lentamente, primeiro ficou sentada a uns metros, ao pouco se afastou e entrou num arvoredo. Nós ficamos aos pés da árvore e estivemos um momento flipando com as psicodelias, lembrança que me disseste que gostavas que tivesse querido viver desta experiência contigo, especialmente pela confiança de viver uma viagem tão intensa juntos.*

*Conversamos junto a um cemitério de exoesqueletos ao mesmo tempo que contemplamos como a terra respirava a nossos pés. Ao longe podíamos ver a Maggi mimetizando entre as árvores (ela depois me contou que comeu resina de uma árvore naquele momento).*

*Depois tu disseste de ir para ela e te disse que melhor que não, que lhe déssemos o seu espaço. Nesse momento senti que era algo similar ao tipo de relação que levo com ela. Um jogo de intensidade dando tudo quando estamos juntos e ao mesmo tempo dando seu espaço e distância.*

*Mais tarde dirigi-me para um misterioso banco de madeira. Onde encontrei uma garrafa de água, um pacote de fumo vazio e um arvoredo. Não demorastes em chegar e conseguimos nos fazer uma foto num dos momentos de maior intensidade da viagem.*

*A volta a casa parecia próxima, ainda assim, deu tempo a que uns lobos nos marcassem a rota, a que a cooperativa da virgem das angústias nos oferecesse uma informação importante é a que finalmente a farmácia nos levasse a casa, não sem antes duvidar de se as luzes do carro estavam acendidas ou apagadas, uma volta a casa que se converteu numa divertida aventura.*

*A viagem foi terminando com um incrível entardecer laranja em cores pastel que pudemos contemplar desde a cobertura, tinha música e continuavam as visões. A cada um de nós com uma nova aventura vivida com sua correspondente aprendizagem. Uma experiência que nos uniu a todos de uma forma muito especial.*

*Ao começar a viagem pedi que a aprendizagem de minha primeira experiência com LSD se centrasse em fluir e ter clareza de pensamento. Esta experiência converteu-se numa maravilhosa viagem que nunca esquecerei, sobretudo pela grata companhia e pela intensidade mental com a que vivi a experiência.*

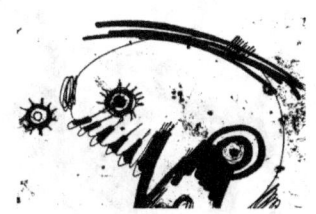

*Granada, 2020.*

Finalmente, decidi viver a experiência do LSD. Ao longo da minha vida tinha ouvido falar muito acerca do LSD e atraía-me o que me contavam, mas sabia que era uma experiência intensa e lhe tinha verdadeiro respeito.

Tive a oportunidade de fazê-lo anteriormente em várias ocasiões, mas sempre me arrependi no último momento. Agora se me apresentava uma oportunidade inesquecível, meu amigo Diego e Maggi aceitaram minha proposta de ir juntos para perto da natureza e viver a experiência do LSD. Para Maggi e para mim era a primeira vez e Diego seria nosso guia.

Aos poucos, ao valorizar a experiência, animei-me a escrever um texto sobre a viagem a meu amigo Diego, pude ver que a experiência tinha sido muito gratificante, foi algo menos intensa do que esperava num princípio, ainda assim, foi uma experiência intensa quanto a visões e quanto a intensidade mental. É uma viagem que te saca de sua realidade e de tua forma de relacionar com o meio. Umas oito horas de experiência, onde experimentamos uma espécie de clareza mental, em parte diria que é algo parecido a uma libertação do ego.

A sensação mais especial que senti foi a de me sentir pleno, sentir que tinha chegado a meu culmen como ser, ao mesmo tempo era consciente de que perderia essa sensação nos próximos dias, mas entendi que a aprendizagem era entender que em realidade não precisamos nada pois já o temos tudo. Entendi que acabava de experimentar que tinha sonhado com tudo, o tinha conseguido e que em realidade não o precisava.

Comprovei que é um estado que podes usar para indagar em teu interior, e assim chegar a conhecer de uma forma mais íntima. Uma nova experiência que sem dúvida se converteu num dos melhores fins de semana da minha vida. Uns dias de harmonia, paz e serenidade que nunca esquecerei.

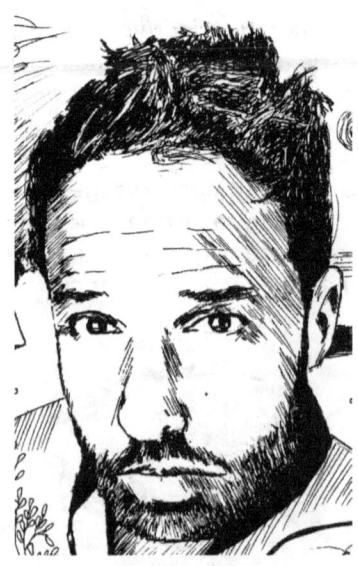

61

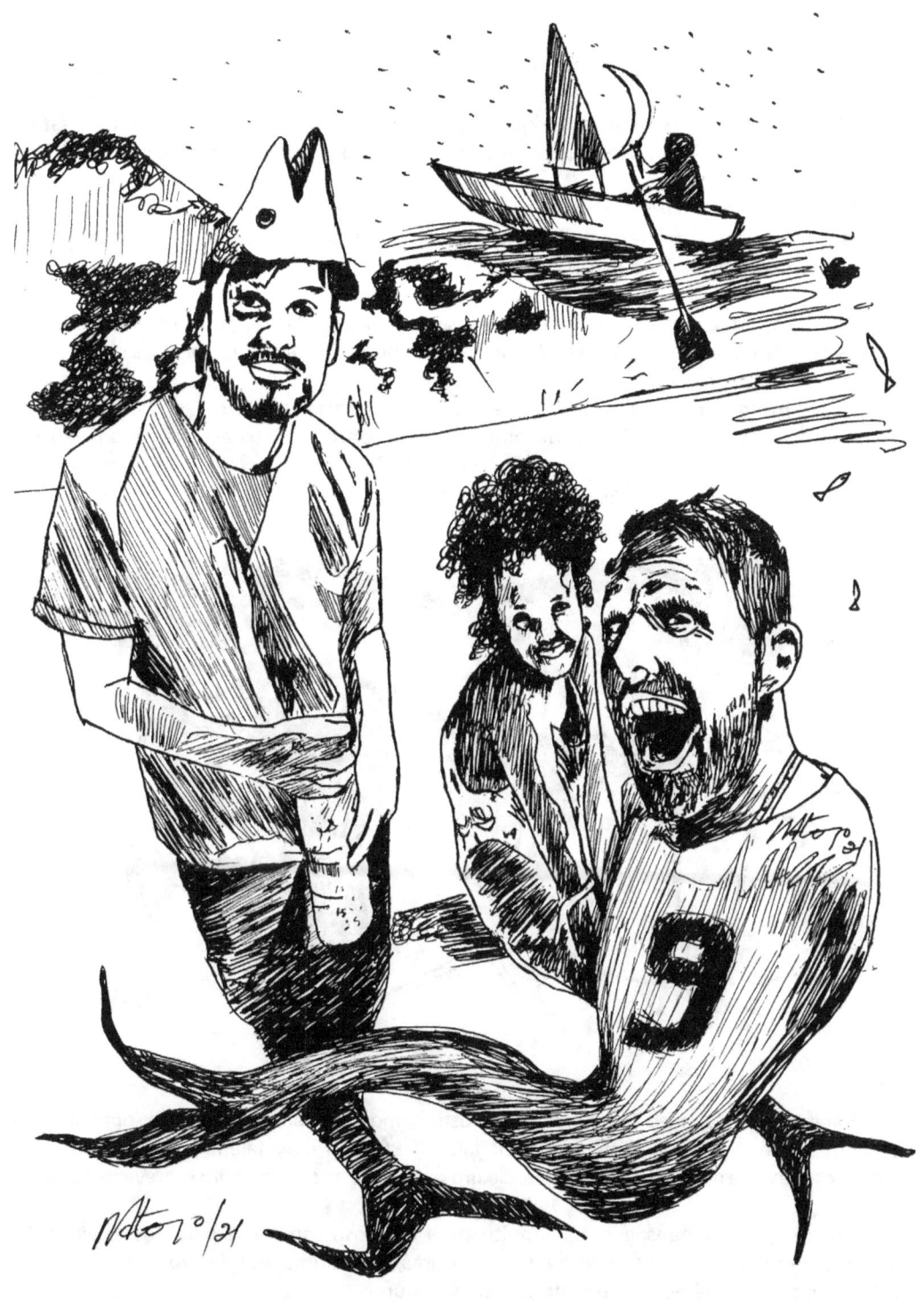

# JESÚS

Um pensamento andou por minha mente durante muito tempo. Era referente a um momento icônico na história cristã. O momento em que Jesus estava na cruz e disse: "Pai, perdoa-os, não sabem o que fazem". Independentemente de se és cristão ou não, acho que o realmente importante é a mensagem que se oferece.

A história conta que após ter passado um dos maiores tormentos possíveis e de ter sido julgado e condenado injustamente, Jesús pôde entender a confusão dos que o tinham condenado e pôde os perdoar.

A mensagem é perdoar, inclusive a teu maior inimigo, amor ao próximo e compaixão. Uma mensagem difícil de compreender, sobretudo quando o olhamos através do ego.

Nesse momento, Jesús era ausente de ego e sua missão foi a de ser esse exemplo. Um exemplo para a humanidade de amor é totalmente oposto ao exemplo que deu Hitler de ódio durante a segunda guerra mundial. Exemplos históricos e icônicos que podem nos ajudar a entender a luz e a escuridão que habita em cada um de nós.

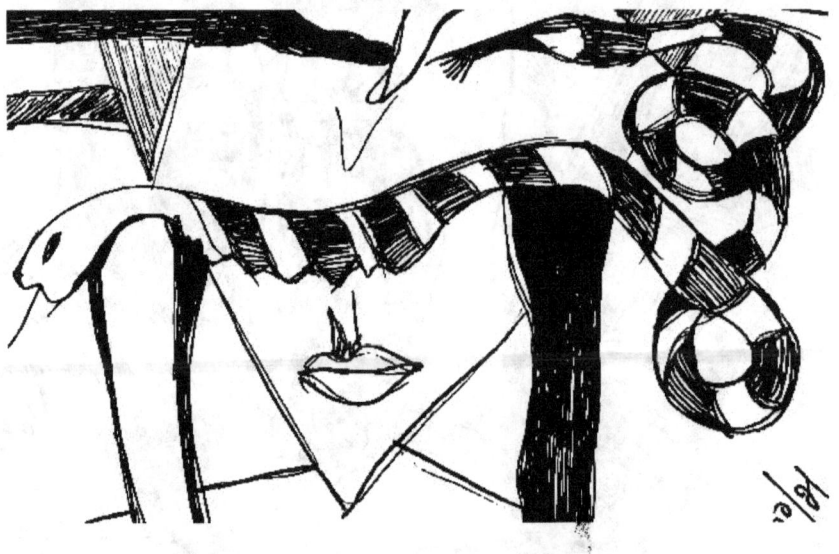

Granada, 2020.

Habitualmente almoço com minha mãe, costumamos compartilhar palestras sobre filosofia ou crenças. Ela é cristã evangelista e costuma falar da Bíblia. Um dia falamos sobre o momento em que Jesus esteve na cruz e fiquei pensando um tempo até que me decidi a escrever este texto.

Parece-me uma mensagem com muito amor e valioso como guia para nossas vidas. As conversas com minha mãe são muito enriquecedoras, sendo uma grande experiência que me ajuda a crescer e a conhecer de uma forma mais profunda.

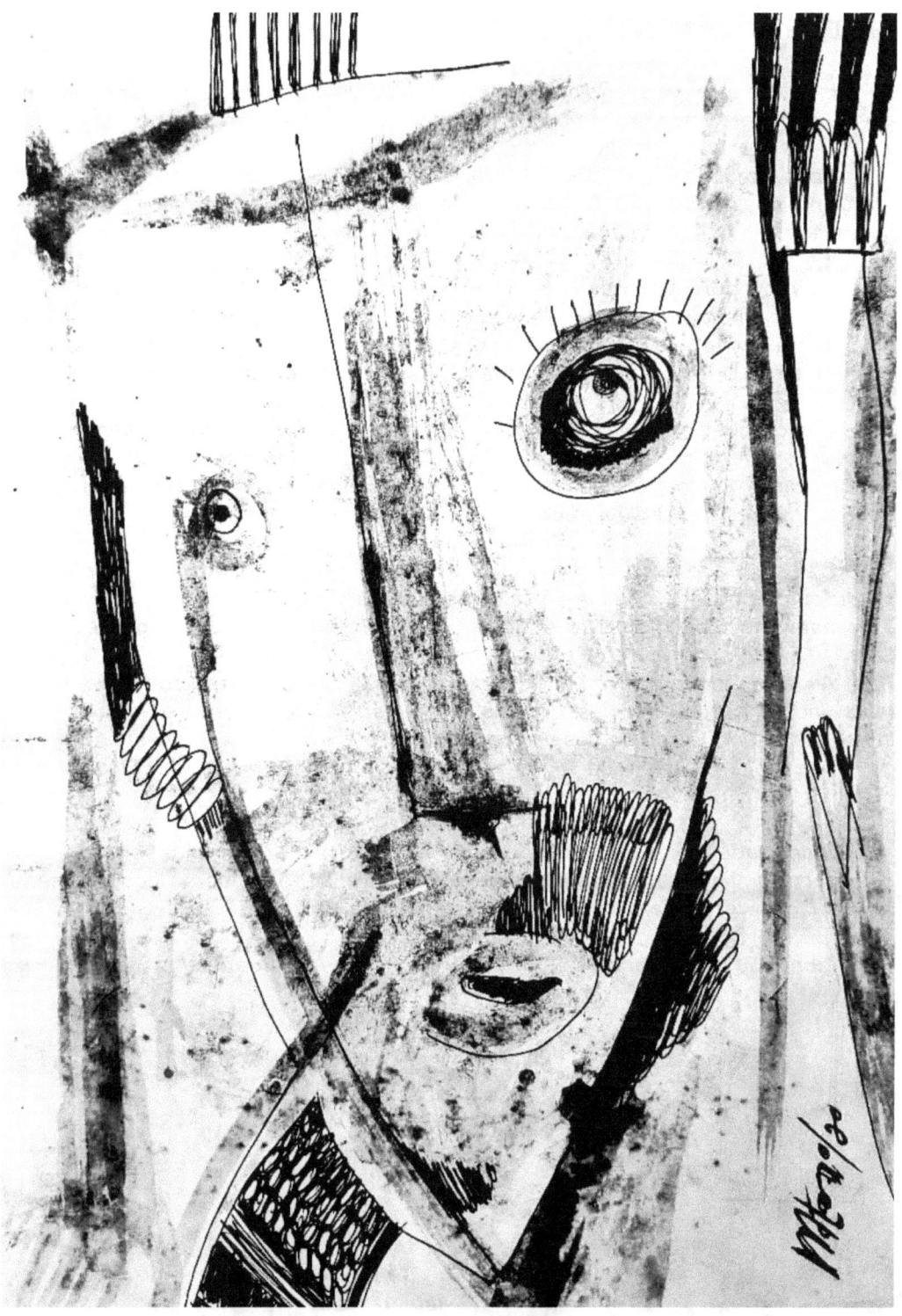

## VINTE E NOVE MIL PATINHOS

*Existiram uma vez quatro matemáticos, aos que lhes propuseram tentar determinar a onde iriam vinte e nove mil patinhos de borracha se os deixassem no meio do oceano.*

*Após fazer infinidade de cálculos chegaram à conclusão de que o comportamento turbulento dos fluidos é um problema indecidível, inclusive as matemáticas ou a física quântica a dia de hoje se mostram curtas para poder resolver tal problema.*

*Quando dois seres se relacionam, se estão a misturar continuamente, e, metaforicamente falando, atuam igual que dois fluídos. A cada encontro nascem novas descobertas e produzem-se novas sinergias. O amor cresce ou decresce, nunca se estanca, se encontra em contínuo movimento e portanto em contínua transformação.*

*Como aquele maravilhoso ser que conheci, que parecia dançar sem esforço sobre a complexidade dos fluidos, tentar entender ou saber para onde se dirige é também um problema indecidível inclusive para as matemáticas ou a física quântica, isso foi uma das coisas que mais me marcou desse maravilhoso ser.*

*A sinergia que nasceu, que se criou e foi construindo durante nossos encontros propiciou que nossos seres se misturassem ao igual que dois fluídos, fazendo que esse maravilhoso ser já faça parte de mim e eu dele, de uma forma mágica e infinita.*

*A vida seguia-me surpreendendo, em ocasiões pude voltar a observar a esse maravilhoso ser a escondidas, de uma forma mágica, simplesmente desfrutando o instante de sentir como se desenhava um sorriso em meu rosto pelo simples facto de ver na lonjura, de ver sua silhueta, essa que a fazem inconfundível inclusive na distância.*

*Ainda sabendo desde faz tempo que já não me procura em seus sonhos, sendo que é incrivelmente formoso sentir algo tão especial por esse maravilhoso ser, sentir que já não o preciso para viver de uma forma plena.*

*Obrigado Maggi, por refletir tanto e mostrar-me a verdade ainda sem o saber.*

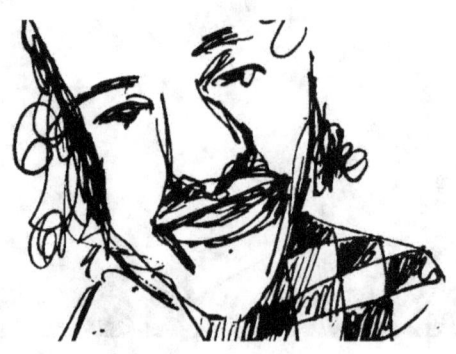

*Granada, 2021.*

Chegava o verão de dois mil vinte e um, tinha conseguido um novo trabalho, sentia-me mais equilibrado que nunca ao conseguir ir dia a dia em minha vida, conseguindo estar muito presente ao agora, sem ter pressa alguma.

A vida caprichosa tinha organizado de uma forma mágica que tinha que passar a diário pelo trabalho de um maravilhoso ser que conheci, já éramos só amigos e simplesmente desfrutava às vezes dá ver ao longe, a observava em paz e agradecido pelo vivido junto a ela.

Um dia qualquer li um artigo que falava de um experimento científico onde se retira a quatro matemáticos a que determinasse a onde iriam vinte e nove mil patinhos de borracha se os deixassem no meio do oceano. Chegaram à conclusão de que era impossível determinar o comportamento dos fluidos e por tanto averiguar onde iriam os vinte e nove mil patinhos de borracha.

Como se de magia se tratasse se criou este texto em minha mente, recordei a esse maravilhoso ser que quiçá só existiu em minha mente, a sua vez tento explicar essa magia que envolve a essas relações especiais com as que experimentamos, as quais nos vão marcando nesta aventura que chamamos vida.

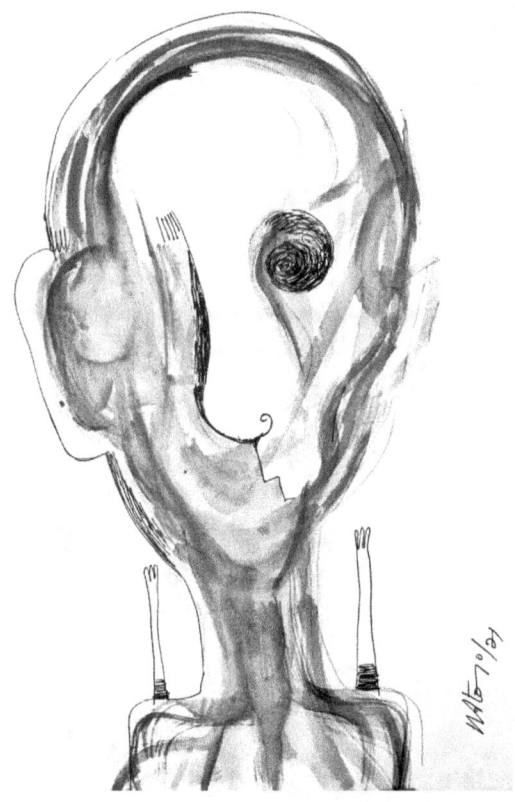

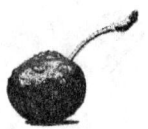

# LIVRO II – O EGO, O SER E A CONSCIÊNCIA

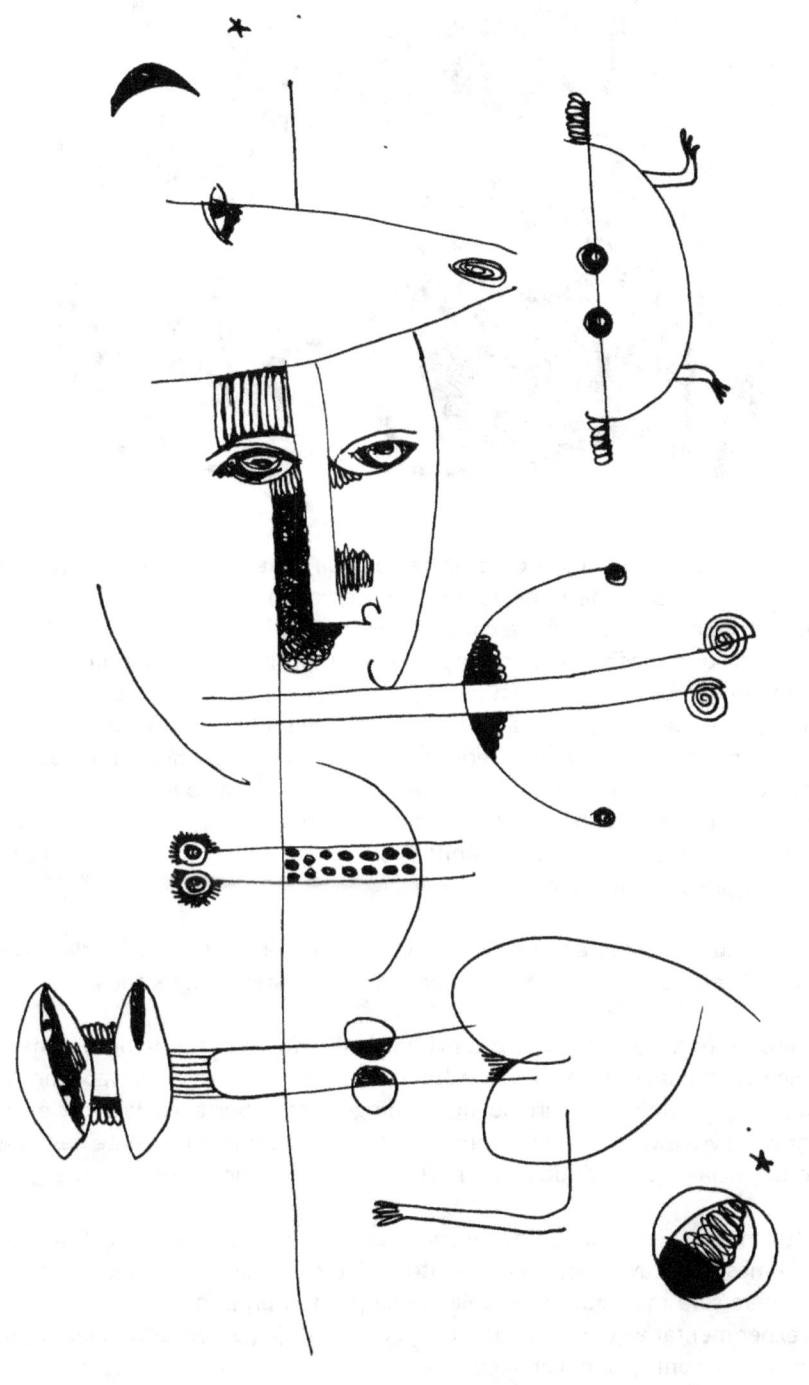

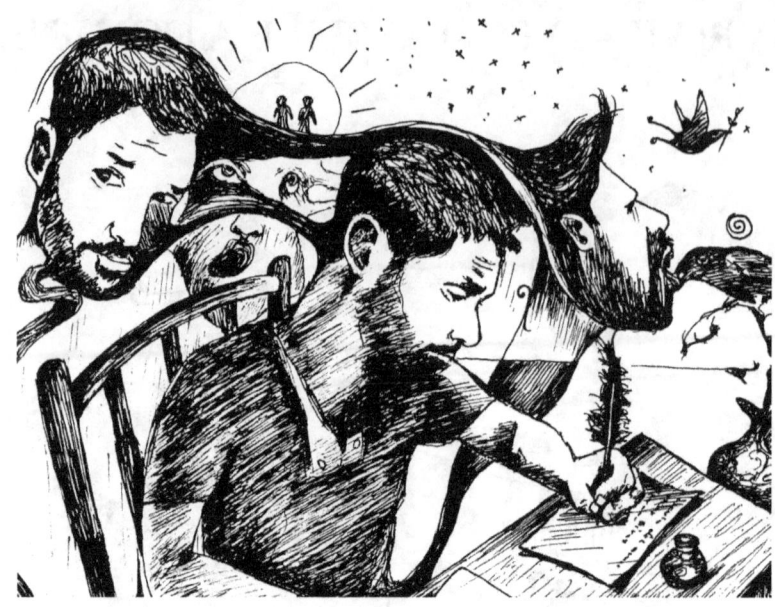

A seguir, podereis ler uma selecção de textos que fui escrevendo durante os últimos quatro anos. Tenho dedicado bastante tempo a observar minha vida com o fim de tentar entender como funciona minha mente e como se produz o sofrimento, para isso fui utilizando uma filosofia de vida que consiste na observação de meus próprios pensamentos. Permitir que apareçam tentando não os reprimir, nem os julgar, para poder os ver sem etiquetas, e assim, indagando neles, entender por que razão os criei e averiguar qual é sua origem. Sabendo por que razão os criei, poderei ir para meu interior com a ideia de me conhecer melhor e chegar à raiz das confusões. Uma vez chegas à raiz de tuas confusões podes por fim vê-las para poder aceitá-las, desta forma fazê-las conscientes e simplesmente reconhecê-las quando aparecem, sendo a cada vez mais difícil cair nelas. As confusões são tudo aquilo que te separa da verdade, de amar e de estar presente ao agora.

Tenho ordenado os textos em três partes "O Ego", "O Ser" e "A Consciência". Três partes que tenho estado tentando observar e reconhecer durante estes últimos anos.

Em realidade, todos os textos os escrevi para mim: foi uma forma de ordenar minhas ideias, pensamentos, minhas experiências e cavilações. Uma forma de deixar gravado meu caminho através de minha luz e de minha escuridão, que se dirige para a libertação da consciência, quiçá num futuro ler este livro e ver como tudo tem mudado de novo e simplesmente desfrutar lendo como uma consciência vai se abrindo passo neste mágico caminho que é a vida.

Antes de começar a ler meus textos deveriam fazer-te a seguinte pergunta: Estás preparado para ver-te a ti mesmo através dos meus escritos? Não esqueças que o que verás enquanto leias os textos, não será mais que uma ideia criada por teu próprio prisma de pensamento. Convido-te a experimentar algo, prova aos ler sem te crer os julgamentos que apareçam, só te observa, os observa e começa a te conhecer.

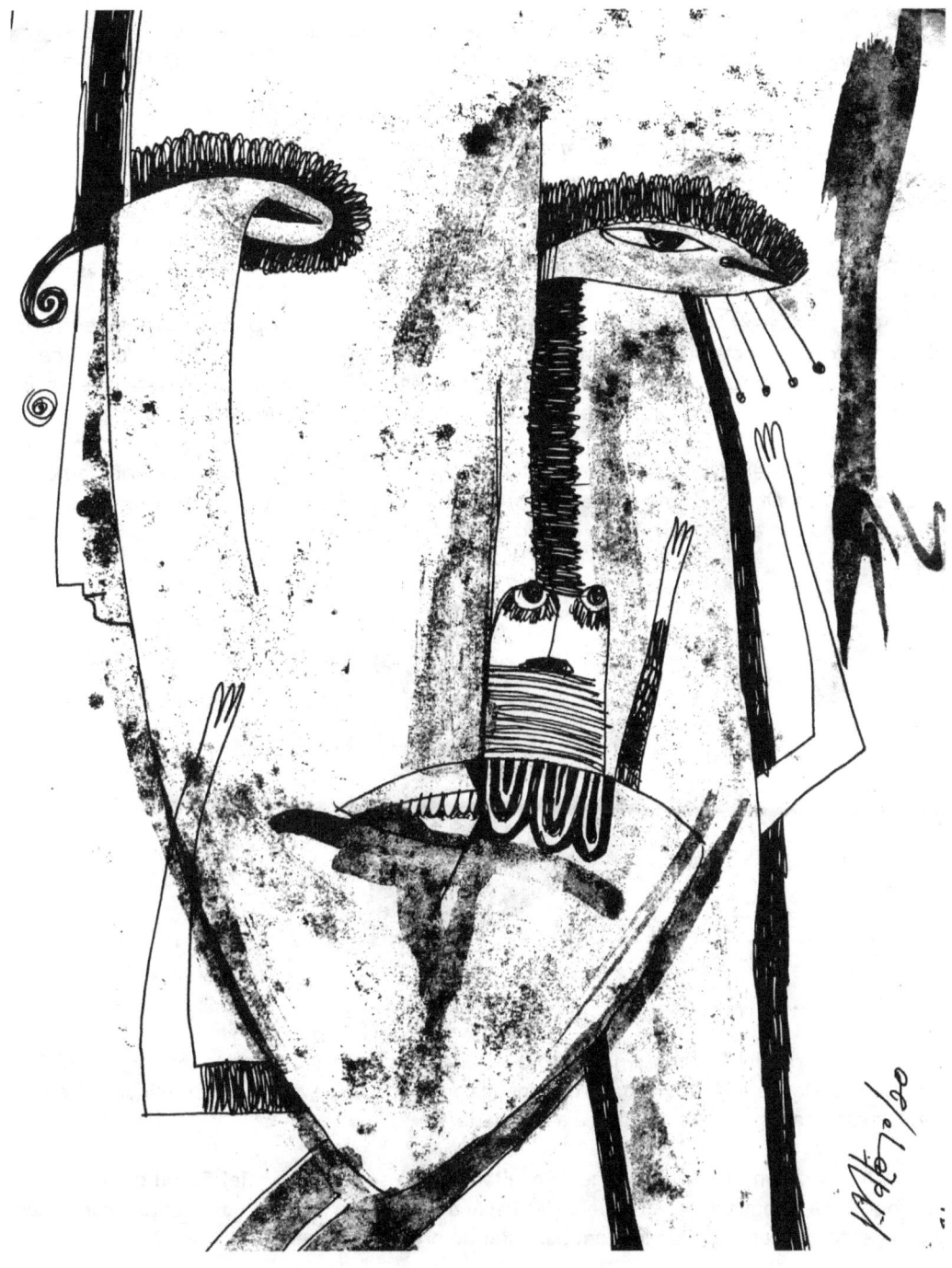

## CONTO AO EGO

*Um dia senti compaixão de meu ego e decidi amá-lo. Tratei-o como a um filho.*

*Dei-me conta, após tê-lo observado durante anos, de que habitualmente sofria, quase sempre estava à defensiva querendo levar razão ou procurando melhorar.*

*Com frequência sentia medo, porque as coisas não saíam como ele achava que deviam suceder. Pensei numa teoria que pudesse acalmar. Após observá-lo tantos anos descobri, que tinha especialmente medo de morrer e desaparecer.*

*O ego sente-se tão real que pensa que é ele quem está vivo. E como a quase todo ser com vida não lhe agrada a morte e achar que vai desaparecer para sempre.*

*Comecei a explicar-lhe que em realidade nunca morreria, parte de suas decisões, julgamentos, algo de sua essência de algum modo tinha influído ou deixado marcado a outro ser, dessa forma existia já em outros seres, estes influiriam em outros, e assim exponencialmente, com o qual seria de alguma forma, praticamente eterno.*

*Após escutar atenciosamente como lhe contava esta história, dormia placidamente naquela noite. Desta forma pude comprovar que o único que precisava era um pouco de compaixão e amor, como nos sucede a todos.*

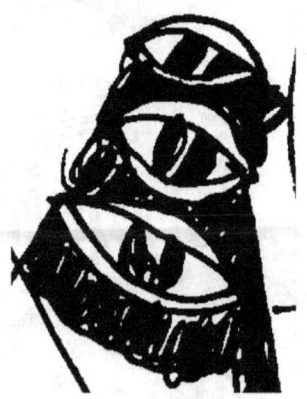

*Granada, 2019.*

Este escrito foi um pequeno conto que nasceu enquanto observava meu ego e minhas confusões, tentava entender que meus julgamentos não são a única verdade é que minha percepção sem acrescentar opinião (a do ego), é a realidade.

Uma vez consigam reconhecer e aceitar ao ego sem usar a rejeição ou o julgamento descobrirão a grande ferramenta que pode chegar a ser. É muito útil para observar tuas confusões, conhecer-te melhor e poder viver em paz estando presente ao agora.

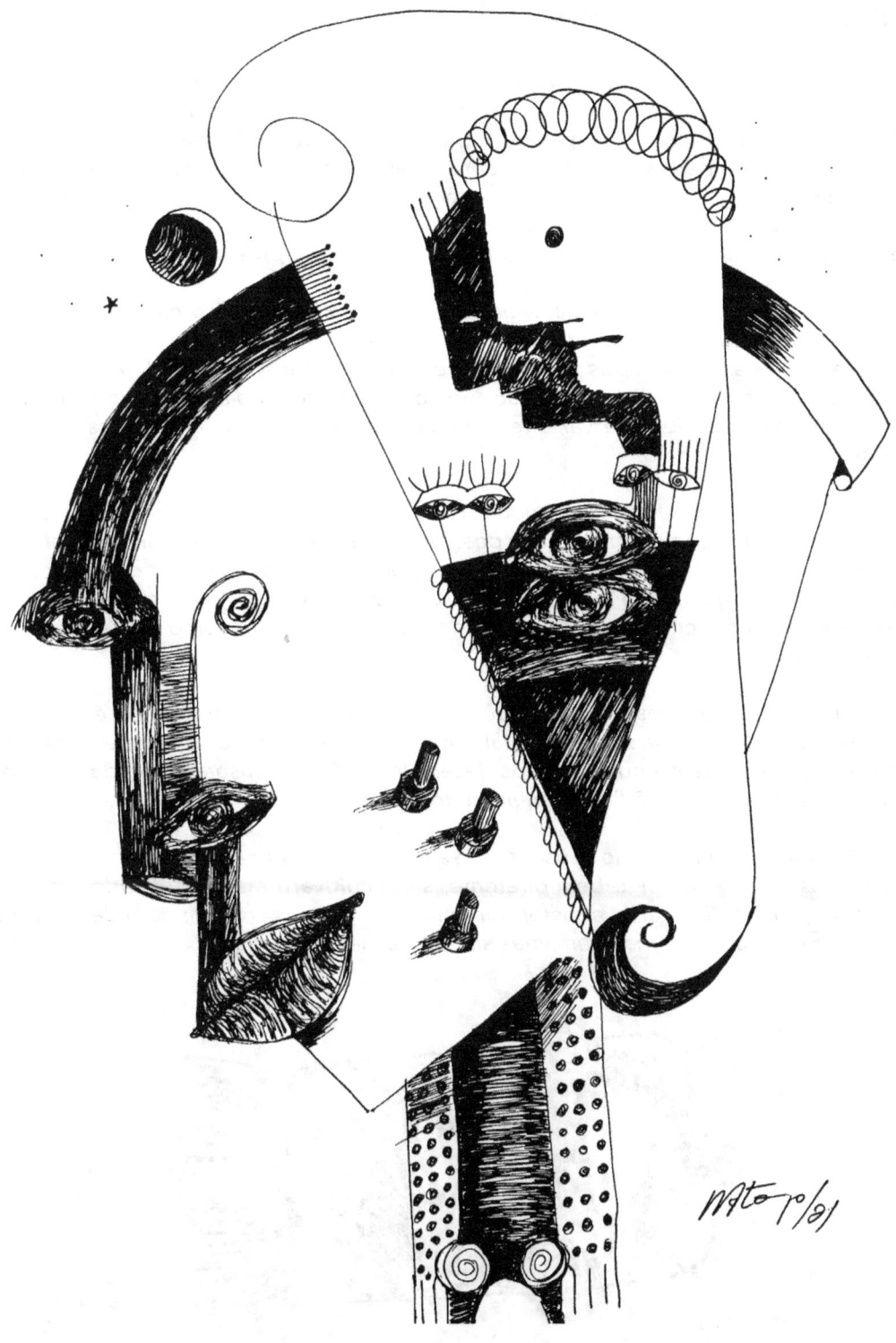

## HEDONISMO E EPICURO

*Gosto dos prazeres que oferece a vida como podem ser, por exemplo, comer, fazer o amor, uma garrafa de vinho em companhia, ver uma bonita posta de sol na praia com alguém que amas: vejo-os como parte fundamental da vida que me dão equilíbrio ao compensar outros momentos menos agradáveis, mas não são o único, nem minha maior prioridade. Minha maior prioridade seria fazer-me consciente de minhas confusões enquanto sou um espectador da libertação de minha consciência, ao mesmo tempo que vivo meu dia a dia tentando estar presente ao agora.*

*Epicuro pensava que não tinha nada para além do corpo físico, nem da percepção dos sentidos. Eu digo, entendo que há bem mais lá do corpo físico e do que nos podem oferecer os sentidos. Penso que existe uma parte espiritual, uma alma ou essência que nunca morre e que trasciende para além da vida física. Também há uma consciência que pode observar, que chamo o ser, que se encontra em nosso interior observando em silêncio.*

*Uma das características do hedonista é atingir a felicidade oferecendo e obtendo o máximo prazer com a mínima dor possível, uma das bases de minha filosofia de vida não é evitar a dor ou o sofrimento, sina o aceitar, o acolhendo e o observar, para assim entender qual é sua fonte e não tentar o evitar ou o recusar, sina me servir dele para me conhecer em maior profundidade, ou seja, o utilizar como uma espécie de ferramenta.*

*No entanto, sim estou de acordo com Epicuro em que a prudência é a virtude da que derivam todas as demais, a qual consiste em eleger entre os prazeres, o cálculo das consequências de nossos actos, fazer elegendo e recusando a cada coisa de maneira sábia para ser felizes e equilibrados.*

*Perseguir o prazer não consiste em se entregar sempre ao excesso nos prazeres primários, sina que é algo bem diferente, seria cultivar prazeres refinados como a amizade, a filosofia, a arte, apostar por uma vida tranquila, reduzir as necessidades. Não é mais feliz o que mais tem, mas sim o que menos precisa.*

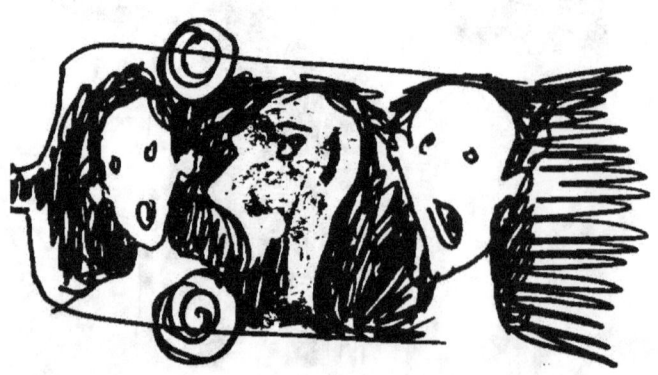

*Granada, 2020.*

Tive uma palestra a respeito do hedonismo com meu bom amigo de infância Juan Carlos. Ao dar-me sua opinião pôs-me em dúvida se eu era ou não hedonista. Depois de ler a Epicuro decidi enviar-lhe este texto fazendo um resumo de suas ideias hedonistas e com minha opinião a respeito da filosofia de Epicuro e o hedonismo.

Tenho uma parte hedonista e outra parte espiritual. Desfruto dos prazeres que a vida me oferece, mas sem esquecer que não são minha prioridade, sinto que minha prioridade é observar como liberto minha consciência enquanto chego a me amar por completo, e assim poder seguir compartilhando todo esse amor com os demais.

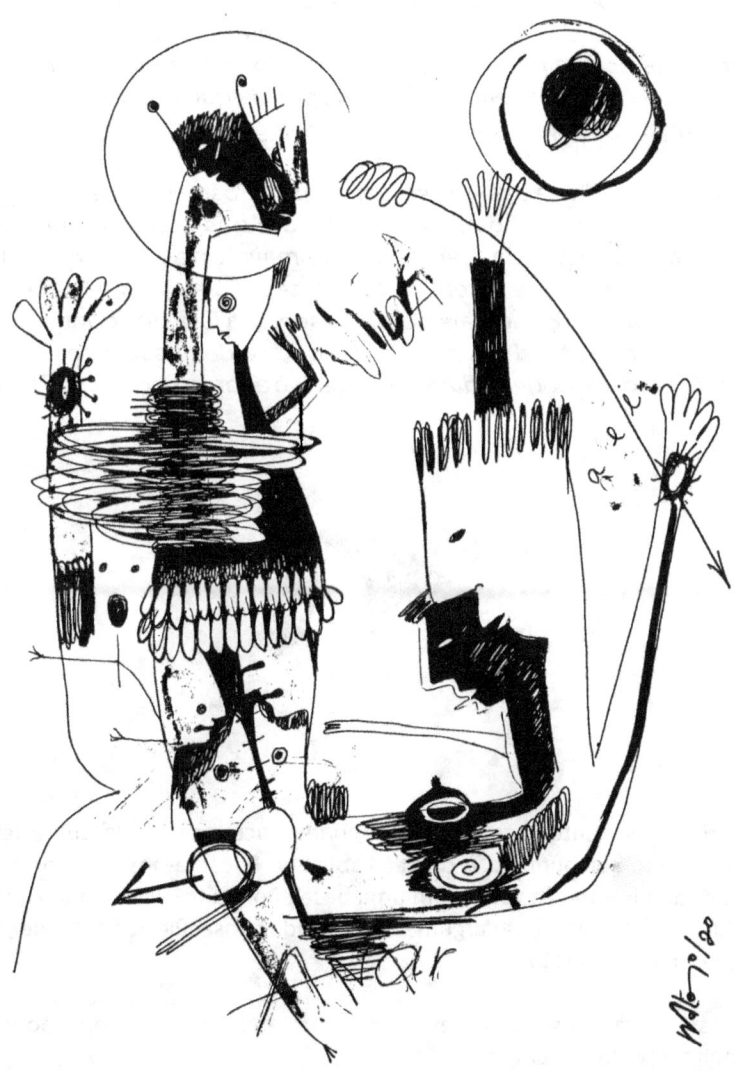

## LUTA DE EGOS

*Às vezes há relações de amizade onde se compartilha uma mesma confusão, como por exemplo querer levar a razão em alguma conversa, crendo a cada um que tem a verdade e os demais não. Poderíamos denominá-lo ser cabeças. Imagina que quatro pessoas, quatro egos, entabular conversa sobre um tema, tentando convencer aos demais. Depois de um longo debate, há um argumento de um dos quatro que dão por ganhador. É possível que o ganhador aproveitasse sua alta inteligência, cultura, ou maior capacidade de processar informação para hilar o melhor argumento para convencer aos demais. Três dos quatro egos tiveram que ceder e finalmente aceitaram ter um pior argumento, por tanto, um aceitou ser o ganhador e possuidor da verdade.*

*Em realidade, todos estão a viver numa realidade inventada por seus egos, pois à verdade não se chega através do ego. Uma forma de ver a verdade nesta situação seria aceitar que não há verdade quando se usa o ego. Outra opção seria, deixar de usar o ego para convencer a outros egos de que levas a razão, simplesmente observar sem julgar que só se dava uma luta de egos tentando levar a razão.*

*O ego ganhador do debate far-se-á mais poderoso, acrescentando-se a energia dos egos que se viram obrigados a ceder. Na luta dos quatro egos o ganhador é o verdadeiro derrotado, pois sua mentira faz-se mais forte e afasta-se ainda mais da verdade. O ego que se retire a tempo sendo capaz de observar a situação desde uma perspectiva afastada, ademais possa observar a luta dos quatro egos incluído o seu próprio e consiga entender a perfección que se dá nesse momento ao aceitar o que se dá, nesse caso, ele poderia dizer que viveu no agora, sendo consciente da verdade.*

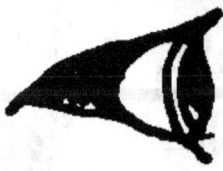

*Granada, 2019.*

Um escrito onde tento entender como poderia aceitar quando quero levar a razão. É uma característica do ser humano a de ser cabezota. Encanta-nos por norma geral levar a razão. Tentamos argumentar às vezes com uma base não muito forte, ainda assim, parece que nos encanta lutar e defender nosso argumento. Quando conseguirmos entender, começaremos a deixar de querer levar a razão.

É um gesto maravilhoso deixar existir sem pretender mudar a opinião do outro, é um gesto de respeito e profundo amor.

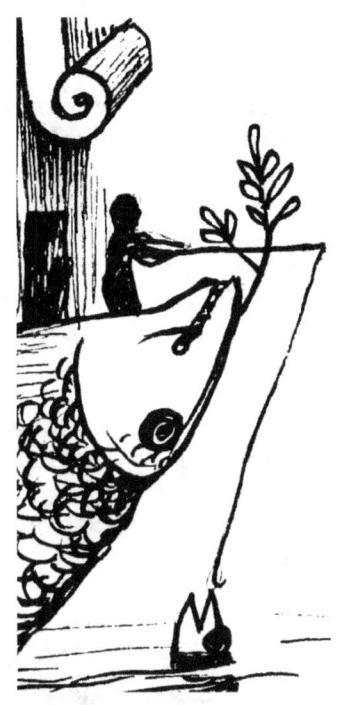

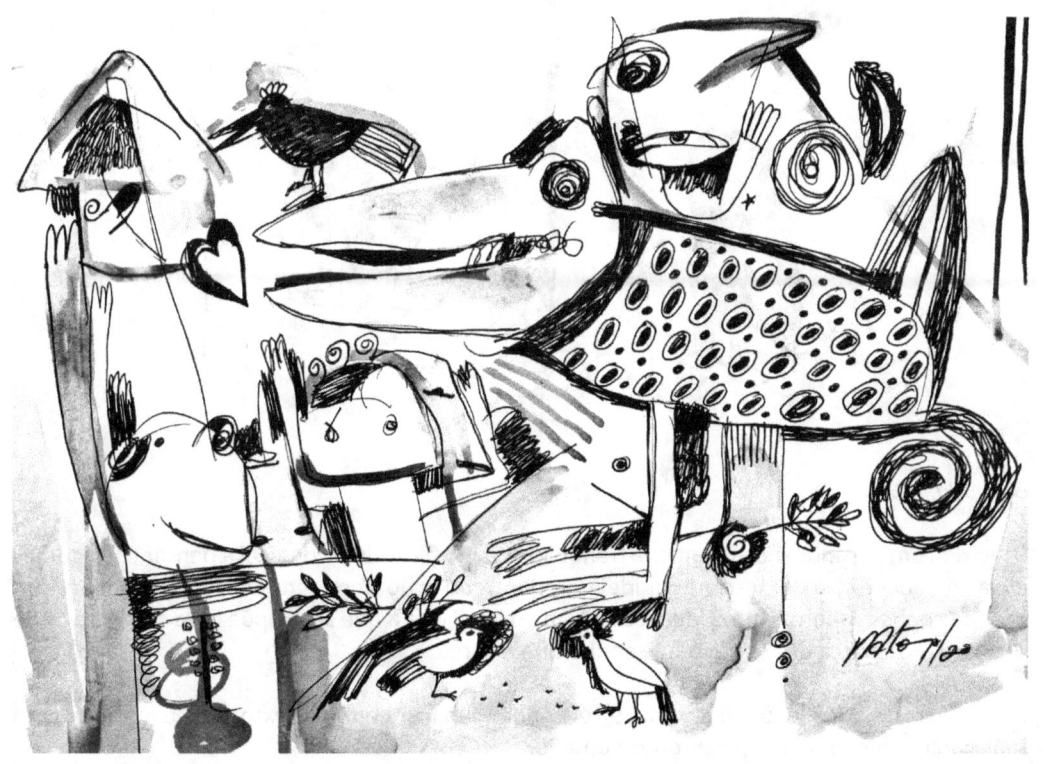

## SOCRÁTICO

Às vezes volto-me muito socrático. Sócrates dizia que se alguém agir desonestamente será por falta de conhecimento. Em tal caso nossas decisões estariam sujeitas à consciência e ao conhecimento.

Se vais tomar uma decisão tens a sensação de que escolhes com total liberdade, mas segundo Sócrates estás limitado por teu conhecimento, já que, se tivesses o conhecimento suficiente, sempre optaria por escolher uma ação honesta, pois é a que maior benefício dar-te-ia. Falamos como benefício sentir paz, serenidade, tranquilidade em tua vida.

Portanto, poderíamos dizer que o conhecimento te contribui sabedoria, te ajuda a libertar tua consciência e te faz escolher a honestidade.

É um pensamento que compartilho com Sócrates e não é o único. Assim se converteu num de meus filósofos favoritos.

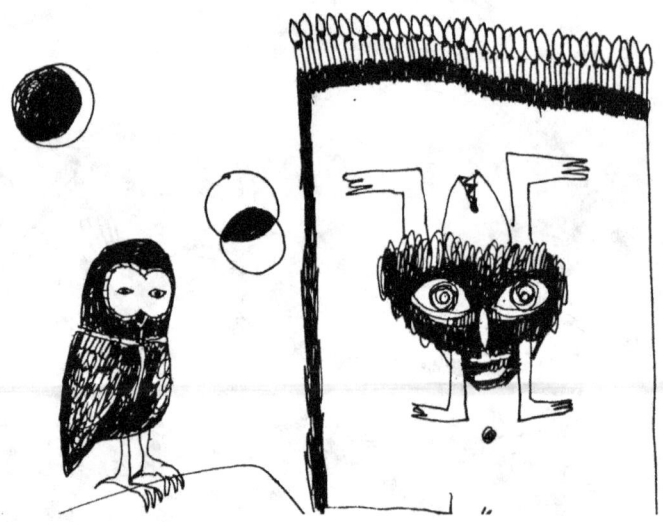

*Granada, 2020.*

Era um dia onde me encontrava tranquilo e muito filosófico. Comecei a pensar em algumas ideias de Sócrates e centrar-me na ideia de que todo o homem actua deshonestamente por falta de conhecimento. É uma ideia complexa ao igual que a que se propõe com sua história de se acordar ou não a um escravo que sonha que é livre.

Sócrates, um filósofo que sem escrever nem publicar nenhum texto deixou marcada com suas ideias a história do pensamento humano.

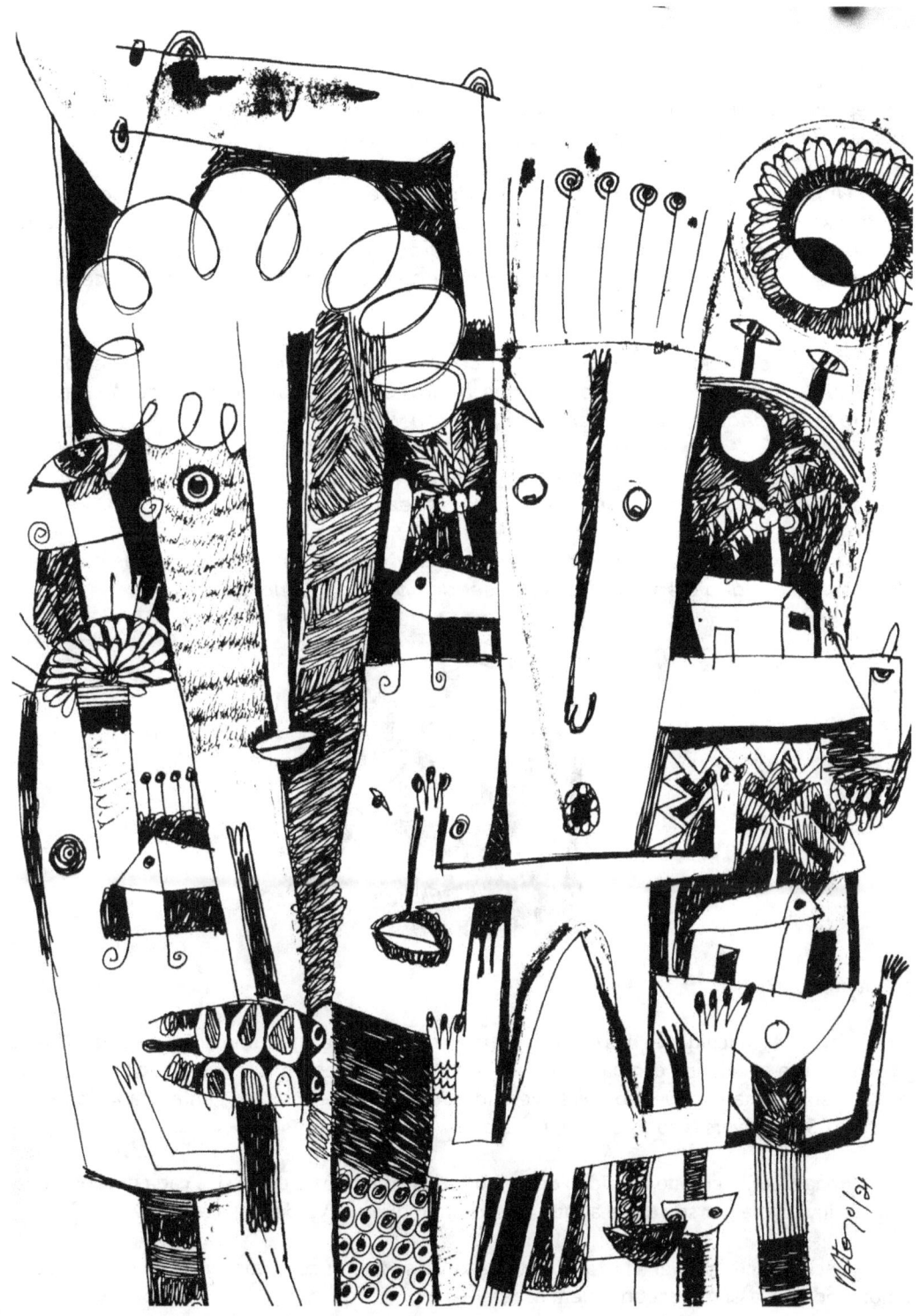

## A HISTÓRIA DE TEU EGO

*Não deve ser fácil estar a viver na história de teu ego, acompanhado sempre de teu eu histórico. Uma história que nasce e se vai criando em seu pensamento desde que tinhas uso de razão até o presente.*

*Uma história cheia de limites e medo que tentamos justificar achando que é parte essencial para nossa sobrevivência, a usamos ao igual que faz o camaleão quando se mimetiza com o meio para perdurar. Um caminho, um nodo que se nos dá, quiçá só com a observação para reconhecer nossos julgamentos e a aceitação poderemos o desfazer.*

*Esse nodo desfar-se-á com um processo limpo e perfeito, irá sincronizado com a abertura e libertação de tua consciência, assim com o passar do tempo se desbancou ao ego como padrão e única verdade de nossa vida.*

*Começaremos a amar-nos e a viver no agora, a não julgar, a dar sem esperar, a entender como funciona nossa mente, a grandeza do amor e da vida.*

*A vida, um lugar mágico onde se encontram as ferramentas perfeitas para sair de nossa escuridão e aprender a amar sendo conscientes no agora.*

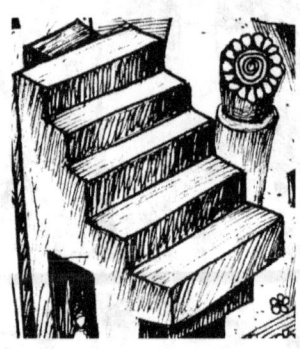

*Granada, 2020.*

Falou das dificuldades nas que nos mete a crer no nosso ego como única verdade. Nosso ego manifesta-se quando comparamos, quando julgamos, e assim vamos criando histórias em nossa mente, achando que são únicas verdades, quem não tem visto a gente falando sozinha pela rua? São conversas com seu próprio ego.

Imagina uma grande multidão de pessoas relacionando-se entre si, a cada um com uma história inventada por seu ego e a cada um achando que sua verdade é a correta.

Decide se crer e viver a história de teu ego, ou se queres começar a viver na verdade com amor, podendo assim descobrir quem és realmente.

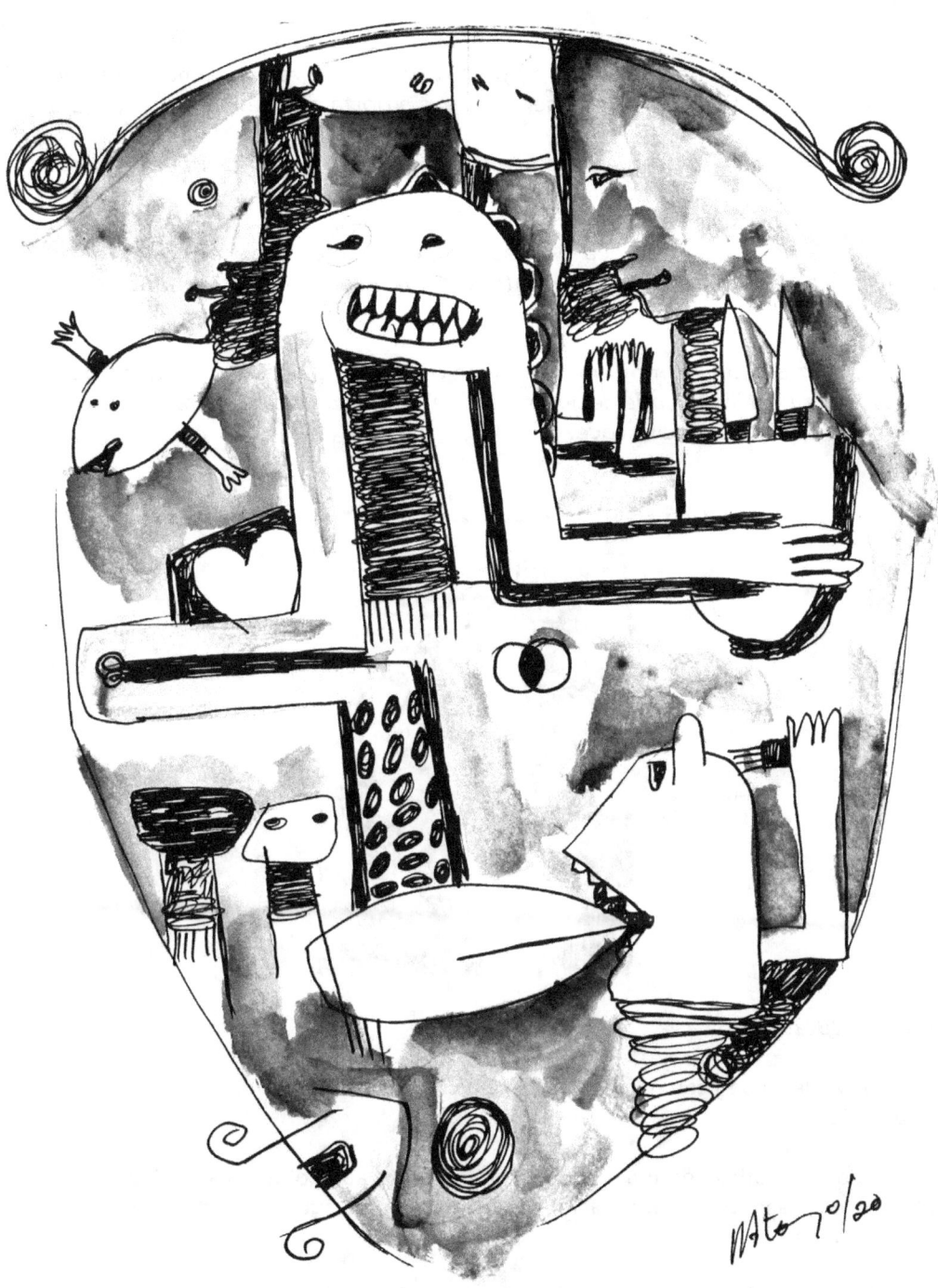

## A GAIOLA

*Aquela gaiola que sempre teve a porta aberta, que você mesmo criou e aceitou como verdade e até inventou que sempre teve a porta aberta.*

*A gaiola onde cresceu e passou a maior parte da sua vida, barras etéreas que limitam e ajudam a acreditar nisso.*

*Uma gaiola que começa a desaparecer no momento em que você toma consciência, ama e aceita ela, e entende que é apenas um sonho criado pela mente humana.*

*Você sabe que vai morrer e a vida lhe dá a oportunidade de ficar na gaiola ou de escapar e ficar livre, o que decidir será o seu caminho perfeito para o seu despertar, para o seu ser interior, para você.*

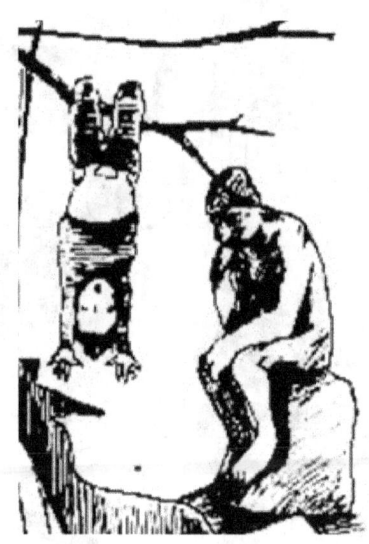

*Granada, 2021.*

Uma ideia que ficou na minha cabeça por um tempo e finalmente decidi escrever no Natal de 2021.

Falo metaforicamente de "a gaiola" e me refiro ao ego que, na realidade, só tende a limitar e causar sofrimento e acreditar na história, de sua crença de acreditar como a única verdade.

Até agora o Mateus sempre tinha desenhado depois de ler alguns dos meus textos, no entanto, agora o Mateus fez primeiro este desenho e depois de o ver com atenção decidi escrever este texto.

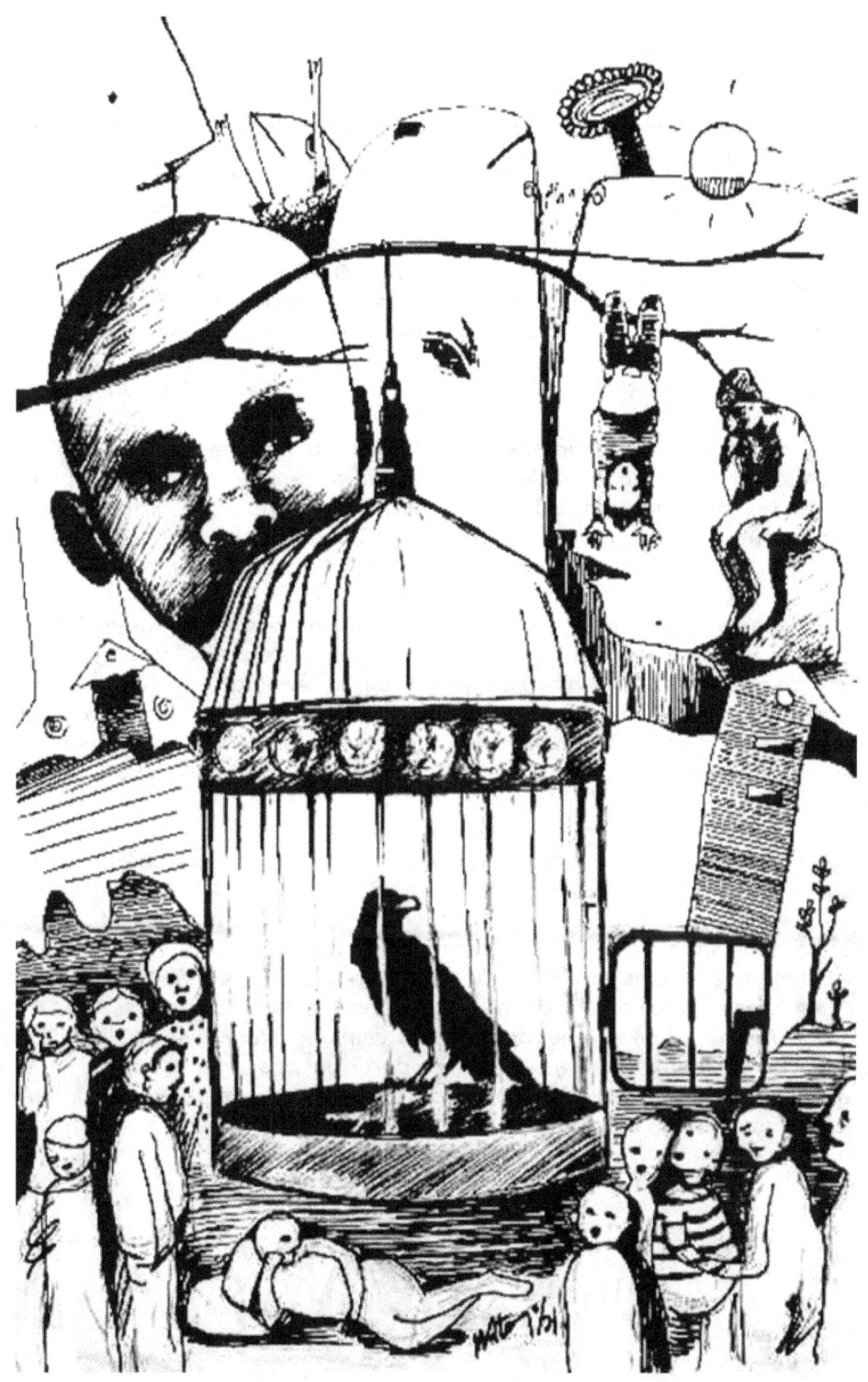

## ESPERAR

*Eu não sou o que tu esperas. Também não pretendo. Talvez isto, tarde ou cedo, nos valha um adeus, mas às vezes é melhor uma despedida a tempo do que uma vida de lamentos.*

*O começo costuma ser maravilhoso, como todos os começos. Aí projectarás em mim todo o que tu esperas, todo o que tu cries e todo o que tu tens planeado. Que bonito é o "amor" (ou a amizade, dá igual). Mas pouco a pouco, (ou mais cedo do que te imaginavas) irás vendo mais de mim. E como não sou de me acoplar em excesso ao que os demais esperam, quiçá comecem os problemas. Os conflitos. "Devê-los-ia". "Tu deverias ser isto, ou fazer isso, ou comer o outro, ou te vestir com aquilo, ou me prestar mais atenção, ou pensar desta maneira". O etcétera é infinito.*

*Por isso, sem um coração aberto e compassivo, não me vais "ver". Não serás capaz de te introduzir em mim. Não observar-me-ás realmente, espiritualmente, tal e como sou, com minhas confusões e meus dons. Tuas crenças e expectativas farão de ecrã, e perder-te-ás em tuas necessidades não atendidas, em lugar de te atrever a descobrir as luzes e as sombras que, como em ti, habitam em mim.*

*Desde os contos de príncipes e princesas não me vais ver. Desde os filmes com vestidos brancos e final feliz não me vais ver. Desde tuas expectativas "espirituais" a respeito do que deve fazer o outro para ser "bom" e "evoluído", também não. Desde tuas crenças sobre o que deveria ter sido minha vida até este momento ou sobre o que deverá ser no futuro, muito menos. Aí já ter-te-ás posto a venda nos olhos e a relação possivelmente terá terminado, ainda que momentaneamente tudo pareça "perfeito", que em realidade o é.*

*Se vens com a venda, é melhor que não venhas. Ou talvez ir-me-ei eu. Porque eu não me vou responsabilizar de te tirar, de te dizer que levas uma venda e que só vês (e esperas) o que se acha em teu interior. Eu não me vou adaptar a ti, nem a fingir para que nossa relação continue, nem a fazer o que tu espera que faça para que não te enfades e estejas sempre "feliz". Não é egoísmo. É coerência. Porque para amar-te não preciso me perder em ti, nem renunciar a mim. Talvez possamos chegar a acordos, mas o ser não se negocia. Nem o caminho. Nem a vida. Olha-me como sou, não como esperas que seja, e talvez a partir daí possa ter mais verdade entre nós, mais transparência, mais ser. Ainda não me viste, porque não sabes ver através do teu antifaz. Quando te tiras e já não precisas ver o que tu espera ver, ver-me-ás.*

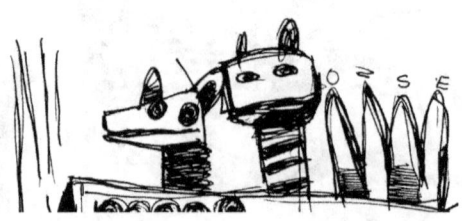

*Granada, 2021.*

Um texto que quando o escrevi não pensava em ninguém mais especificamente. Realmente pensava numa hipotética futuro casal. Que dizer-lhe-ia me permitindo ser. Expresso como gostaria que fosse de minha relação de casal ou de amizade. Uma relação desde o amor, desde a liberdade, até a aceitação. Sem necessidade, que partisse desde a abundância. Uma relação onde se possam curar as feridas sentindo agradecimento.

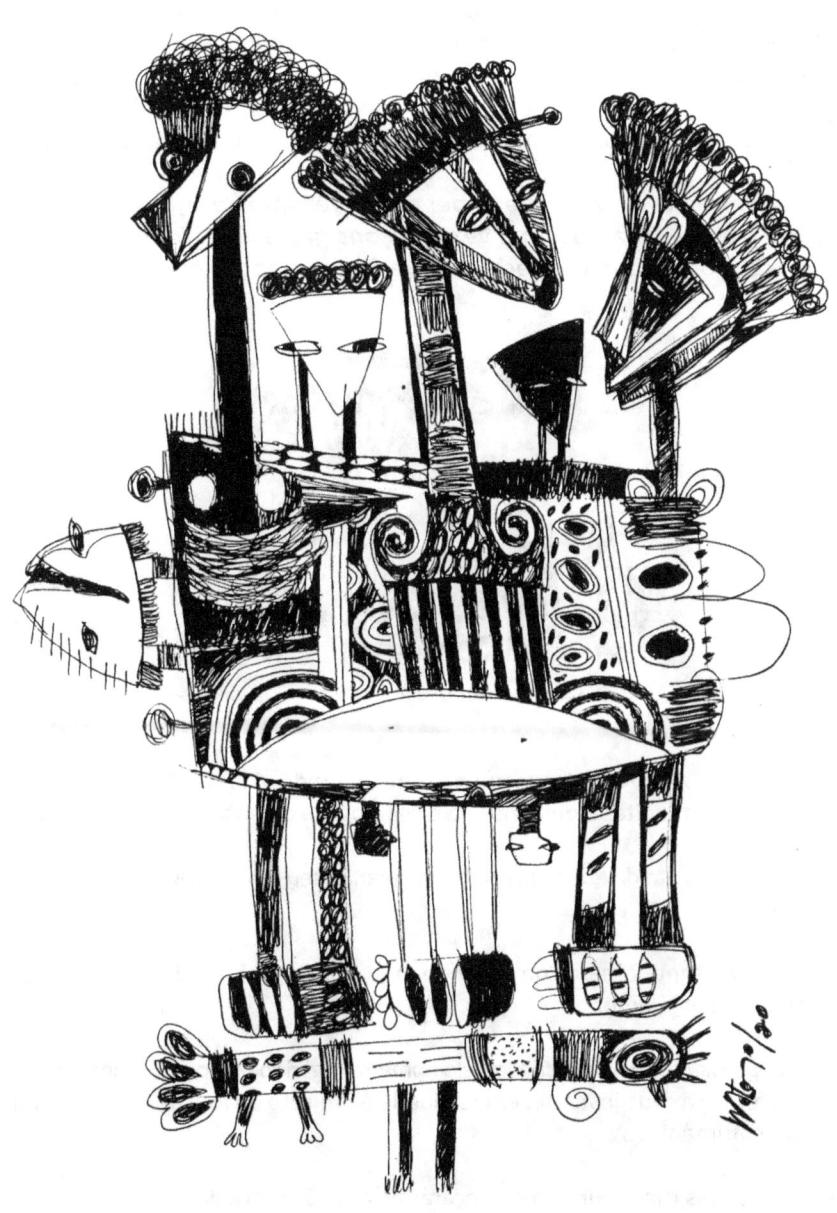

## DEUS

*Imaginava que, se eu fosse Deus e decidisse criar o inferno, criaria um lugar no qual, e durante toda sua existência, quase nunca estivesse seguro de nada. Nem sequer soubessem de onde vieste e muito menos aonde vais. Um lugar onde fosses consciente de que vais morrer.*

*Inclusive outorgava o poder de sentir a incerteza de não saber que vai passar a cada instante. Fá-te-ia sentir a sensação de que tens livre albedrío para que aches que decides na cada momento. Deixar-te-ia viver, e que teu sentimento fosse teu recompensa ou teu castigo. Deixar-te-ia reencarnando vida depois de vida, até que após tanto sofrimento e inconsciência acumulados, acordasses e conseguires ver por ti mesmo tuas próprias confusões e tu mesmo decidires quando e como as aceitar, as superar.*

*Confusões que te distraem de poder estar presente ao agora, que não te deixam ver a verdade e amar. Para que uma vez que consigas amar o inferno te encontres no céu e voltes a ser o que em realidade sempre foste, silêncio, o ser, Deus, amor.*

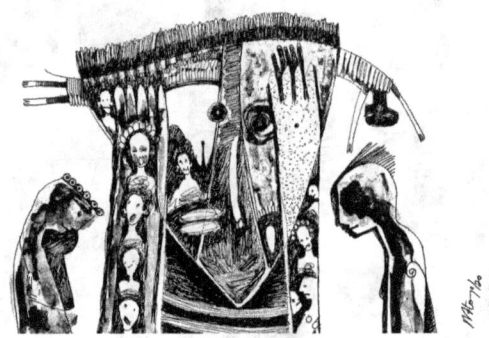

*Salobreña, 2017.*

Uma ideia que saiu de um pensamento a respeito da vida. Desfrutava de um dos meus lugares favoritos para meditar e descansar, a praia. Jogava a pensar que faria se eu fosse Deus.

Reflexionar a respeito do que trata a vida, procurando seu sentido segundo minhas experiências e filosofia de vida.

Tentei dar-lhe sentido para compreendê-la, partindo da base de que a vida é perfeita e foi criada por Deus que é amor.

Qualquer pensamento ou ato criado pelo homem, julgando ou posicionando-se na contramão do que a vida oferece a cada instante, em realidade é um acto de loucura, de desconhecimento e só provocará sofrimento.

Uma vez aceites tua escuridão começarás a ver a luz entre ela.

# JOGANDO COM DEUS

*Penso em como actuaria se ao morrer me encontrasse adiante de Deus, e a sua vez, também eu fosse Deus. Imagino-me no papel de Deus e dizer-me-ia algo parecido a isto: Na cada situação que se deu em tua vida, não tomaste nem a melhor nem a pior decisão. O que quer dizer é que fizeste justamente o único que podias fazer na cada momento. Pois tua consciência abria-se e fechava-se numa sincronia perfeita com teu coração e só chegavas a perceber justo o que precisavas na cada instante que viveste.*

*Na realidade, nem sequer eu, Deus, posso te julgar. Sou amor e a ação de julgar não tem cabida em mim. Tanto tu como o resto dos humanos sois luz misturada com escuridão. A cada ação cheia de medo é uma oportunidade perfeita para amar, a cada confusão está destinada a transformar-se em consciência, tudo é perfeito para que reine o amor, numa harmonia perfeita.*

*Sendo Deus criei-o todo e sou amor, a vida não pode tender para outro fim que não seja o próprio amor. Sempre estive dentro de ti, te acompanhando, agora volta a onde sempre pertenceste, volta a mim.*

*Agradeço-te por amar e por viver esta experiência cheia de inconsciência, mas ao mesmo tempo tão mágica e incrível de experimentar e, sobretudo, obrigado por ter atravessado tua própria escuridão utilizando só, a fé como guia, usando o amor que sempre tens sido.*

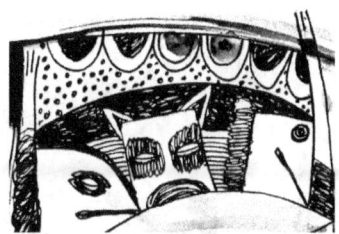

*Salobreña, 2017.*

Jogava com minha imaginação e me divertia com o único fim de tentar entender que é o amor, imaginava que faria se eu fosse Deus.

Tenho observado que na maioria das crenças ou religiões quando se fala de Deus, quase sempre se relaciona com o amor, se costuma dizer que Deus é amor. Daí a ideia de que, se Deus é amor, não há cabida nele para o julgamento, que em realidade é oposto ao amor.

Esta vida leva-nos por um caminho perfeito para a abertura total de consciência, às vezes podemos achar que estamos a retroceder, mas na realidade sempre vamos na mesma direcção, para a luz que somos.

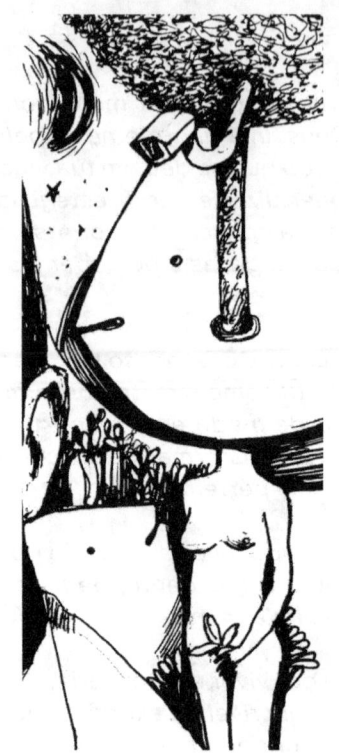

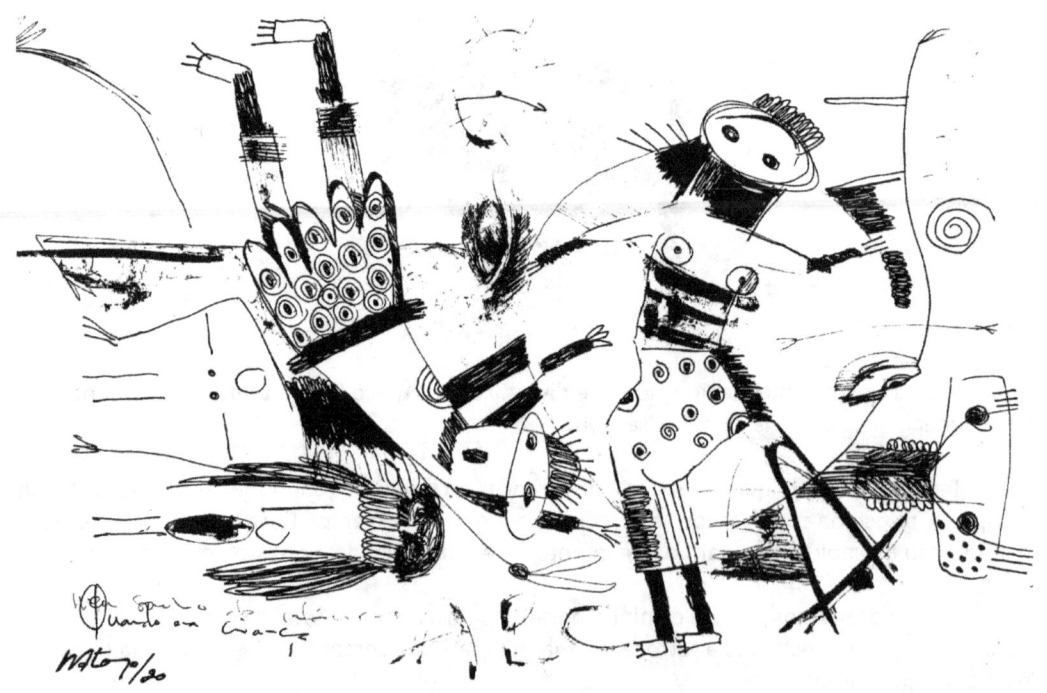

# CIORAN

*"Seja qual seja a resposta, posso dizer que nunca tenho pedido estar aqui e ainda estando aqui, só penso em como sair, sem fazer ruído, sem que se note minha ausência, como se nunca tivesse estado. E desta maneira, sentir a ilusão de não ter existido nunca".*

*Jogam-nos a este mundo desde um suposto para além e parece ser que ninguém nos perguntou se queríamos nascer e estar aqui. Ninguém nos previne do que nos espera, ingénuo pensamento o que diz que a vida é um dom, algo que deveríamos agradecer a cada dia ao acordar e a cada dia que passamos e seguimos aqui.*

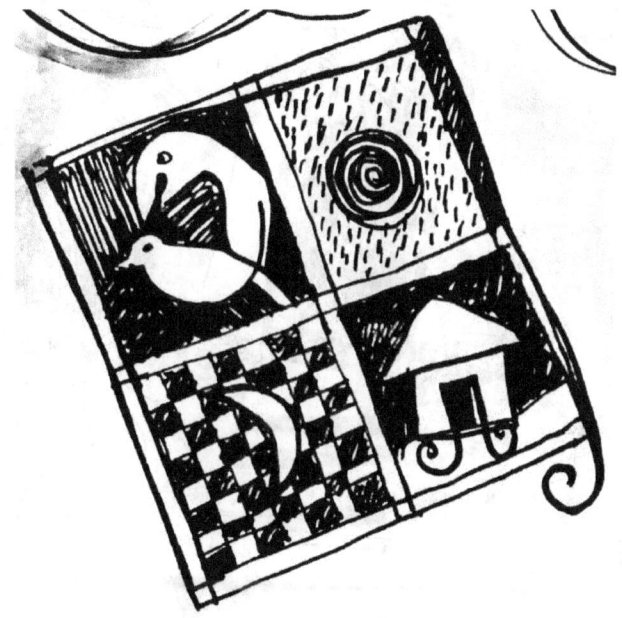

*Granada, 2019.*

Um pensamento do escritor e filósofo rumano, Emil Cioran. Quando o li me senti muito identificado, é o que tinha pensado em alguma ocasião, em momentos de tristeza, especialmente quando não tenho conseguido aceitar situações que se deram em minha vida. A vida às vezes é dura e por nossas confusões ou falta de conhecimento às vezes vemos injustas algumas situações que vivemos, ainda que tenha de reconhecer que também há uma parte mágica e maravilhosa, sobretudo quando o amor e a paz reina, quando tudo parece encaixar.

O sentimento que compartilha Cioran em seu texto simplesmente expressa uma visão pessimista da vida, essa parte que às vezes tanto nos custa atravessar, nossa escuridão, onde se encontra todo o que não aceitamos ou reprimimos, o subconsciente.

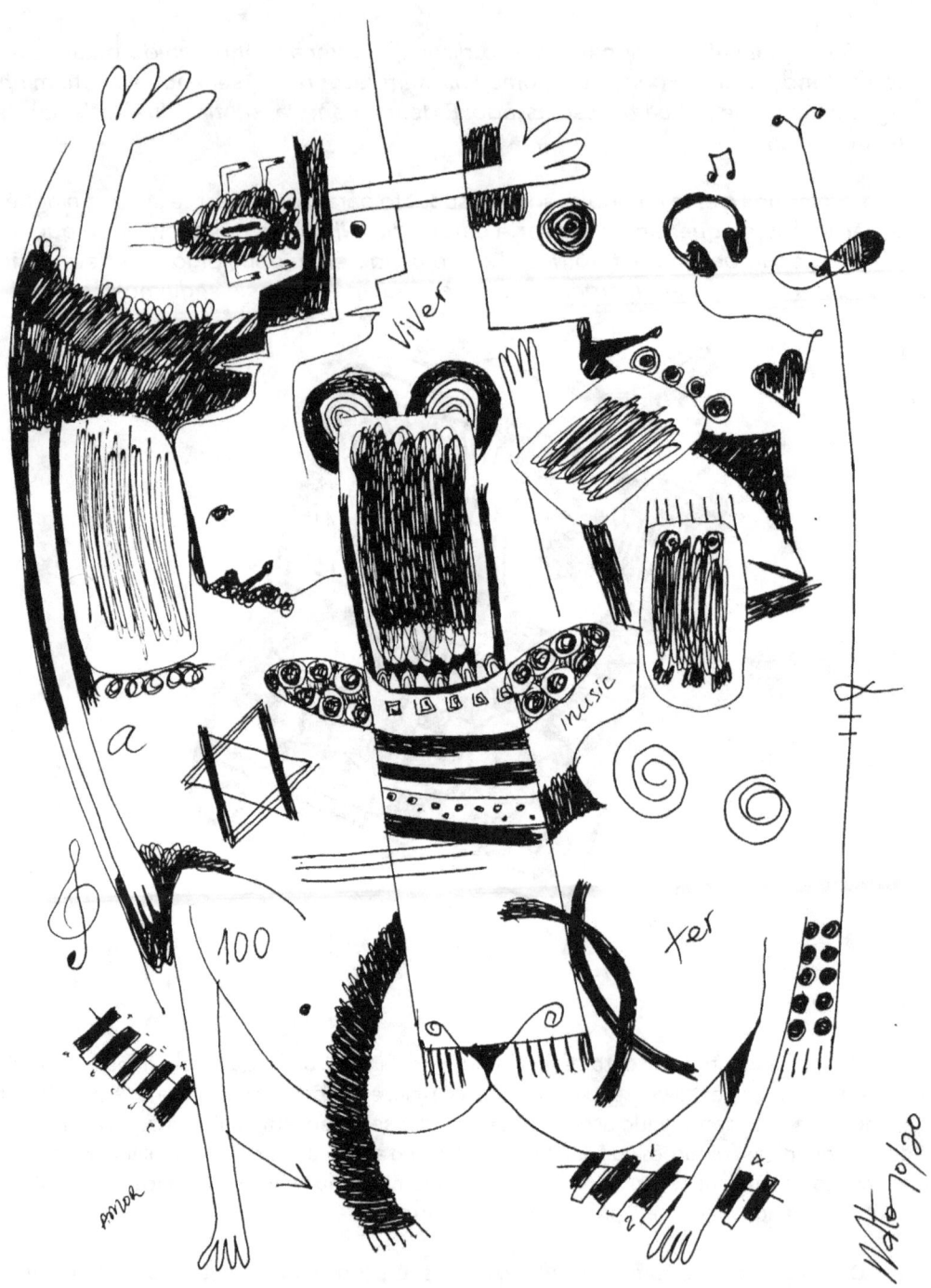

## CARTA INTERNET

*Às vezes penso que toda a ação tem um por quê. Quem é capaz de observar uma acção de alguém e ter toda a informação para ser justo ao o julgar?*

*Qualquer, se tivesse nascido num bairro ou numa família marginada poderia se parecer muito aos que vivem nessas circunstâncias. Melhor que julgar seria interessante entender por que se deu essa situação. Todos somos uns pouco culpados das misérias e às vez responsáveis pelas coisas belas que nos rodeiam. Penso que julgar te leva a uma verdade pessoal e se a crimes como única verdade levar-te-á a viver uma realidade separada da verdade e provavelmente dolorosa. Onde fica o entendimento, a compaixão, o amor ao próximo?*

*A empatia, o saber pôr no lugar do outro para entender sua situação, tentar não achar que teus julgamentos são a verdade, pode ajudar a estar mais próximo, e assim poder contribuir, porque ajudar não é uma obrigação, mas sim um imenso prazer.*

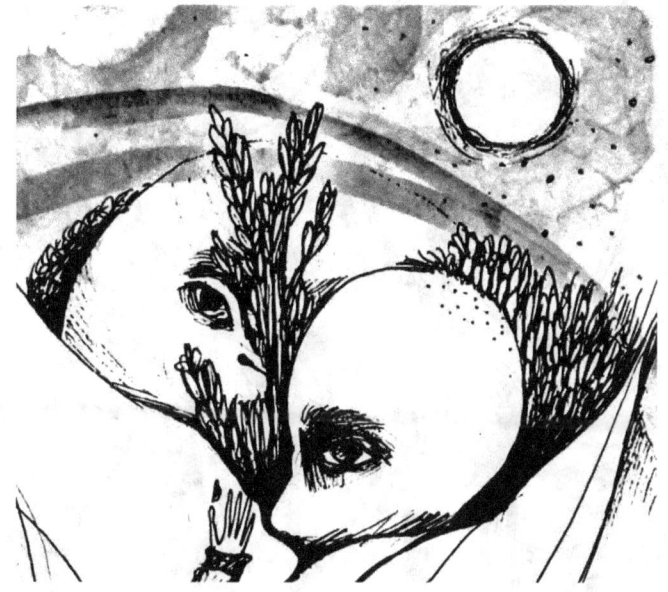

*Granada, 2018.*

Às vezes, costumo entrar em foros de filosofia em páginas de internet. Falam de diversos temas e chamou-me a atenção um foro aberto onde se falava sobre os bairros marginados, sobre a raça gitana.

Uns diziam que tinham que estar isolados da sociedade. Outros, ao invés, diziam que deveriam fazer programas de ajuda para estes bairros marginados. Estive a pensar e contribuí este texto, dando minha opinião sobre como tratar ao próximo.

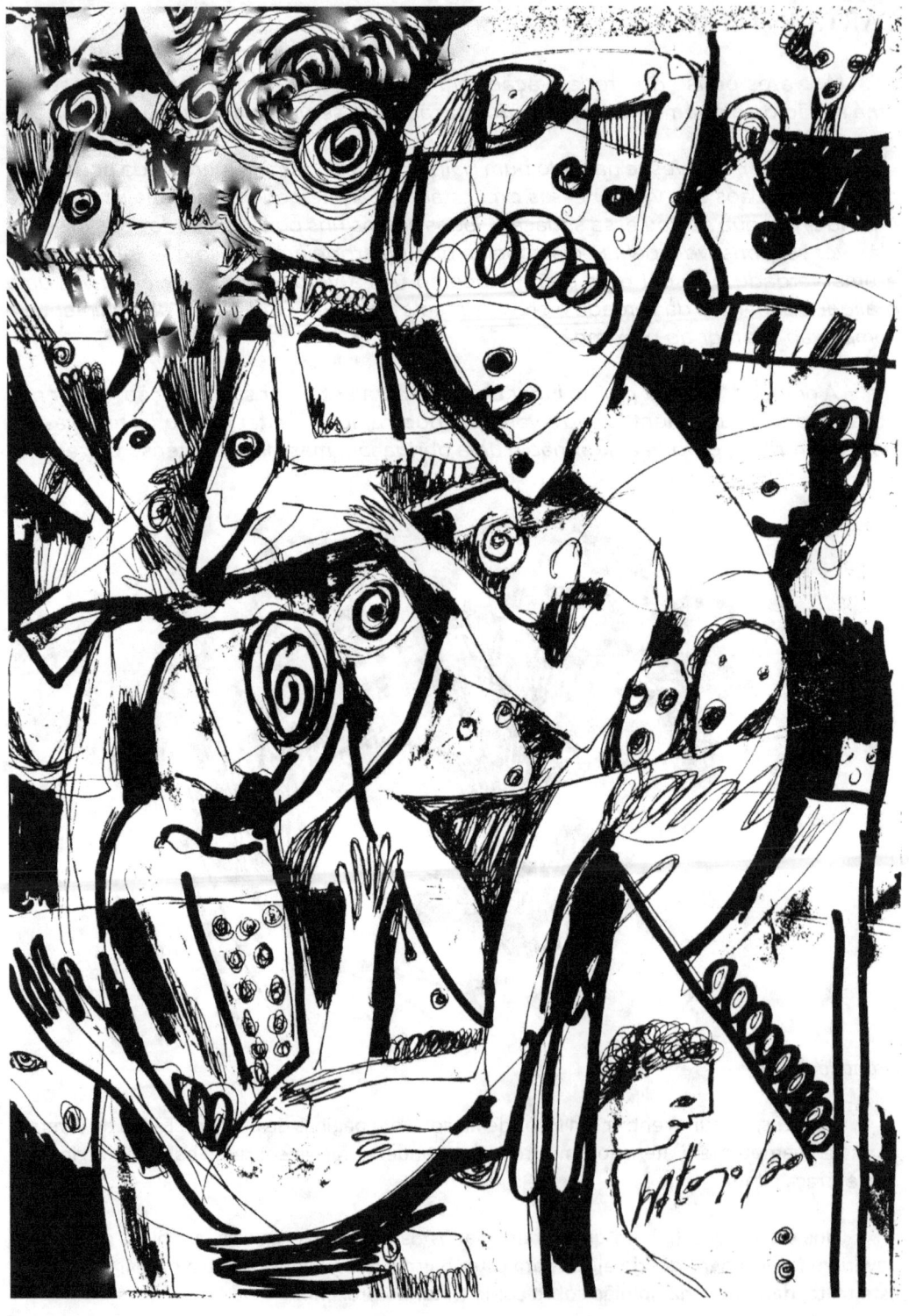

# PITÁGORAS

*"A vida é como os Jogos Olímpicos, onde vão três tipos de pessoas diferentes: os atletas, que competem pela glória de algum prêmio; os comerciantes, que vão com a intenção de comprar e vender; e os espectadores, quem só assistem para ver os jogos, sendo indiferentes aos aplausos e ao lucro. Assim é o mundo, uns procuram a fama e outros o dinheiro, mas um terceiro grupo se dedica à contemplação da natureza, por amor à sabedoria. Este último é o dos filósofos".*

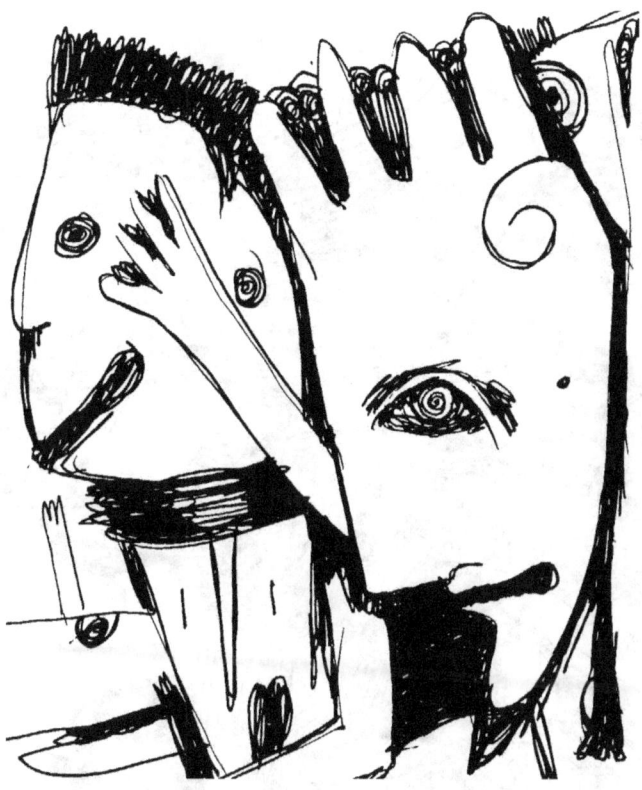

*Granada, 2017.*

Têm passado já mais de dez anos desde que tive uma crise existencial, desde esse momento comecei a me questionar praticamente tudo a para perto de a vida, de minha existência, e foi quando comecei a escrever. Poderia dizer que se acordou em meu uma parte filosófica que habitava dormida, latente, esperando seu momento para se dar a conhecer.

Desde então a filosofia foi minha colega de vida, minha hobby. Converteu-se numa ferramenta que utilizo para tentar acalmar minhas dúvidas. Agora caminho por minha vida tentando acordar do jogo de pensamentos que cria o ego, tento acordar para uma consciência onde tudo tem cabida, uma consciência se libertando que tende para o amor.

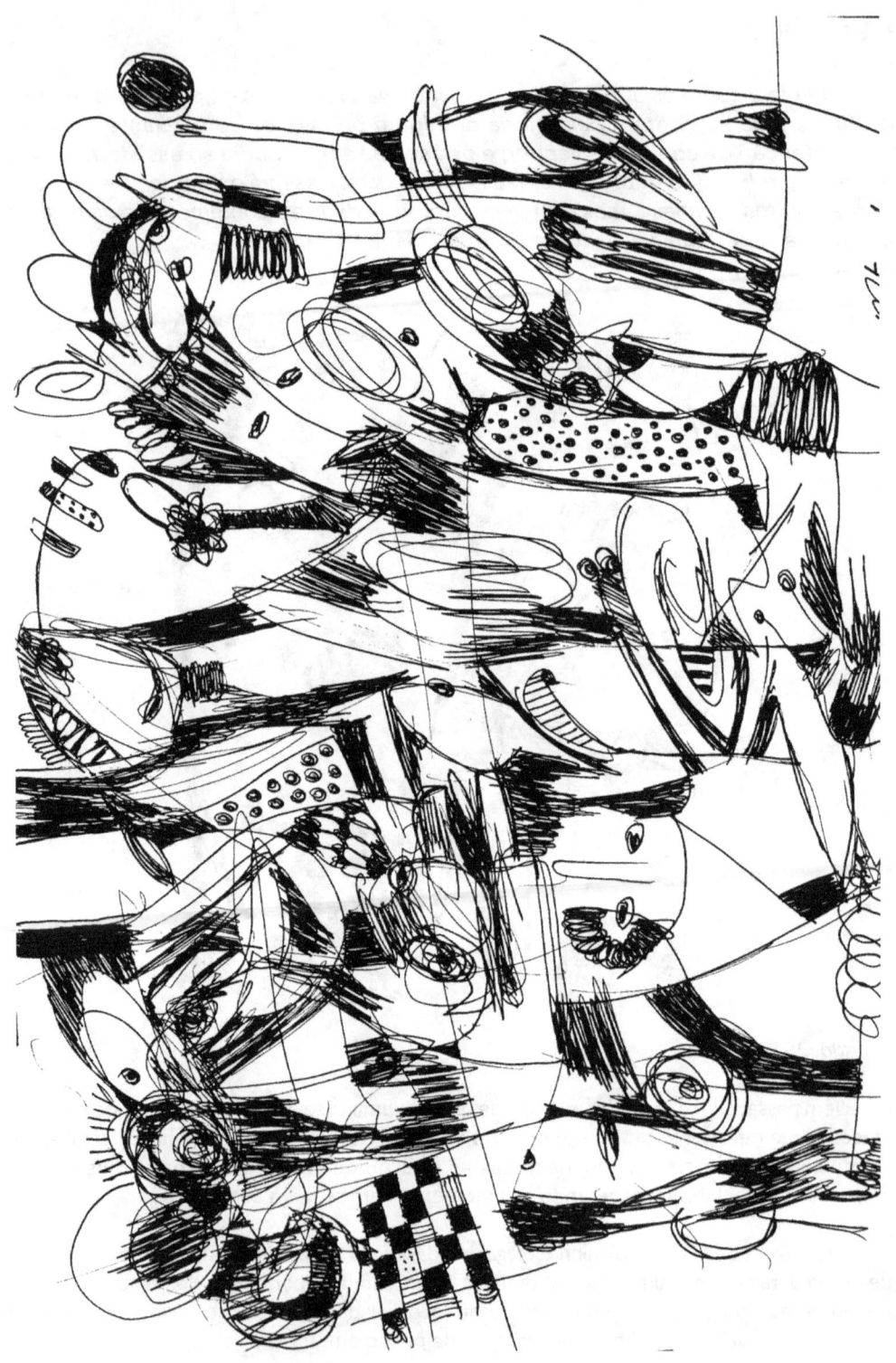

# A VIDA É UM MONÓLOGO CONTIGO

Não sei se tem podido observar que a vida é um monólogo contigo mesmo. Nascemos com um espelho adiante de nós, que acompanhar-nos-á até o final de nossos dias.

Nunca viste, pensaste, julgaste, nada que não fora a ti mesmo. Quando te encontras adiante de qualquer situação em tua vida, de forma automática se forma uma ideia em tua mente, para poder a entender e poder a enfrentar. Essa ideia que aparece, sempre parte de ti e és tu, nasce de teu interior, se forma em tua mente a raiz de teu ego: teus medos, confusões, limites culturais, ética, religião, crenças. É teu prisma de pensamento, nada vem de fora: todo o que sempre vemos é nosso, está dentro de nós e é o que somos. Nunca vimos nada que não fora a nós mesmos.

Vivemos nessa jaula criada por nós mesmos que em realidade sempre teve a porta aberta.

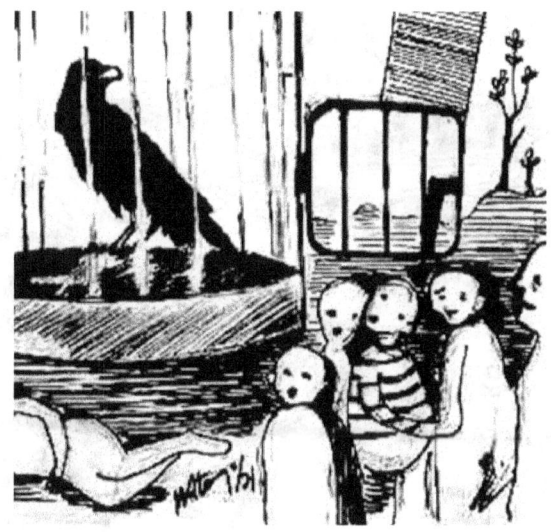

Granada, 2018.

Um texto relacionado com a observação do ego. Uma vez mais a influência de Carl Gustav Jung pode ver-se com facilidade quando falo acerca do espelho, do reflexo. Deves aprender a escutar-te, a observar os teus pensamentos, e assim poder entender por ti mesmo que um pensamento não é mais que uma proposta.

Mediante a observação podes conseguir identificar os pensamentos e dar-te conta que são algo criado por ti e não são reais, só existem em tua cabeça. Falo de julgamentos, fitas-cola, inseguranças, apego. Aprender a dialogar e a escutar-te, é uma forma de aprender a governar tua vida deixando-te livre.

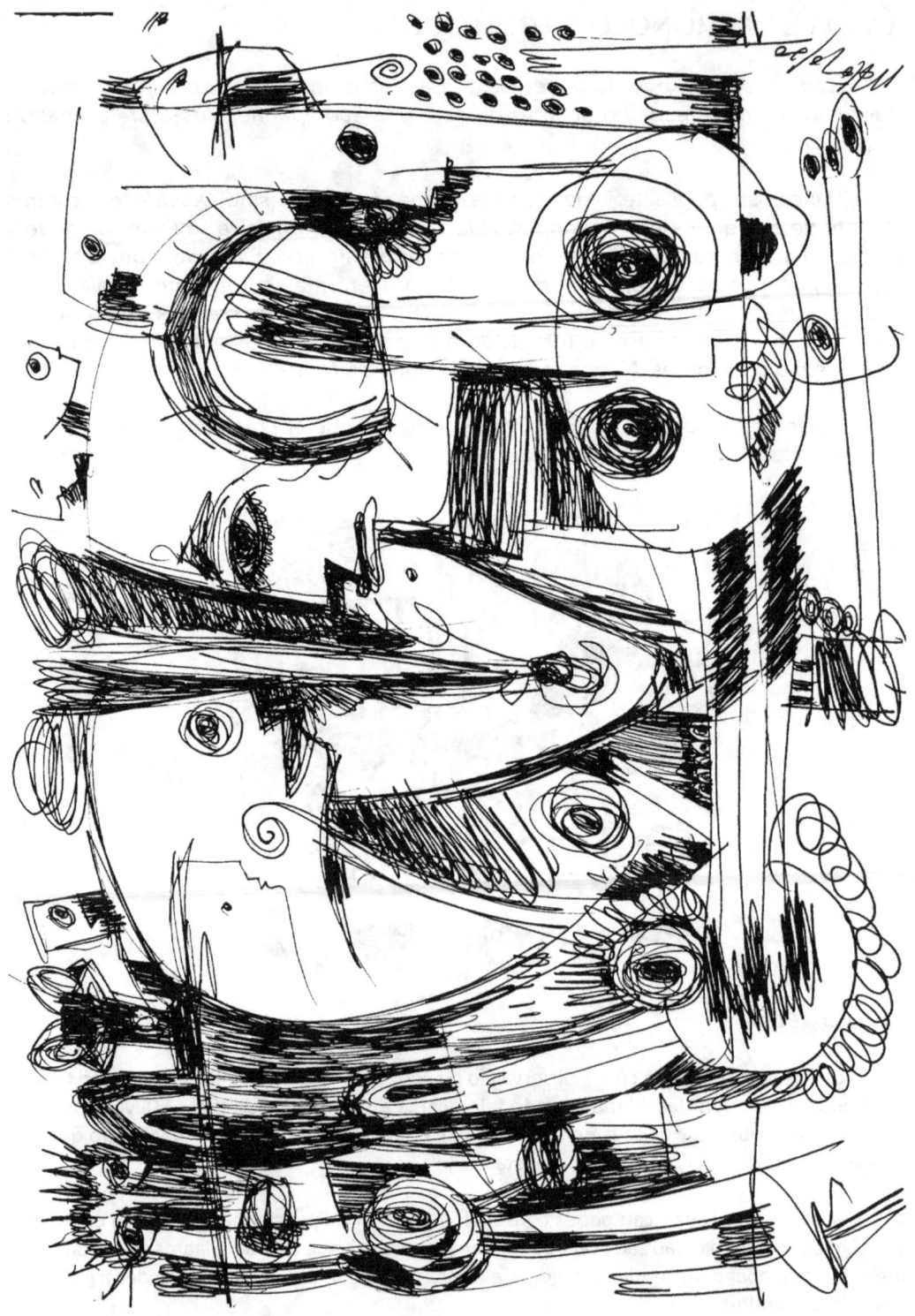

# FANTASÍAS

*1.- Que não tenha dúvida das boas intenções do outro. Acostumamos-nos tanto a não sentir paz, serenidade, que às vezes confundimos momentos de medo e intranquilidade com momentos de paz. Às vezes achamos que estamos a aceitar, mas enganamo-nos, não sentimos paz, no entanto, nos conformamos escondendo esse sentimento e achando que isso é aceitar, amar.*

*2.- E chegam elas. As fantasias. Sem elas o criador ficaria órfão. Elas possibilitam diferentes formas de criação. Essa fantasia te conduz a essa ação. A fantasia começa em teu coração, transforma-se em pensamentos querendo viver e tua ação cria-os. Somos criadores de vida, a cada um sonha sua vida a criando, para mais tarde poder a viver.*

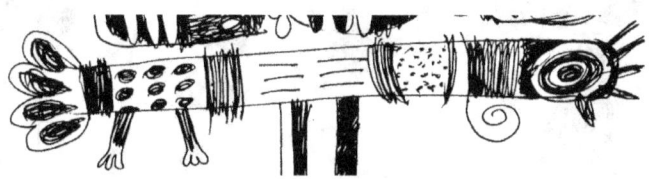

*Granada, 2018.*

Um par de escritos curtos, são simplesmente ideias filosóficas a respeito de momentos de minha vida. Falo do bonito que seria que a cada encontro não nós criássemos nossos julgamentos.

Às vezes ocorre, que cremos estar em paz quando em realidade não o estamos, tentamos nos distrair com diferentes coisas, mas tarde ou cedo cada um deverá enfrentar suas próprias confusões.

No segundo texto falo da criatividade, como se cria dá nada uma ideia e se materializa em realidade. Um poder que tem o ser humano, digno de admiração.

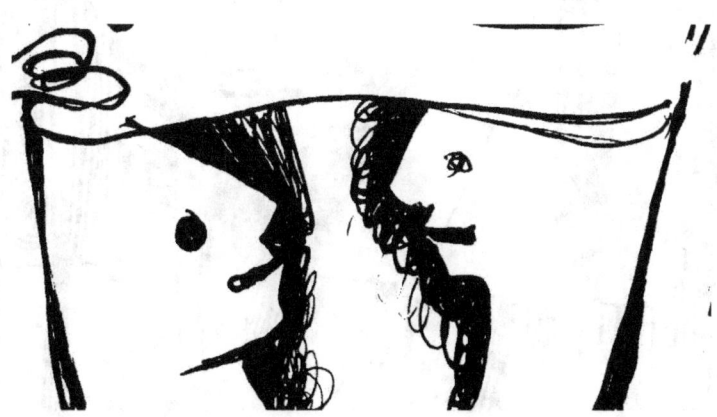

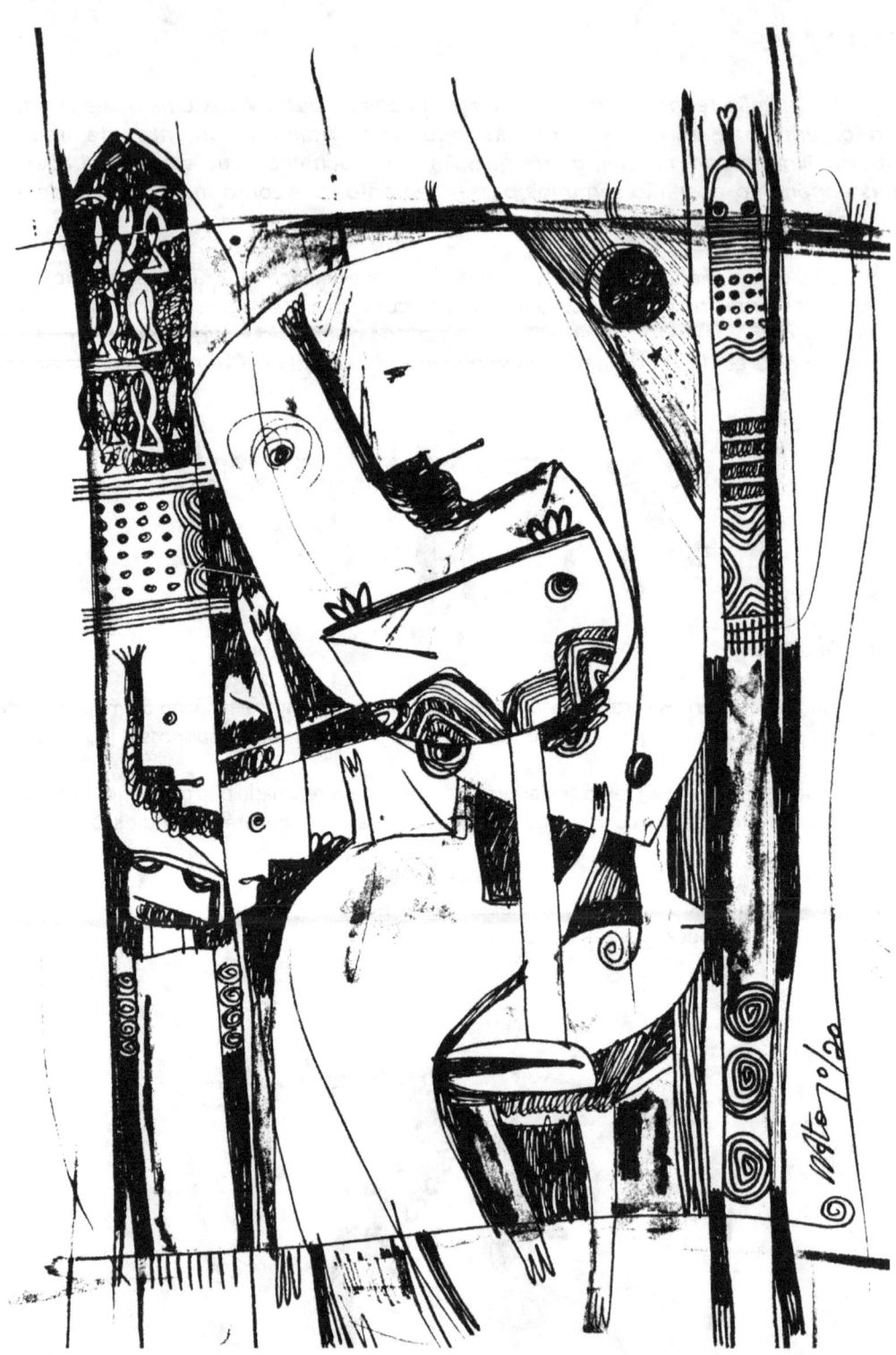

# SUPONDO É JULGADO

*Tenho observado que na maioria das religiões ou crenças vêem a Deus como um ser de Amor. Supondo que Deus é Amor, penso que é complicado e inclusive contraditório viver com a sensação de que ao morrer Deus nos estará a esperar para nos pedir contas e nos julgar.*

*Se supõe-se que Deus não tem ego sendo amor puro e o homem tem ego e não é amor puro, parece ser que emitir um julgamento, é mais bem um rasgo do homem, de seu ego, e não de Deus. Acho que julgar é oposto ao Amor e por tanto a Deus.*

*O julgamento nasce do ego, algo que em realidade não existe. O sofrimento às vezes começa a produzir-se um julgamento e achar que é a única verdade, já que entramos numa história criada por nós mesmos, produto de nossa mente. O Ego continua a criar histórias mediante os julgamentos aos que damos veracidade. Poderíamos evitar e evitar-nos sofrimento se conseguíssemos simplesmente observar, para reconhecer nossos julgamentos e entender que fazem parte de nosso ego, de algo que não é real. A consciência ao libertar-se ir-te-á mostrando de uma forma natural e mágica como os julgamentos te separam da verdade e por tanto do Amor.*

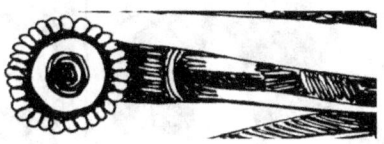

*Granada, 2019.*

Tentava entender o julgamento. Pensava em Deus. Se Deus é amor é impossível que emita julgamento algum, tentei argumentar esta ideia.

Aprendamos a dialogar conosco mesmos, aprendamos a nos escutar, aprendamos a não nos julgar, aprendamos a nos amar, a isso temos vindo a esta vida. Curemos nossas feridas, para assim poder acompanhar aos demais enquanto se curam suas próprias feridas. A cada um caminhando em seu perfeito caminho para o acordar. Juntos dirigimos-nos para a luz atravessando nossa escuridão.

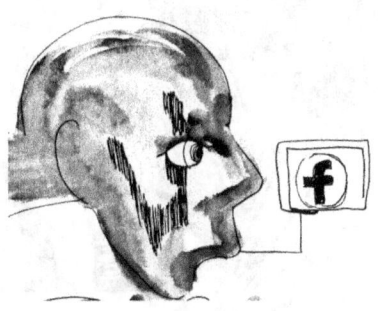

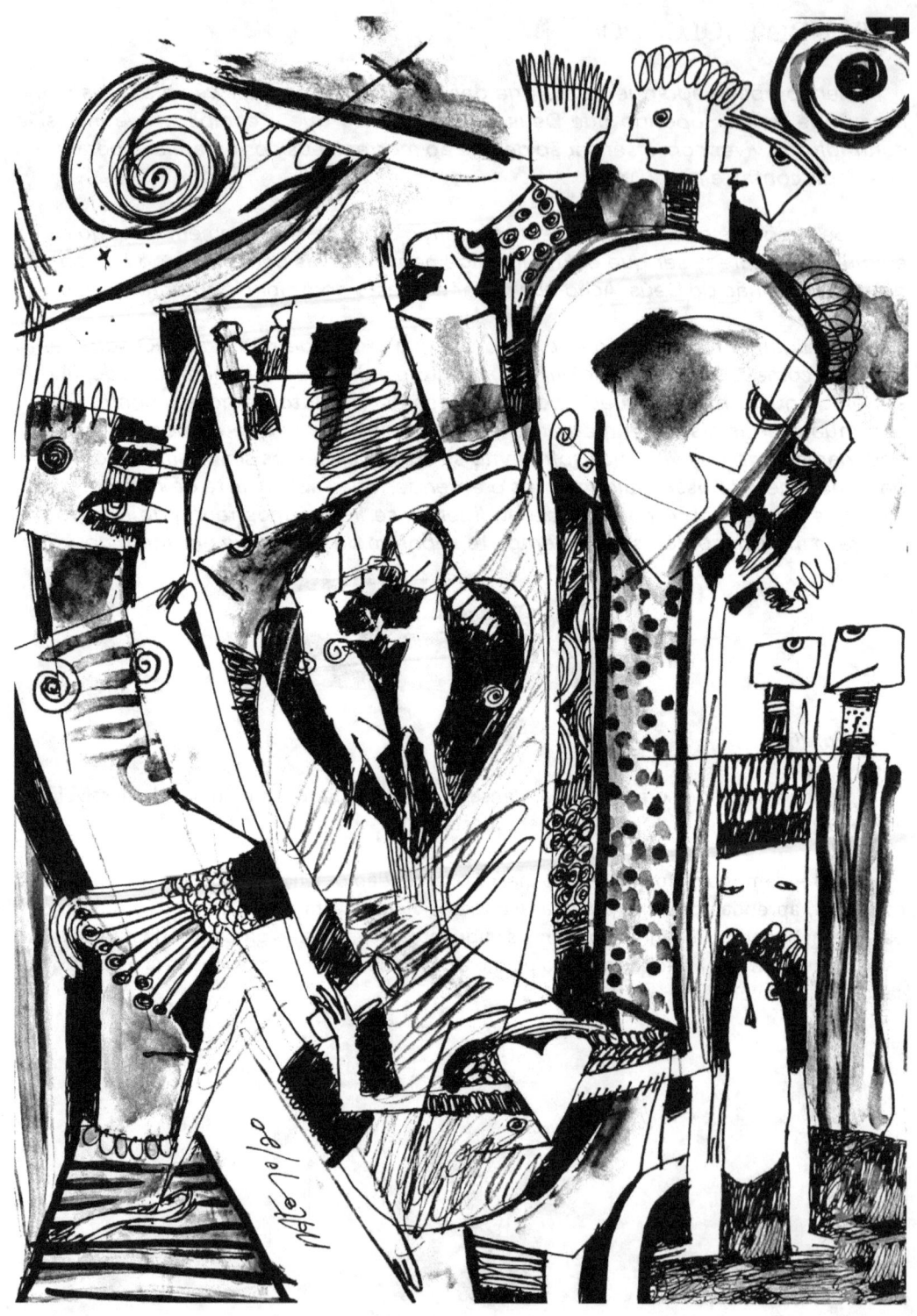

## ENCANTAR-ME-IA

*Encantar-me-ia ter uma personalidade que mal chocasse com a gente que me rodeia e amo. Não causar sofrimento a outros por uma opinião ou por algo que eu decida fazer.*

*Encantar-me-ia poder entrar num diálogo e não querer levar a razão, ainda me achando que a levo. Encantar-me-ia poder expressar cem por cem de minhas emoções e gritar meus pensamentos sem fazer dano ou molestar a ninguém. Entendo que a dia de hoje é impossível devido à quantidade de julgamentos, confusões, apegos e medos que rodeiam a cada um de nós em nossas vidas.*

*Nesta época podemos apreciar uma pequena abertura de consciência, a qual nos permite observar arestas da verdade. Nossas vidas continuam dançando entre a confusão e a verdade.*

*Em ocasiões observo através de uma aresta a verdade e contemplo a perfeição da vida tal qual é, tal qual se dá, sem nenhum tipo de modificação, nem julgamento, sentir que não há nada que acrescentar nem nada que tirar à cada instante.*

*Entendi que a cada momento é digno. Só quando ames o inferno encontrar-te-ás no céu.*

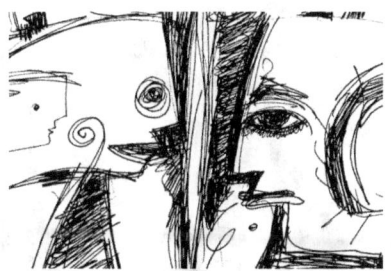

*Granada, 2019.*

Pensava nas relações entre os humanos. A maioria tendemos a defender nossa verdade, inclusive às vezes tentamos impor-la aos demais, por exemplo, quando falamos de política, desporto, na educação dos filhos, com a religião ou a espiritualidade, entre outras. Carl Gustav Jung dizia que permitir ao outro expressar sua verdade sem pretender a modificar, seria um grande acto de amor. É uma forma de permitir existir ao outro. Uma forma de respeito, uma forma de amar.

Se conseguíssemos identificar quando fala nosso ego, poderíamos reconhecer nossos julgamentos, julgamentos que usamos primeiro para nós mesmos e que depois usamos para julgar aos demais. A chave é entender que não há nada que acrescentar e nada que tirar a cada instante que vives.

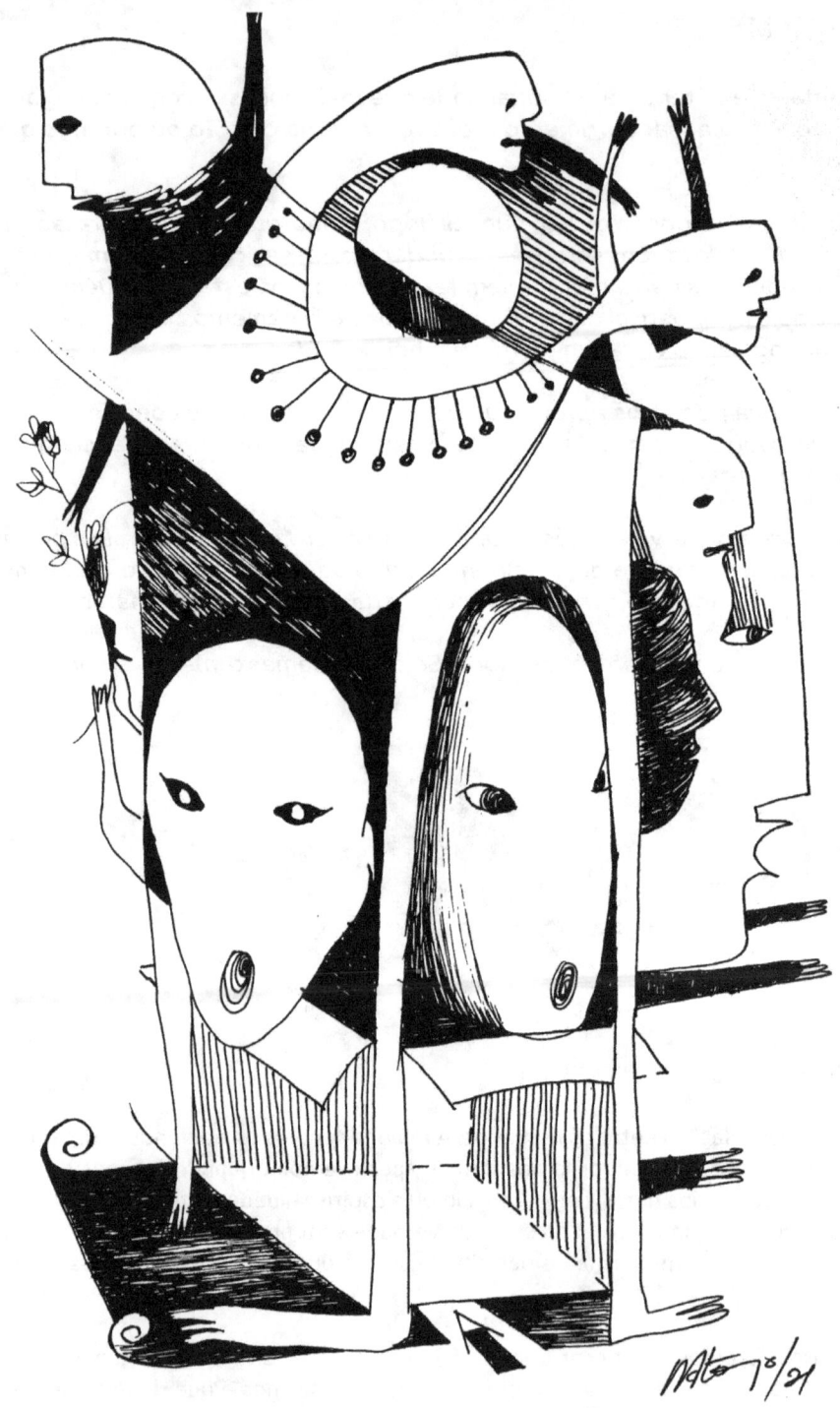

## SIN CULPA

*Sentir-se culpado é um dos obstáculos no caminho do crescimento pessoal. Nunca poderás ser tu mesmo nem manifestar seu máximo potencial se continuamente estas olhando ao redor em procura de aprovação ou de ficar bem com todo mundo. Num planeta como A Terra nos encontramos rodeados de seres humanos com diferentes níveis de consciência, com diferentes confusões, com diferentes níveis de vibração e a cada um deles vê a vida a sua maneira, através de seu próprio prisma de pensamento e tem diferentes expectativas sobre tua pessoa; expectativas que em alguns casos são egoístas, baseadas em carências e medos muito arraigados.*

*Que te consideres espiritual ou que transitem num caminho de crescimento interior não te obriga a satisfazer automaticamente as necessidades e expectativas de todas as pessoas que vão aparecendo no teu caminho. O primordial é cultivar o respeito no coração e animar a cada um a se responsabilizar pelo seu próprio caminho e opiniões. Respeita aos demais, mas não te esqueças de te respeitar a ti mesmo. Tu sentes para onde vais e quem és, de maneira que segue adiante. Sem culpa.*

*Falemos do julgamento, há pessoas que julgam, o tomam como única verdade, e assim vivem suas vidas, mas podemos entender que o fazem por uma confusão que os separa de sua própria verdade e essência, desta forma em realidade o fazem porque estão acostumados a auto se julgar, e assim vivem a vida com o julgamento por bandeira. Vivem no mundo que eles mesmos criaram, um mundo imaginário com frequência de sofrimento.*

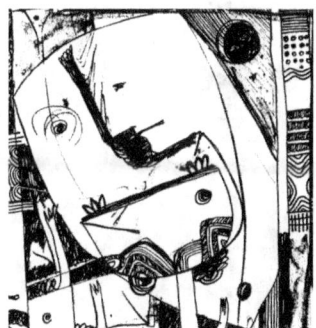

*Granada, 2019.*

A culpa está estreitamente relacionada com o julgamento. Se sentirmos culpados provavel-mente primeiro ter-nos-emos julgado, julgamento que depois utilizaremos para julgar aos demais. A consciência pouco a pouco irá mostrando-te a luz. De facto, a cada dia já o faz em sua própria vida.

Falou do importante que é primeiro te amar a ti mesmo para depois poder amar aos demais. O julgamento separa-te da verdade e afasta-te da paz, mas se aprendes a observá-lo sem crer-to poderás viver na verdade.

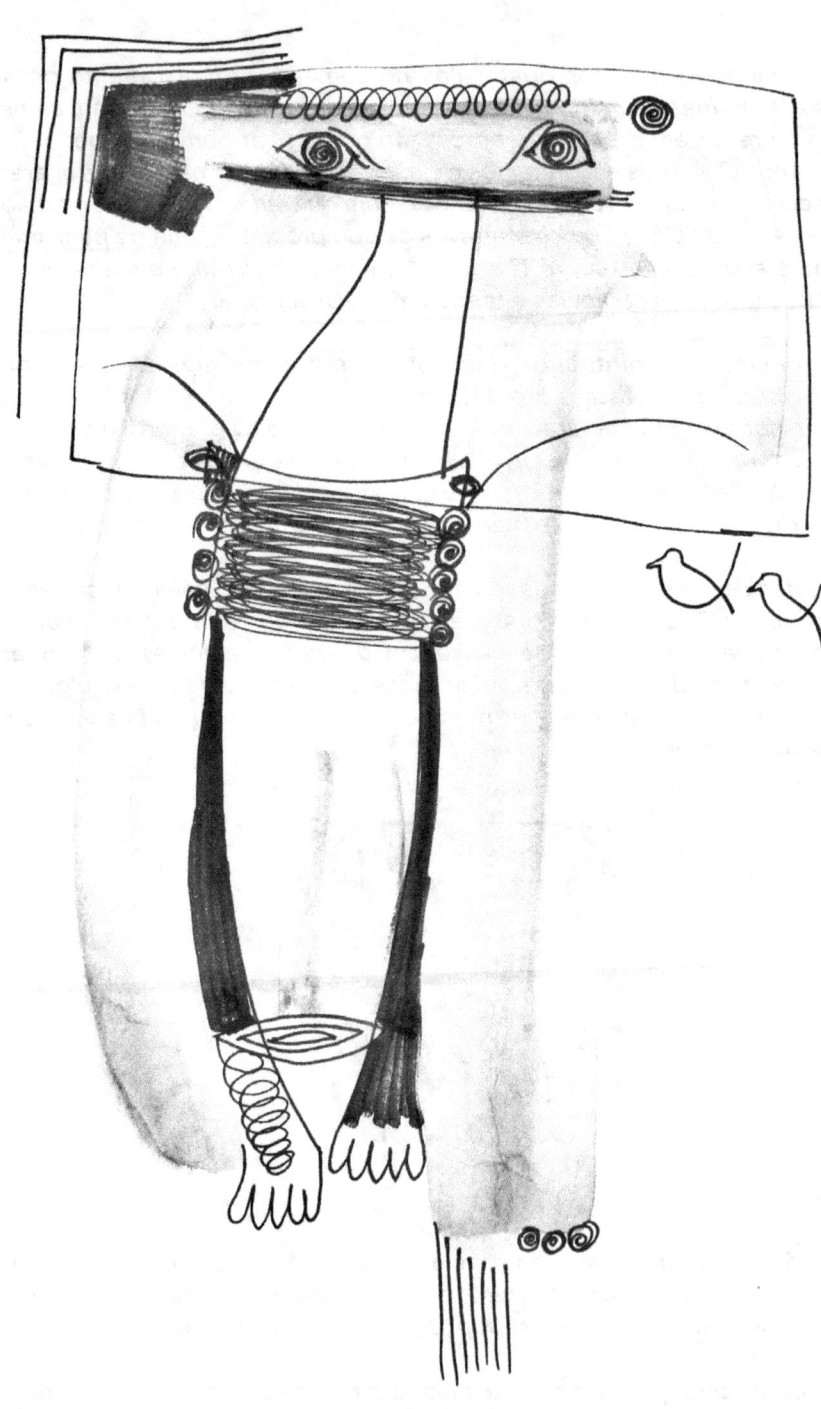

# A CABEÇA É UMA MÁQUINA DE FAZER MONSTROS

*Que difícil é observar seus pensamentos e não tos crer, os observar entendendo que às vezes não vão conforme com o amor e costuma aparecer o medo. Em ocasiões a cabeça é uma máquina de fazer monstros. Tua mente converte-se num torque de pensamentos acompanhados de julgamentos que te faz cair num torbellino de corvos negros.*

*Se observá-los pode que encontres um bosque e uma noite de árvores escuras, mas se tens paciência e esperar que a noite se misture com o alva, chegarão ao seu fim e depois dessa escuridão aparecerão taludes de rosas debaixo dos ciprestes. Essa escuridão que sem julgamento cai mansa ante a verdade, ante o amor.*

*Um caminho perfeito, único, que quase ninguém vê, inclusive às vezes soa a néscio nos ouvidos dos demais. Um caminho que entendi que devo andar solitariamente para mim mesmo. Caminhando o pensamento por caminhos difusos, sei que meus acompanhantes não podem andar por mim e sigo meu caminho perfeito de observação para essa luz cegadora que me chama desde muito adentro. Minha decisão tomei-a faz tempo, vou para mim, para meu interior.*

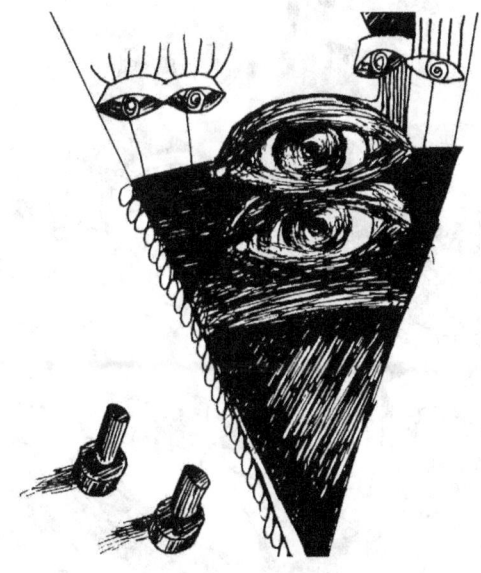

*Granada, 2020.*

Neste escrito falo do caminho pessoal para um mesmo, para seu interior. Nietzsche numa de suas frases mais famosas fala desse escuro caminho que cada um deve atravessar para se conhecer, e assim chegar a se amar a si mesmo.

É a única forma de poder eleger com liberdade quem és e te descobrir. É um caminho para nosso interior, para a consciência, para a presença no agora, para o silêncio.

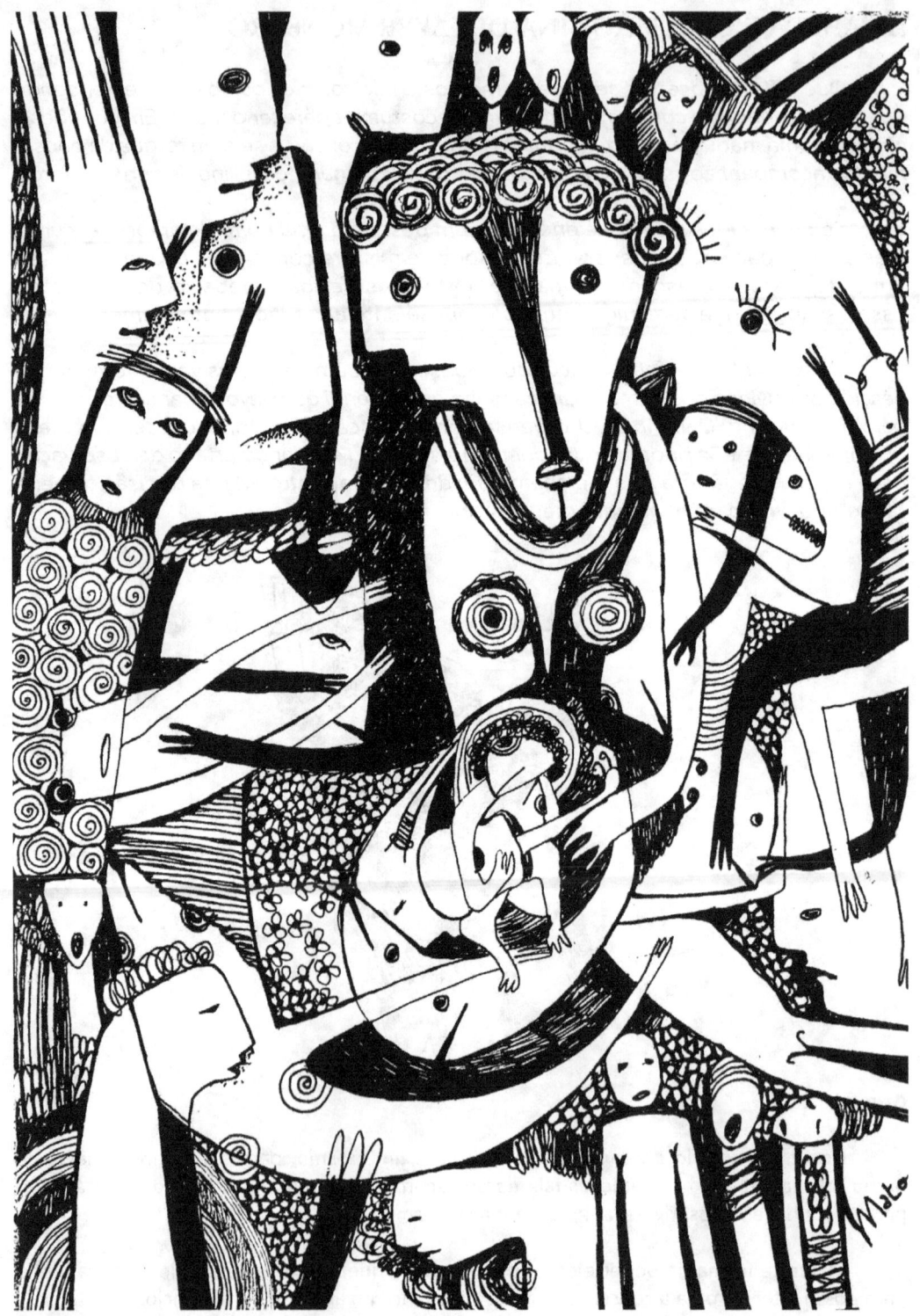

## IMPLORANDO POR AMOR

*Tão só estou suplicando amor, essa é minha vida. Acho que sempre o fiz desde que nasci até este preciso momento. Só procuro aceitação, amor.*

*Em ocasiões custa-me aceitar a incerteza, aceitar a própria incompreensão do que a vida me oferece, então o medo me inunda e me acompanha por este às vezes tenebroso caminho da dúvida.*

*Incomoda-me ver esse medo que às vezes vejo refletido nos olhos da gente, que em realidade é o meu próprio. É curioso, que seja eu o ser ao que mais lhe custa me dar amor.*

*Entendo que às vezes não é fácil viver e sobretudo amar. De facto, penso que tudo isto se criou com esse fim, o de atravessar esse medo e chegar justo ao lugar onde sempre pertenci a mim, ao amor que sou, que somos todos.*

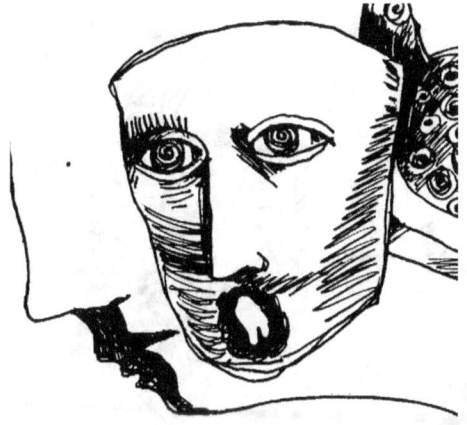

*Granada, 2020.*

Tenho podido observar durante o transcurso de minha vida que com frequência me custava viver o instante presente e me perdia em meus pensamentos e meus julgamentos, vivendo como verdades.

Com o tempo e a experiência dada depois de viver diferentes situações de vida, pude ir observando o jogo da mente, quando opinava o ego e quando aceitava o ser e a como acolher meus pensamentos sem os julgar e poder me servir deles para me conhecer mais profundamente. Aprendi a não acrescentar mais sofrimento ao sofrimento.

Todo o amor do universo não poderá saciar a um homem que não se ama a si mesmo. Por muito amor que supliques e te dêem, nunca te saciará: a chave é primeiro amar-se a si mesmo para depois poder amar aos demais.

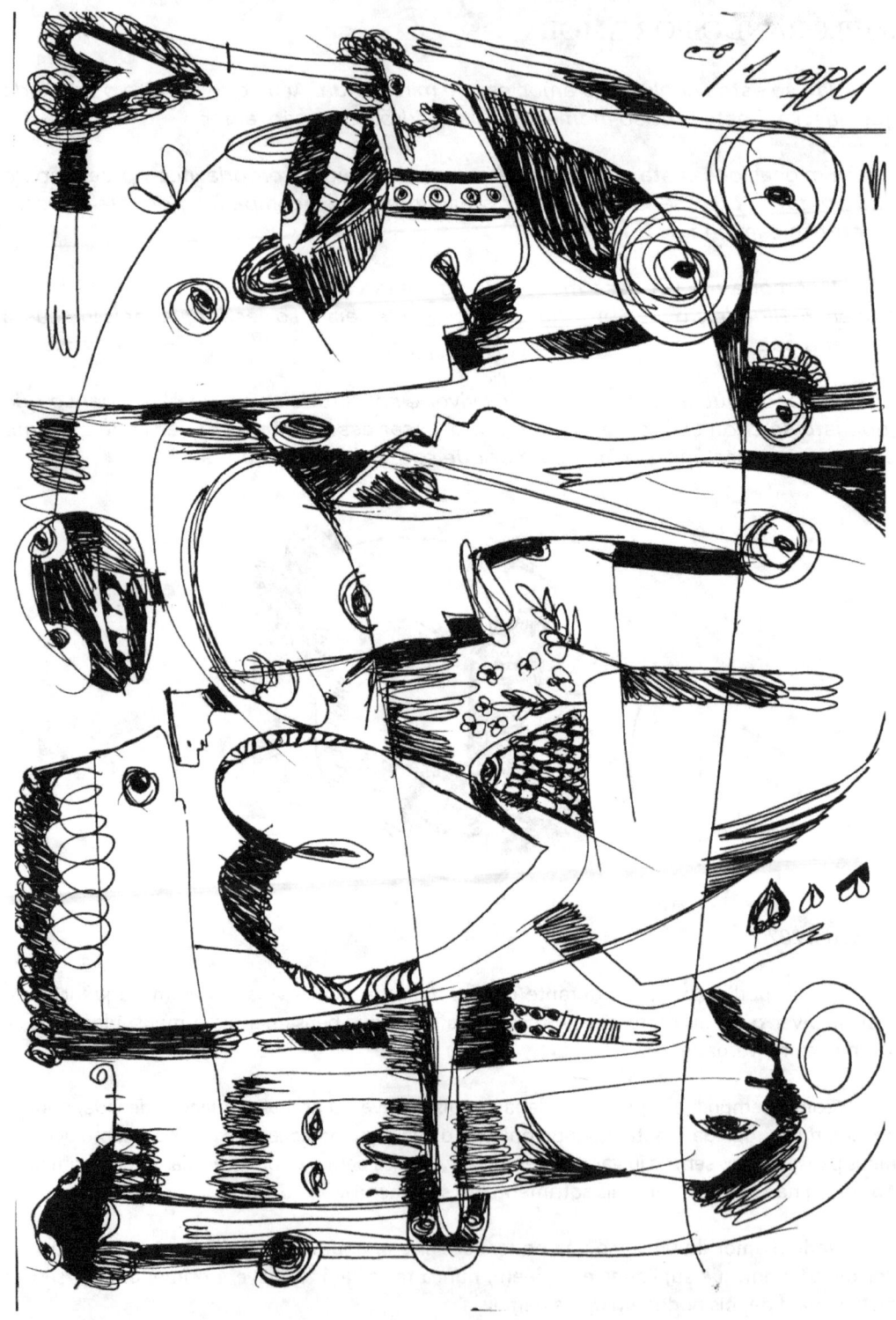

## QUANDO EU FUMO?

*Quando sento "A Cereja"* [1]*. Quando vejo espaços da minha vida aburridos e tento melhorar. Quando quero tapar que a vida não é como eu gostaria que fosse. Quando me sinto perdido. Quando não aceito o que vivo. Quando quero me premiar. Quando me parece pouco o que vivo (quero potenciar). Quando prefiro esquecer a atender. Quando quero desligar. Quando quero que o tempo passe mais rápido. Quando quero sentir diferentes sensações placenteras. Quando quero aumentar minha criatividade. Quando quero observar os rincões de minha mente, quiçá inaccesibles de outra forma.*

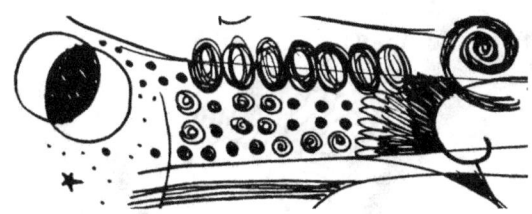

*Granada, 2017.*

Neste texto falo de quando tenho fumado maconha e daí acho que me levou ao fazer. Sempre tem sido um tema tabu na sociedade ao ser algo ilegal, ainda que todos sabemos que é algo bastante estendido em nossa sociedade.

Os consumos de drogas costumam ser julgados como algo negativo, mas às vezes fazem parte de uma aprendizagem que à primeira vista não é entendida. Muitos usam algum tipo de droga de forma recreativa, álcool, fumo, etc.

Desde o começo da história do homem usou-se o álcool, a maconha e outras muitas substâncias mais, aí reside a liberdade de poder eleger a cada um que fazer, que experimentar em sua vida e se reconhecer em suas próprias necessidades.

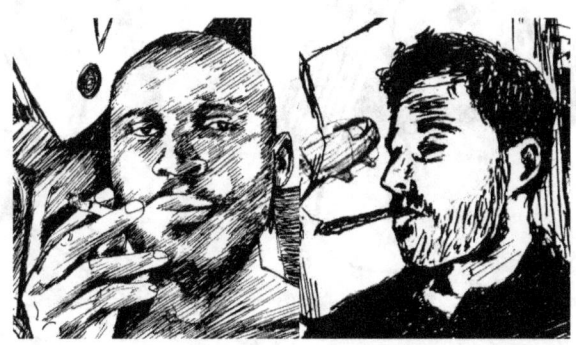

1 A Cereja: sensação de vazio que todos experimentamos ao longo da vida.

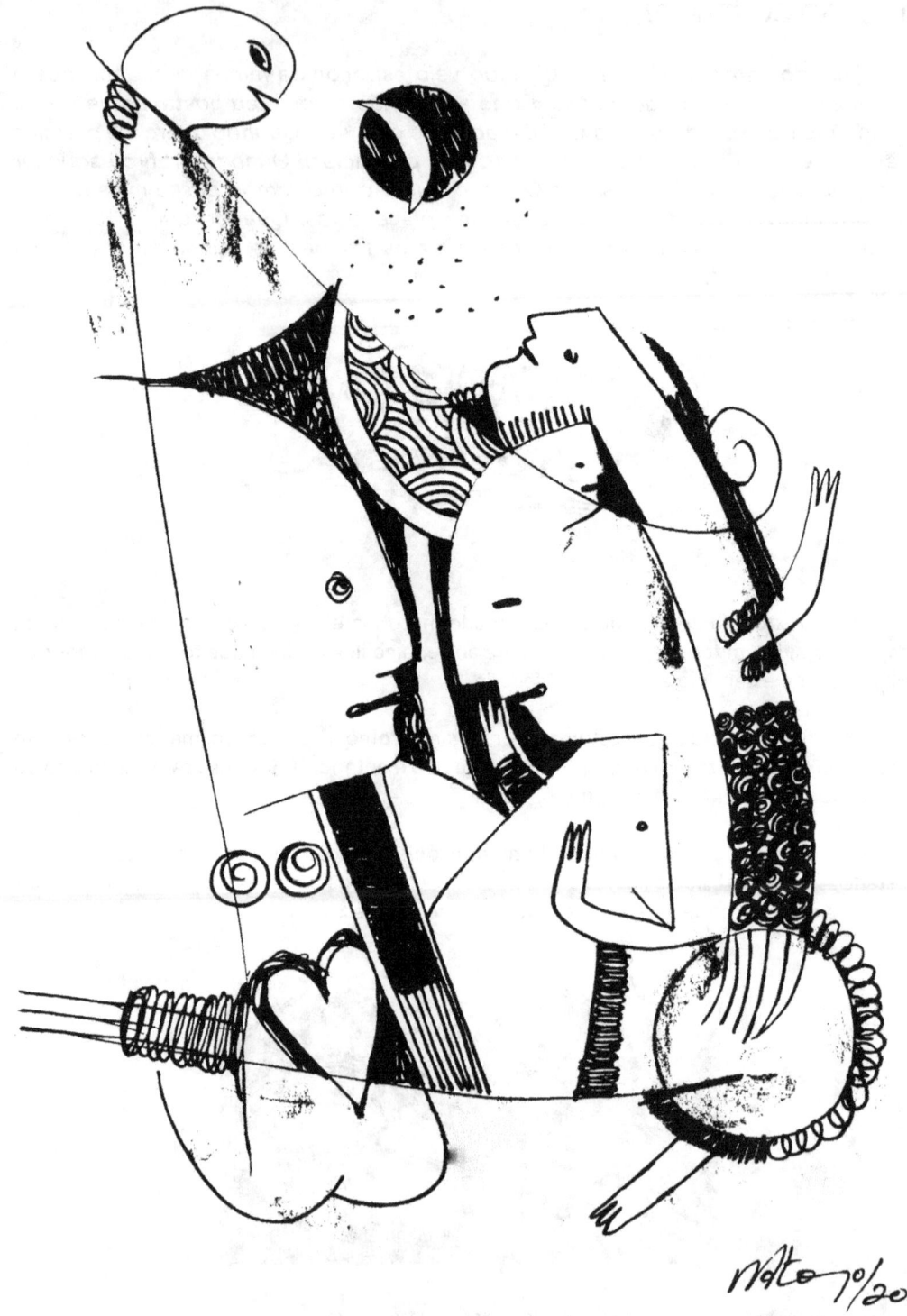

## OLHANDO A "EGO"

*Enquanto observo a "Ego", meu agapornis Fischer cor ancestral, o qual me acompanha desde faz uns sete anos, me faz pensar na maravilha que deve de ser poder viver uma vida estando sempre presente ao "Agora". Observo-o e sinto sua paz, simplesmente é. Não precisa um motivo, nem uma história, nem um objetivo, nem julgar para poder ser. Por ter essa mordomia imagino que sua consciência será menor, o ser humano dispõe de uma consciência maior: no entanto, vive menos no presente. Quiçá seja o preço que devemos pagar por nossa falta de amor para nós e para o próximo.*

*Essa paz que se transmite quando se vive presente ao "Agora", não trata de esquecer, sina de aceitar, não trata de não julgar, sina de entender que teus julgamentos os cria teu ego e são um sonho. Só se trata de observar para entender este tinglado que vão criando nossas mentes. Vamos todos juntos num caminho perfeito, nos ajudando uns aos outros a curar as feridas enquanto aprendemos a amar.*

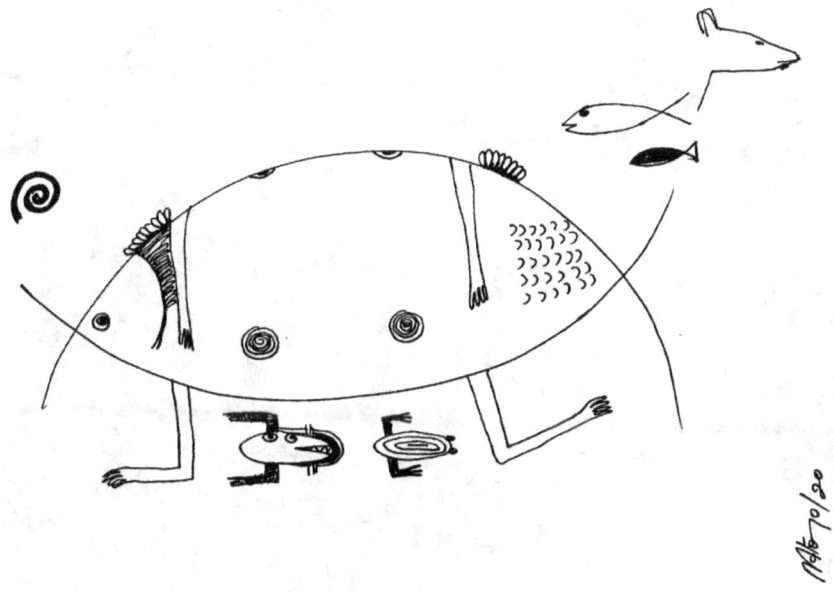

*Granada, 2019.*

Meu agapornis acompanhou-me durante oito anos até que finalmente morreu. Foi uma grandíssima experiência a que pude viver com ele. Sempre o observava e me fascinava ver em sua paz, transmitindo essa sensação de estar sempre presente ao agora.

Tão só trata-se de observar meu ego, saber que quando julgo é meu ego, que quando comparo é meu ego, que quando digo que algo é bom ou mau é meu ego. Assim o reconhecer e não o crer como uma única verdade, sina como uma criação sesgada da verdade.

110

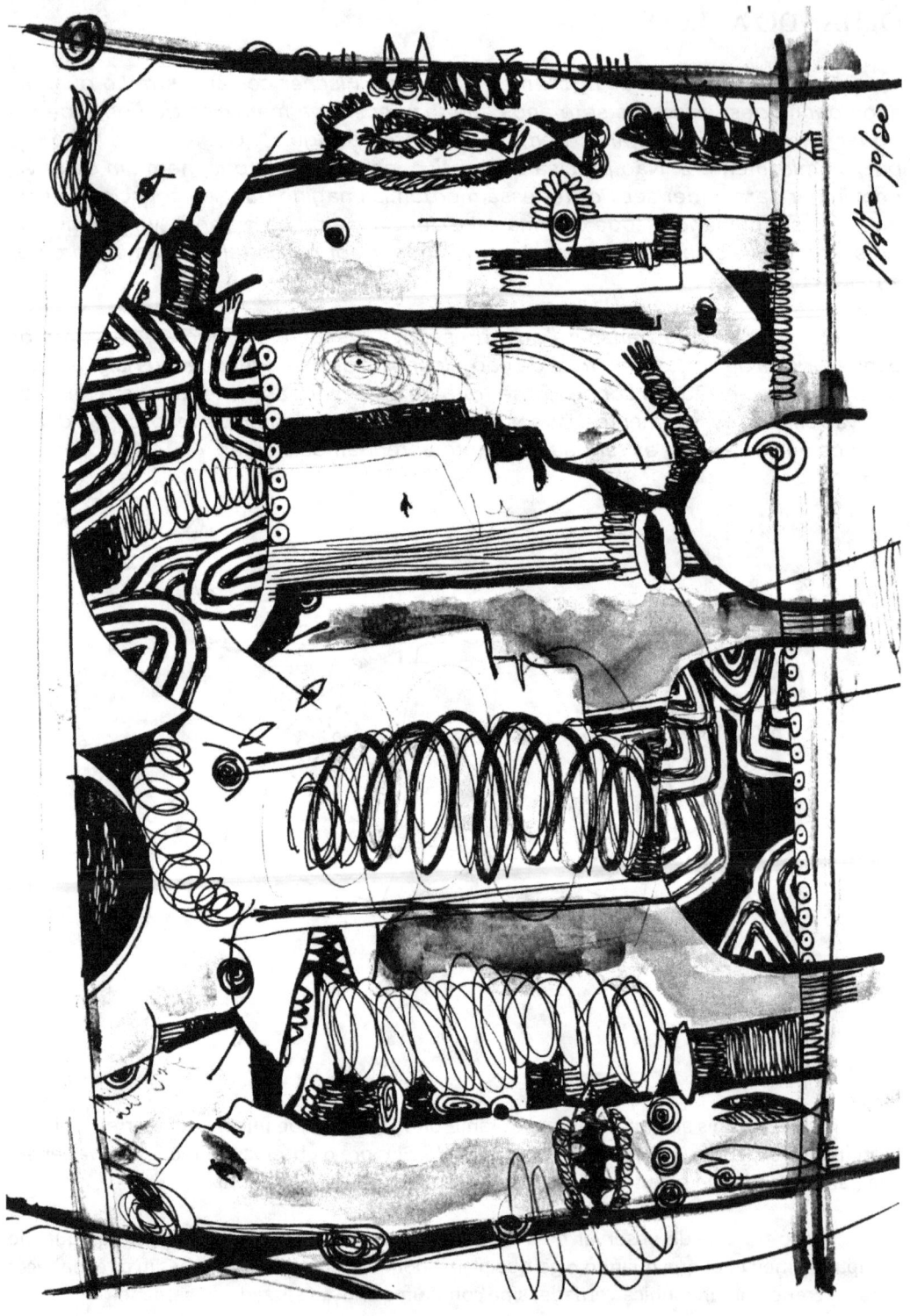

# SEMPRE ENQUANTO VIVA, TER-ME-EI A MI

*Sempre enquanto viva, ter-me-ei a mim. Na realidade, desde o dia que nasci até o dia que morra, só me vou ter a mim. Nunca tive nada que fosse meu, nem vi outra coisa que não fosse a mim mesmo.*

*Quando creio ter a um amigo, em realidade nunca o vi a ele nem o conheci, sempre me vi a mim refletido nele como num espelho; nunca conheci a ninguém, só a mim mesmo, só partes de mim refletidas nos demais; nunca poderei chegar a me amar, se não aceito meu reflexo nos demais.*

*É o único que temos, nosso mundo criado por nós mesmos. Presenteamos-nos o que cremos ser e a oportunidade de conseguir a serenidade se amamos. Entender e aceitar que enquanto viva não verei nada que não seja a mim mesmo. A vida não é mais que um passo para minha própria descoberta.*

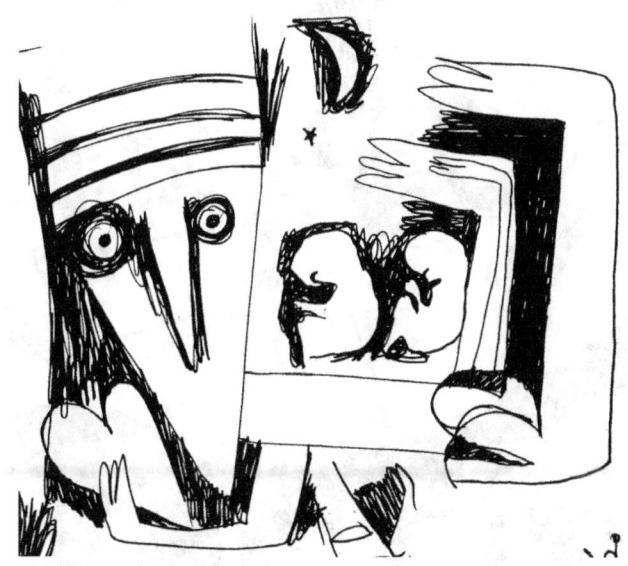

*Salobreña, 2017.*

Uns dias lendo a Carl Gustav Jung, analisando um de seus textos encontrei que falava de que, "Todo o que nos molesta dos demais pode nos servir para nos entender a nós mesmos". Sempre que vemos alguém e o julgamos, costumamos pensar por exemplo em que se está bem ou está mau o que faz. Esse pensamento ou imagem que aparece em nossa mente está baseado em nós mesmos, em nosso próprio prisma de pensamento, em nossas limitações, medos, nível de consciência, etc.

Assim nasceu este texto; entendendo que o mundo é um grande espelho que nos está a refletir continuamente.

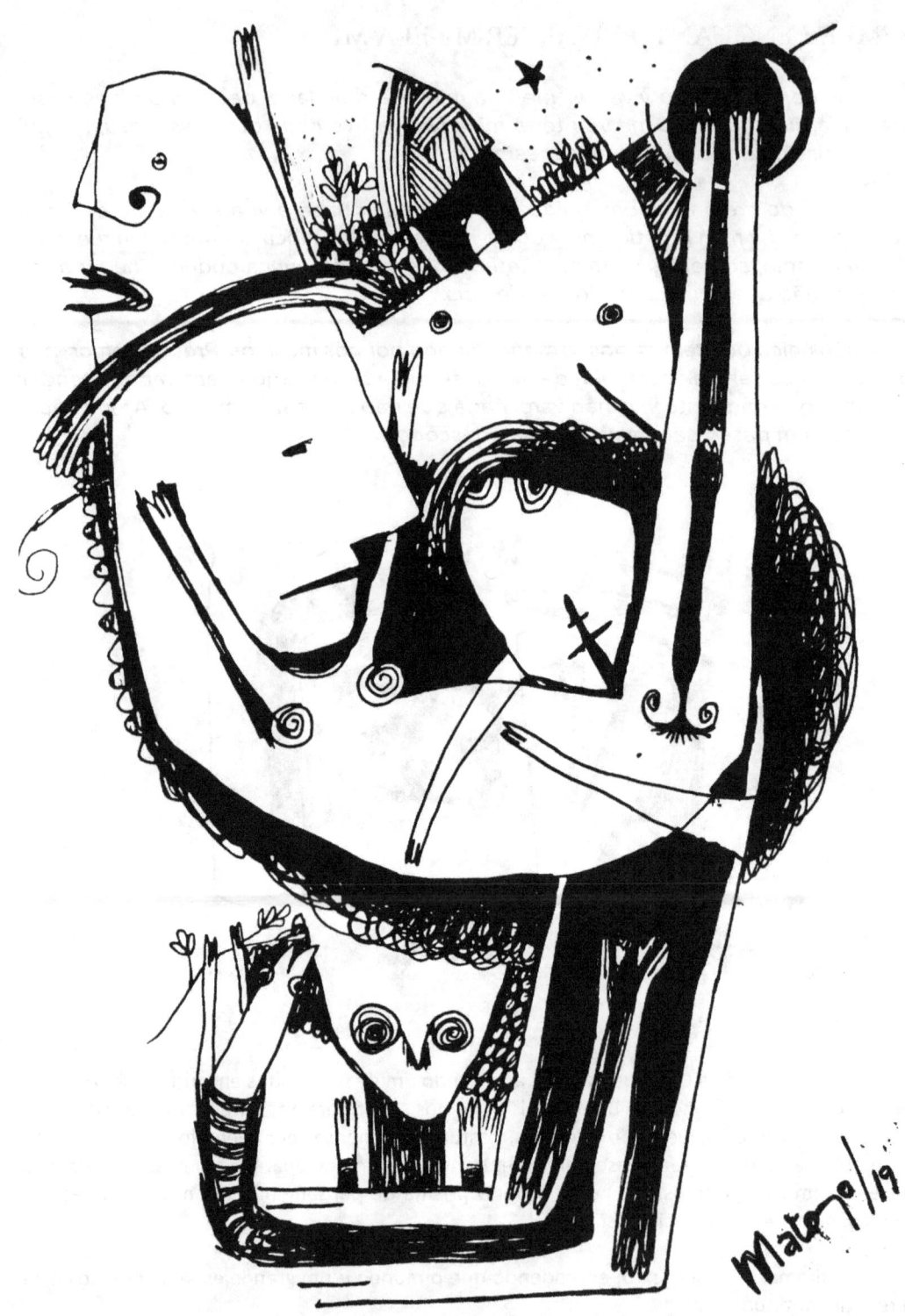

## MARÉS DA VIDA

*Enquanto vives, às vezes perdes-te e resulta difícil voltar a encontrar-te no agora. É mais, às vezes esquecemos o caminho que já percorremos e que críamos aprendido. Nos ateremos tantas vezes à ideia de conseguir uma vida sonhada, que nos costumamos esquecer do agora. Com frequência custa-nos recordar as aprendizagens, vivências e aventuras já vividas. Somos nossas experiências e como decidimos as enfrentar.*

*Hoje, és as decisões que tomaste e seguramente todas as respostas estão em teu interior, seguirão saindo pouco a pouco através de suas vivências. Tu és tua própria história inventada por ti, enquanto, as marés da mente ressoam cheias de complexidade em seu interior.*

*Não recordo ter pedido nascer e viver esta experiência. No entanto, agradeço, pela vida, não tenho nada que perder, pois cheguei sem nada e sem nada ir-me-ei. Enquanto, tentarei averiguar de que trata tudo isto. Simplesmente dedico-me a observar o pensamento humano, através da observação de minha vida, de minhas experiências e de meus próprios sentimentos.*

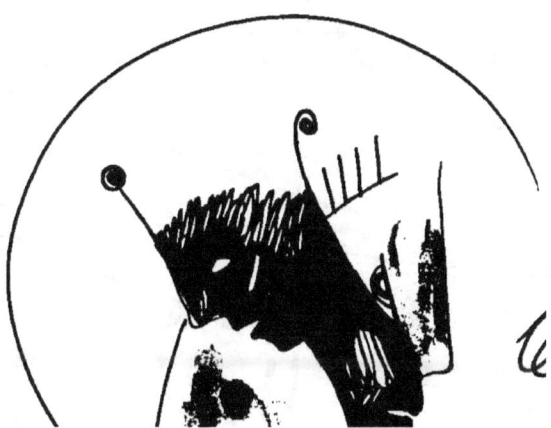

*Granada, 2017.*

Fixei-me que às vezes a vida, depois de longos anos de experiências e aprendizagens parece que nos volta a pôr a prova para comprovar se realmente aprendemos. Damos por aprendidas muitas coisas que depois resulta que ainda não estavam aprendidas. Há uma voz que me diz: "se distrais-te, volta a começar".

Só um sentimento de paz, de aceitação total, é a prova de que essa aprendizagem tem sido completada. A vida sempre te oferece todo o necessário para que possas experimentar. Tuas decisões em teu livre albedrío marcarão teu sentimento de paz ou de medo, será uma perfeita e justa recompensa ou castigo. Não tenhas pressa, enquanto as marés da vida levar-te-ão por seus mágicos caminhos.

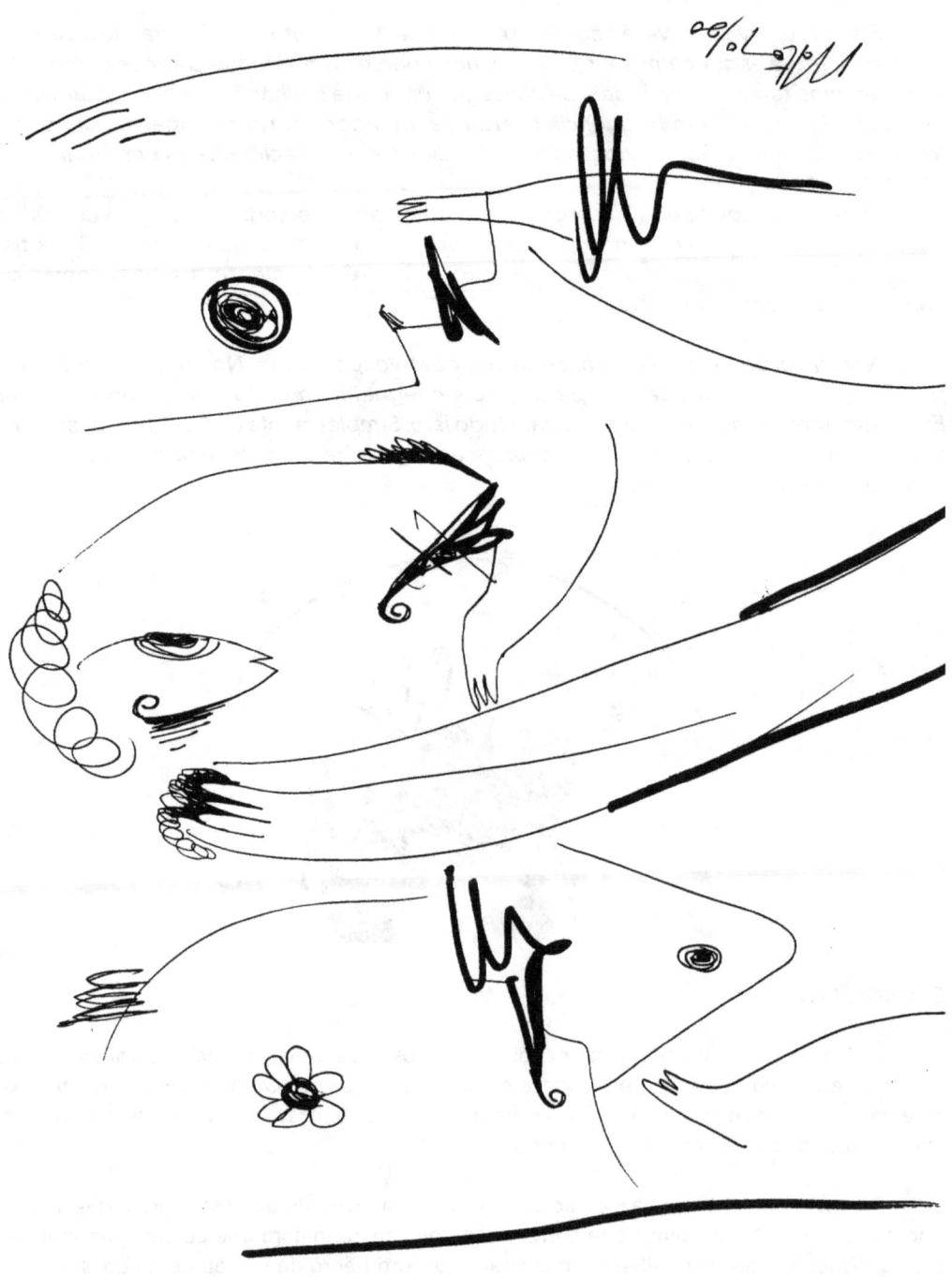

# CONFUSÃO

*Posso dizer que em cada momento da minha vida fiz o melhor que sabia ou pude, mas também poderia dizer que em cada momento da minha vida fiz o pior que sabia ou pude. Posso dizer que em cada momento de minha vida o fiz como minha consciência e conhecimento me permitiu.*

*Podemos observar e entender que ninguém tem a capacidade de assegurar se uma ação é correta ou incorreta, boa ou má com total certeza, pois sempre vai faltar muita informação a respeito dessa ação e suas consequências. Sobretudo, somos desconhecedores do futuro, para poder valorizar as consequências e a aprendizagem individual ou coletiva que pode contribuir para essa ação ou facto.*

*Observando este pensamento e desde minha confusão vejo que ressoa um eco em meu interior, me diz que não há livre albedrío, sina que tudo está desenhado e preparado.*

*Nossos atos parecem condicionados pela informação que temos assimilado ao longo de nossa vida e por nossas confusões. Possivelmente parte delas já as trazíamos ao nascer ou quiçá algumas foram adquiridas por traumas e vivências. Toda a vivência e decisão simplesmente é e tem sua finalidade, acercar à libertação da consciência coletiva, para o amor.*

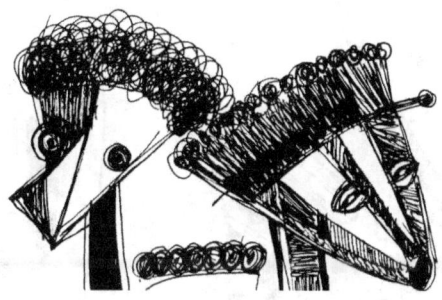

*Granada, 2017.*

Uma época de observação, na qual tentava entender como funciona o julgamento. O julgamento separa-te da realidade e introduz-te numa realidade egoísta, inventada.

Quiçá algo que em princípio parece claramente um erro pode se converter num grande momento de aprendizagem, que levar-te-á quiçá a superar uma confusão e ter mais paz o resto de tua vida ou, ao invés, algo que em princípio parece um acerto pode ser que traga vivências incómodas a tua vida. O que vives e tuas acções, dar-te-ão justo a vivência necessária para criar teu próprio caminho e por tanto é já perfeito.

Tudo isto nasce de um pensamento socrático. Sócrates dizia que se um homem fazia o mal era sempre por falta de conhecimento.

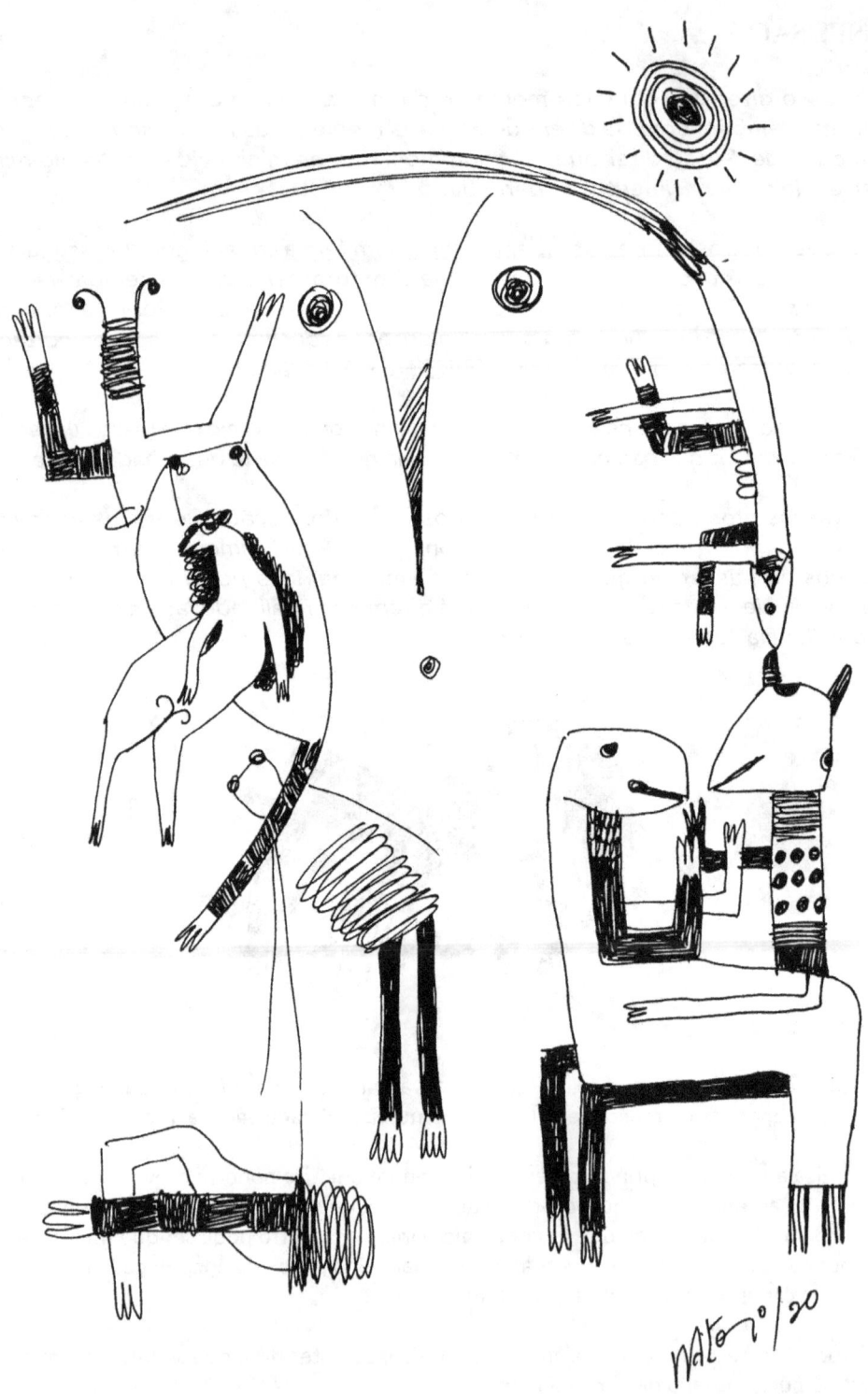

# O PENSAMENTO NÃO É O PROBLEMA

*O pensamento não é o problema, o problema aparece ao achar que teus pensamentos são a única verdade. Temos centenas de pensamentos diários, a maioria costumam ser opostos à verdade já que costumamos acrescentar um julgamento, uma comparação para tentar dar-lhe sentido, poder entender e actuar.*

*Imagino que o mais sensato seria tentar observar esses pensamentos sem os comparar, nem achar que são bons ou maus, só assim poderás ver e aceitar que ou quem és realmente. Entender que, a cada pensamento, não é mais que uma proposta.*

*Não és teus pensamentos, sina quem os observa um passo por trás deles. É silêncio. És a consciência que observa os teus pensamentos sem os julgar. Quando aceites sentirás paz, quando não aceites sentirás medo, sofrimento, intranquilidade. Teus sentimentos falam-te, guiam-te, mostram-te se amas ou não.*

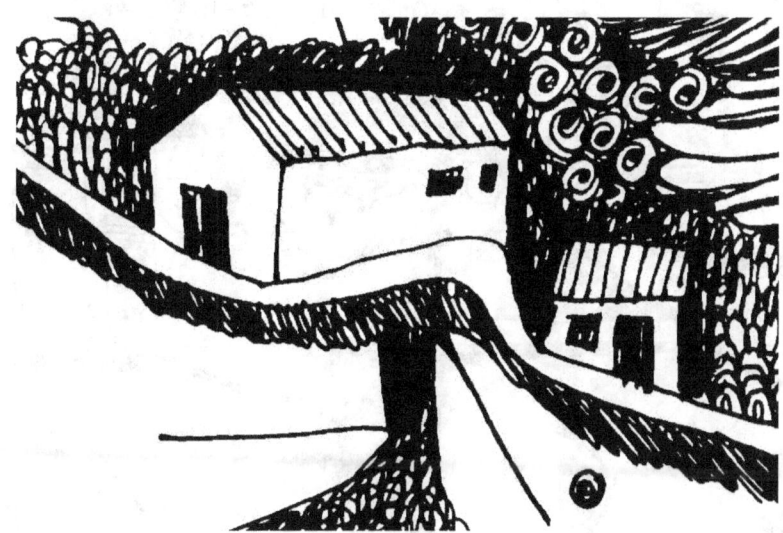

*Granada, 2019.*

Observando meus pensamentos pude dar-me conta da quantidade tão enorme de lixo que temos em nosso dia a dia. Imagina por um momento que nós criêssemos tudo o que pensamos. Imagina que te crias todas essas hipóteses que achas que estão a passar. Imagina que te cries todos os julgamentos que fazemos diariamente. Se fazes isto, o de crer teus pensamentos como única verdade, vivemos num mundo que só existe em tua mente e não farás mais que chocar com os demais e sofrer.

Aprende a escutar seu diálogo interno, aprende a não te crer teus julgamentos, aprende a estar, a entender teus desejos e as necessidades que creias. Observa-te: desta forma conhece-te-ás e podrás amar-te.

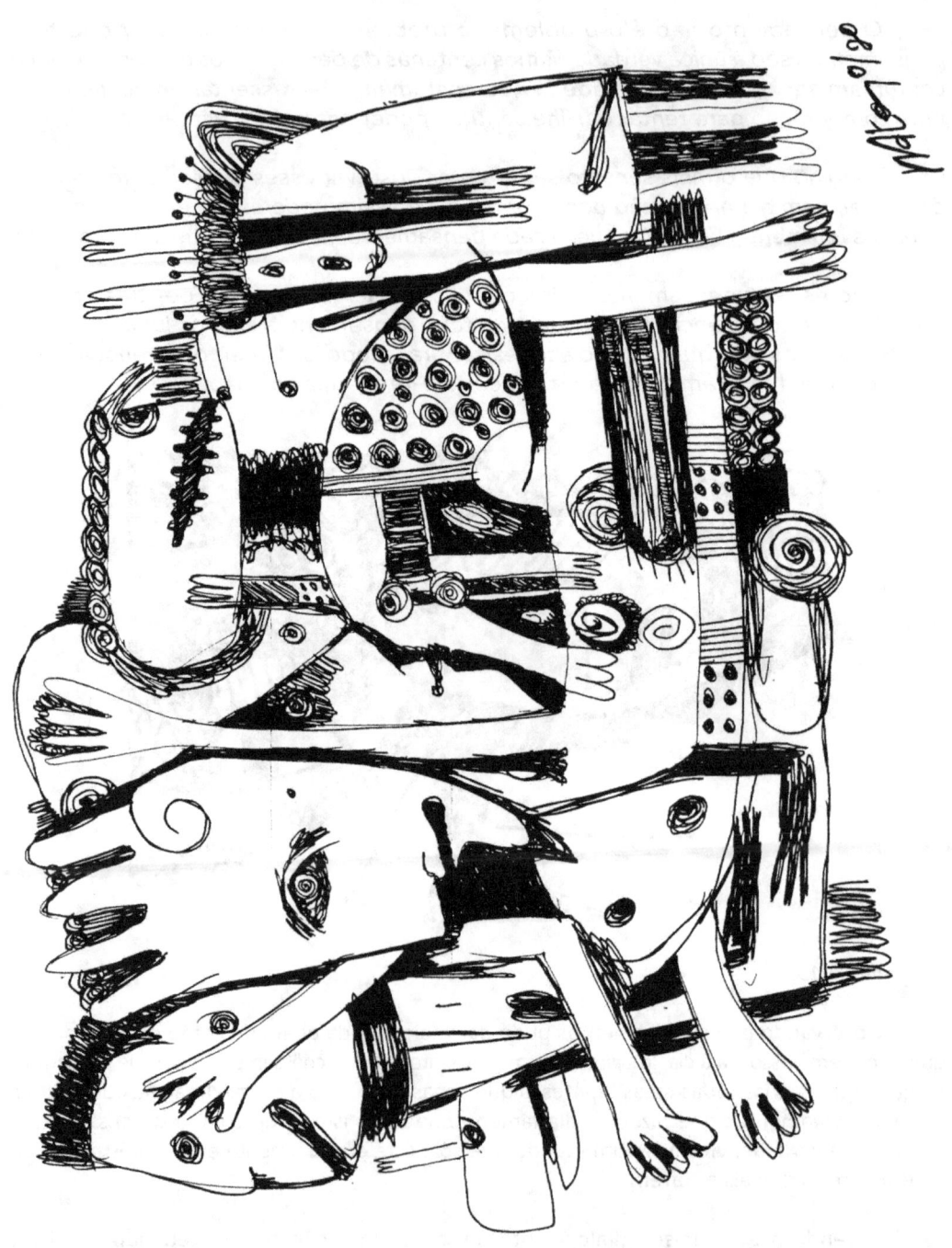

119

## QUANDO A LOUCURA

*Quando o medo chega a seu ponto mais elevado e esse ponto se transpassa, aparecemos num momento de aceitação onde se produz uma transformação, assim o sentimento de medo se vai transformando em serenidade e se torna amor. Exatamente onde a dualidade se une.*

*O Amor parece a máxima loucura, mas só quando se olha com os olhos do ego. Poucas vezes em minha vida tenho podido experimentar de uma forma consciente a observação da transformação do sofrimento na paz. É uma sensação que descreveria como estar no inferno enquanto estás em paz. Seria algo assim: "quando amas o inferno estás no céu". É possível estar a sofrer e observar em paz esse sofrimento, é possível estar enojado e observar esse enojo desde a paz, desde a aceitação, desta forma não acrescentaremos mais sofrimento ao sofrimento.*

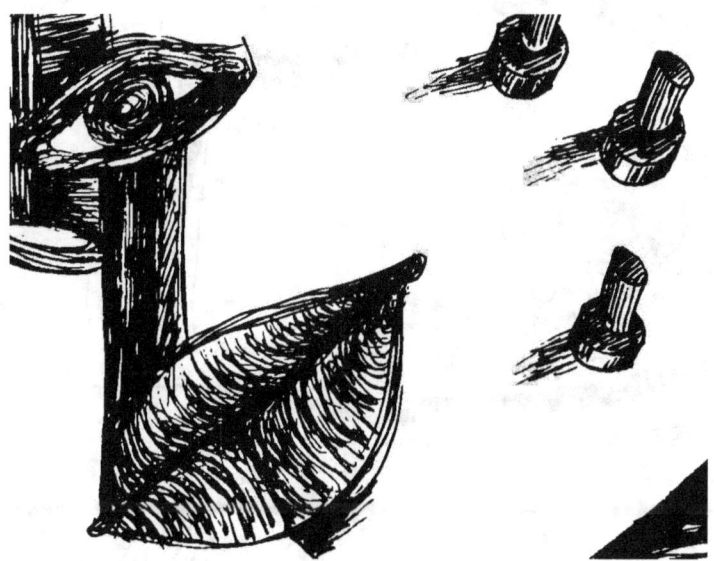

*Granada, 2019.*

Em minha vida quando cheguei a limites mentais de sofrimento pude observar que foi quando mais aprendi. Após crise, quiçá acalmá-la fez-me ver com maior nitidez.

A observação própria em momentos de tormenta seria um momento idôneo para ver de onde vêm essa necessidade ou essa rejeição.

Às vezes, quando observo meus pensamentos, entendo que é possível não os julgar e simplesmente tento entender por que os criei, só um mesmo sendo honesto pode saber a razão de por que se criaram esses pensamentos. Observar tua vida sem julgamento enquanto vives no agora é a chave para te permitir ser.

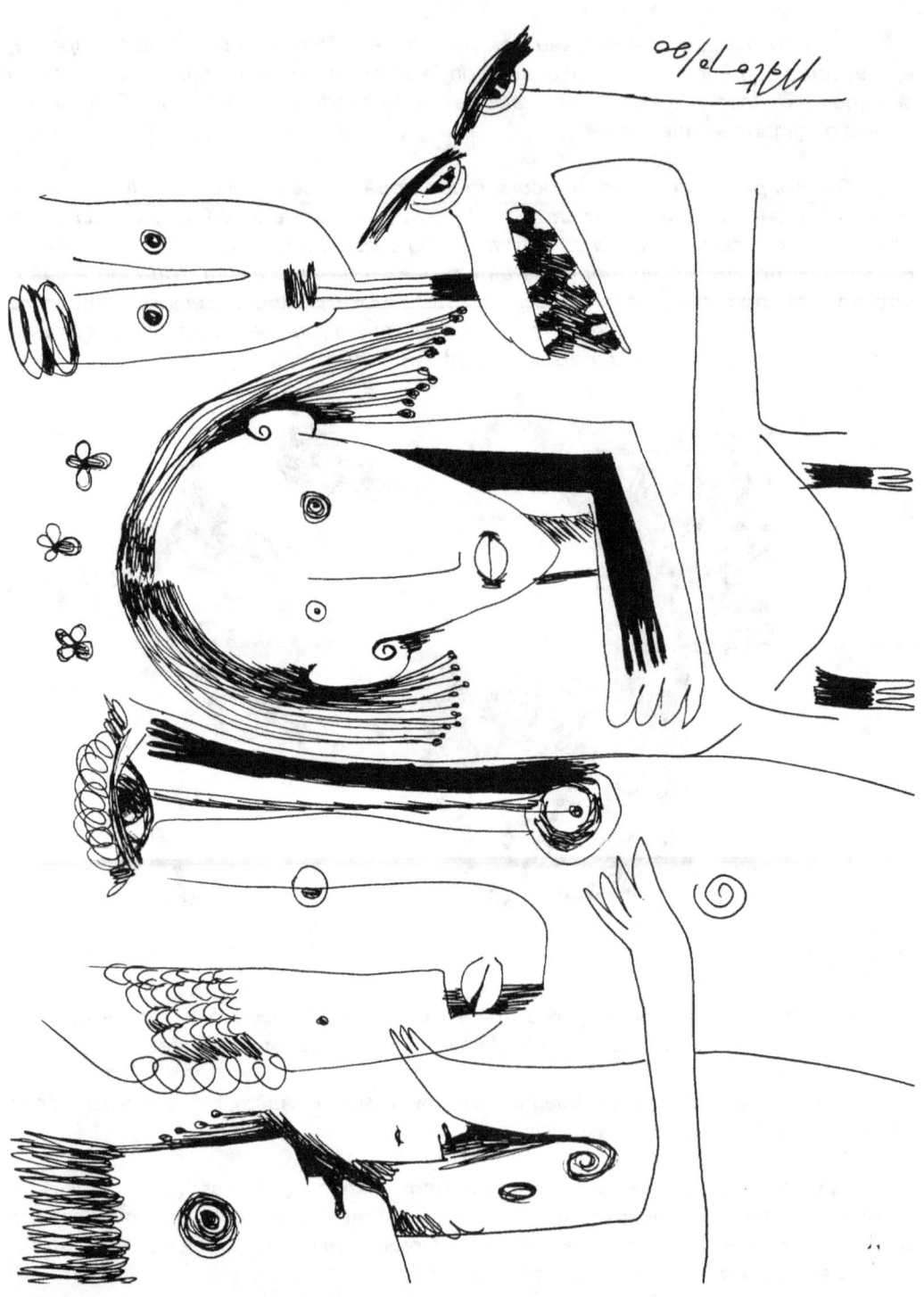

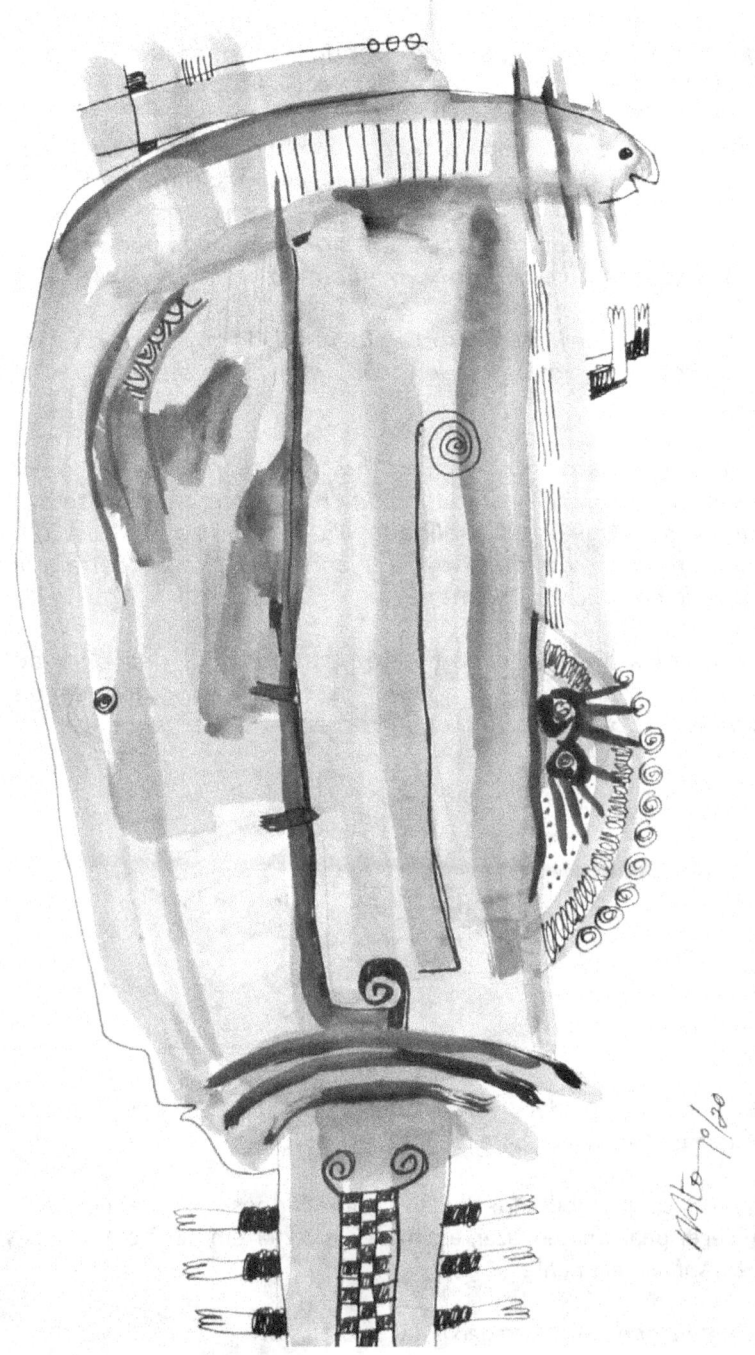

## ♫ OS OLHOS DA CONSCIÊNCIA ♫

*A atenção e a honestidade são os olhos da consciência. Com eles poderemos ver o nosso ego.*

*O ego não pode se ver desde o próprio ego, porque o ego é ignorante. Não pode se conhecer através dos processos intelectuais do próprio ego, precisa ser visto e para isso devemos fazer uso dos olhos de nossa consciência; que são a honestidade e a atenção, os quais se encarregam de focar a mirada, e através deles podes começar a ver como te sentes e daí pensamentos tens, assim te dar conta de que se isto que sentes não é paz, é o ego. E se é ego, que faço? Se é ego não faço nada. Só o olho, o observo, me dou conta e ao me dar conta, significa que já não estou a reagir a isso, então significa que já não estou baixo o influjo do ego.*

*Isto significaria que já não estou a olhar através dos olhos do ego, significa que estou a olhar através da honestidade focada através da atenção. Então estarei a ver através da consciência.*

*Cultivar a arte da observação em tua vida diária fará-te compreender todo este processo para entender como funciona tua mente, teu ego, teus pensamentos, e averiguar quem ou que és em realidade. Usa o tempo a teu desejo, podes ser um artista, faz que tua criatividade te leve a te conhecer, a te encontrar contigo mesmo. Cria uma relação contigo e te conhece.*

*Usa este instante para encontra-te nele mesmo e descobrir aquilo que não és neste momento, para poder atingir ver neste instante o que realmente és, o que brilha debaixo do ego: o ser, a presença, o silêncio, Deus, amor.*

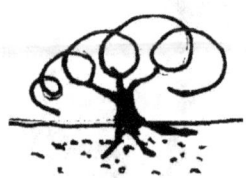

*Granada, 2020.*

Um texto que nasceu depois de escutar a Sergi Torres. A atenção e a honestidade são ferramentas que podemos usar para reconhecer nosso ego.

É uma técnica que pode nos ajudar a entender nossa mente, nossos pensamentos, e aprender a eleger quais materializar, assim os converter em fatos em nossas vidas, os quais definem quem somos realmente.

Como entender que é nosso ego e daí é nosso ser.

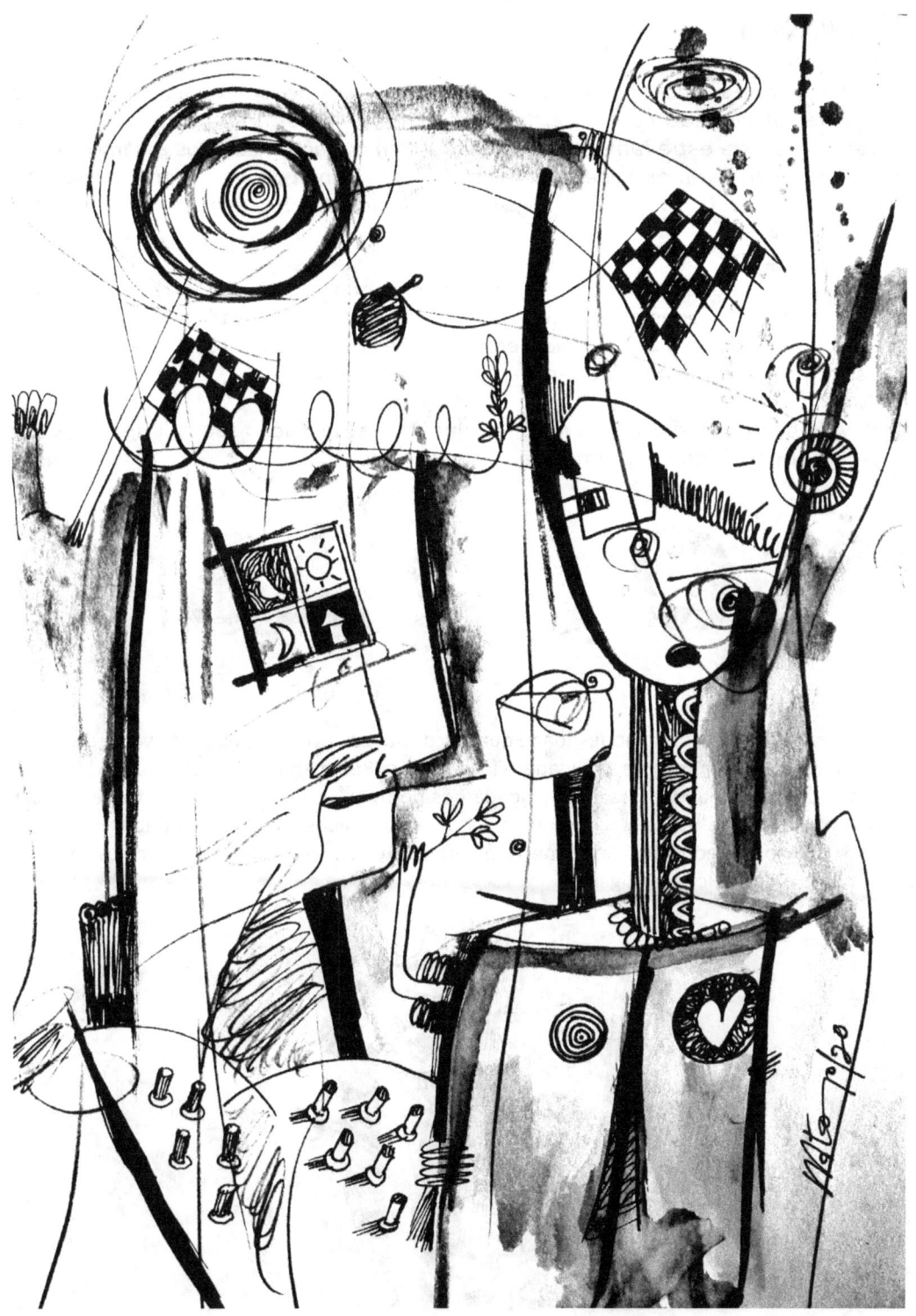

## SER HONESTO

*Penso que ser honesto não tem nada que ver com fazer o bem ou o mau. Mais bem está relacionado com o ser. Sempre que permitas-te ser, serás honesto. A honestidade está estreitamente relacionada com o amor. Só se nos amamos e nos permitimos ser, seremos honestos. A honestidade nunca deve esquecer que existe graças à desonestidade, como sempre, a dualidade tão presente à hora de tentar compreender.*

*A honestidade depende da consciência; quanto mais libertada tenhas a consciência, mais honesto serás. Ser honesto não está bem ou está mal, simplesmente se vai adquirindo como um conhecimento e te liberta de tua mente. Os mais otimistas pensam que se tende a uma abertura de consciência total.*

*A honestidade é o raio de luz que ilumina uma habitação escura que tu mesmo criaste. Sabedoria que te permite ser e amar.*

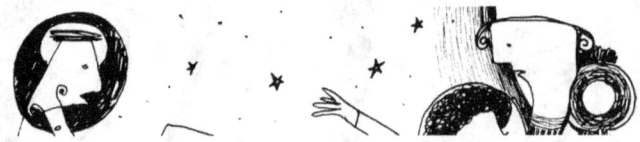

*Granada, 2019.*

Pensava a respeito da honestidade quando decidi escrever este texto. Às vezes achamos que somos honestos, mas na realidade não o somos. Realmente o importante é tentar ser honesto, chegar até onde nossa honestidade nos permita. O importante é a intenção de ser o mais honestos que possamos; se somos justos, em ocasiões poderemos também observar quando não somos honestos. Ser honesto é permitir-te ser, sem julgamentos, inclusive se há julgamento, permití-lo sem julgar-te.

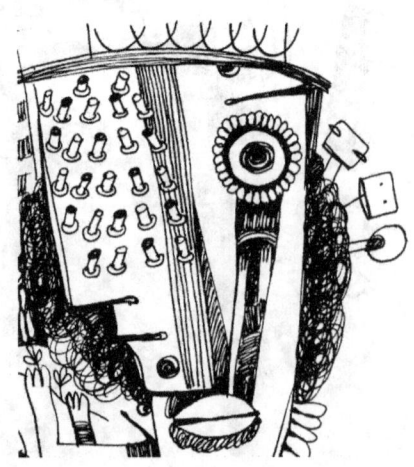

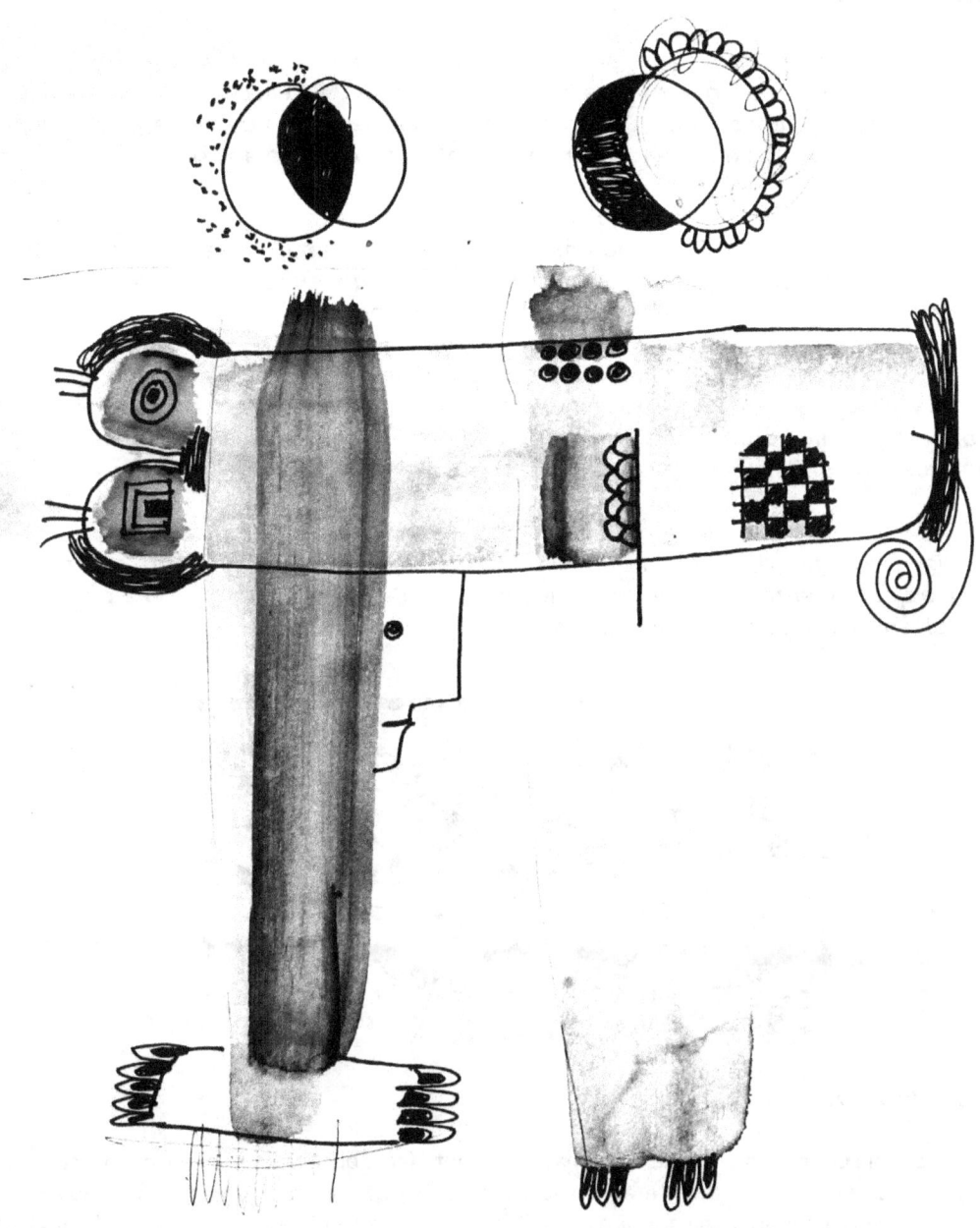

## MI VERDAD

*Simplesmente aspiro a mostrar minha verdade. Uma verdade que tende ao amor enche de rincões escuros, os quais vou atravessando e descobrindo. Um caminho cheio de contradições e altibajos. Uma história cheia de dúvidas e perguntas. Uma verdade que observa em silêncio continuamente, que observa ao ego sem julgar.*

*Quando observo que actuo com amor a serenidade chega e compreendo que esse é o meu caminho. É incomprensible o poder ver, sentir qual é teu caminho e às vezes te sentir longe dele. É duro ser consciente de que teu caminho para ti depende de atravessar um campo de negras sombras de inconsciência.*

*Ainda sem entender a magnitude do significado do amor, simplesmente tendo observado um diminuto raio de sua luz em minha consciência, tem sido suficiente para me decidir a enfrentar esse campo sombrio que todos levamos dentro e tanto nos custa reconhecer e atravessar.*

*A observação de teu ego e a paciência, junto à auto indagação, servirão para averiguar a origem de tuas sombras: estas podem fazer que incrementem a consciência com a que poder reconhecer por ti mesmo, que o amor é o caminho para obter paz. Resolvendo avanços, fugindo répteis.*

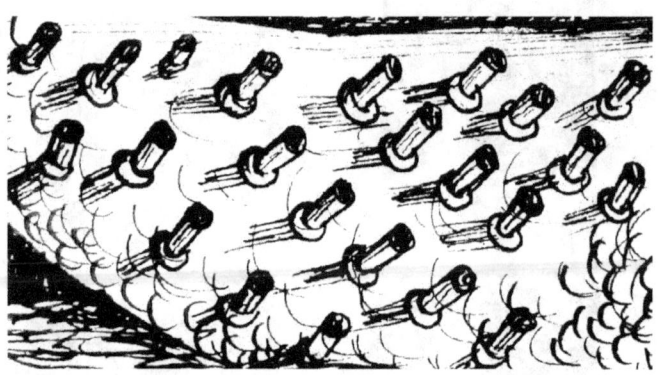

*Granada, 2017.*

Seguia em meu dia a dia e como habitualmente faço, observava minha vida, procurando essa verdade que simplesmente é. Tão só trata-se de observar sem questionar ou julgar, só aceitar, sendo um mero espectador de sua vida. Tendo como guia esses momentos de paz que sempre oferecem a aceitação, essa serenidade que sentes quando és honesto para ti e para os demais: simplesmente sendo. A sua vez dar-te conta dessa sensação de intranquilidade que te oferece a vida quando não és honesto com os demais ou contigo mesmo.

Procurando a minha verdade enquanto me vivendo. Pode-se apreciar neste texto a influência de algumas ideias do magnífico Carl Gustav Jung.

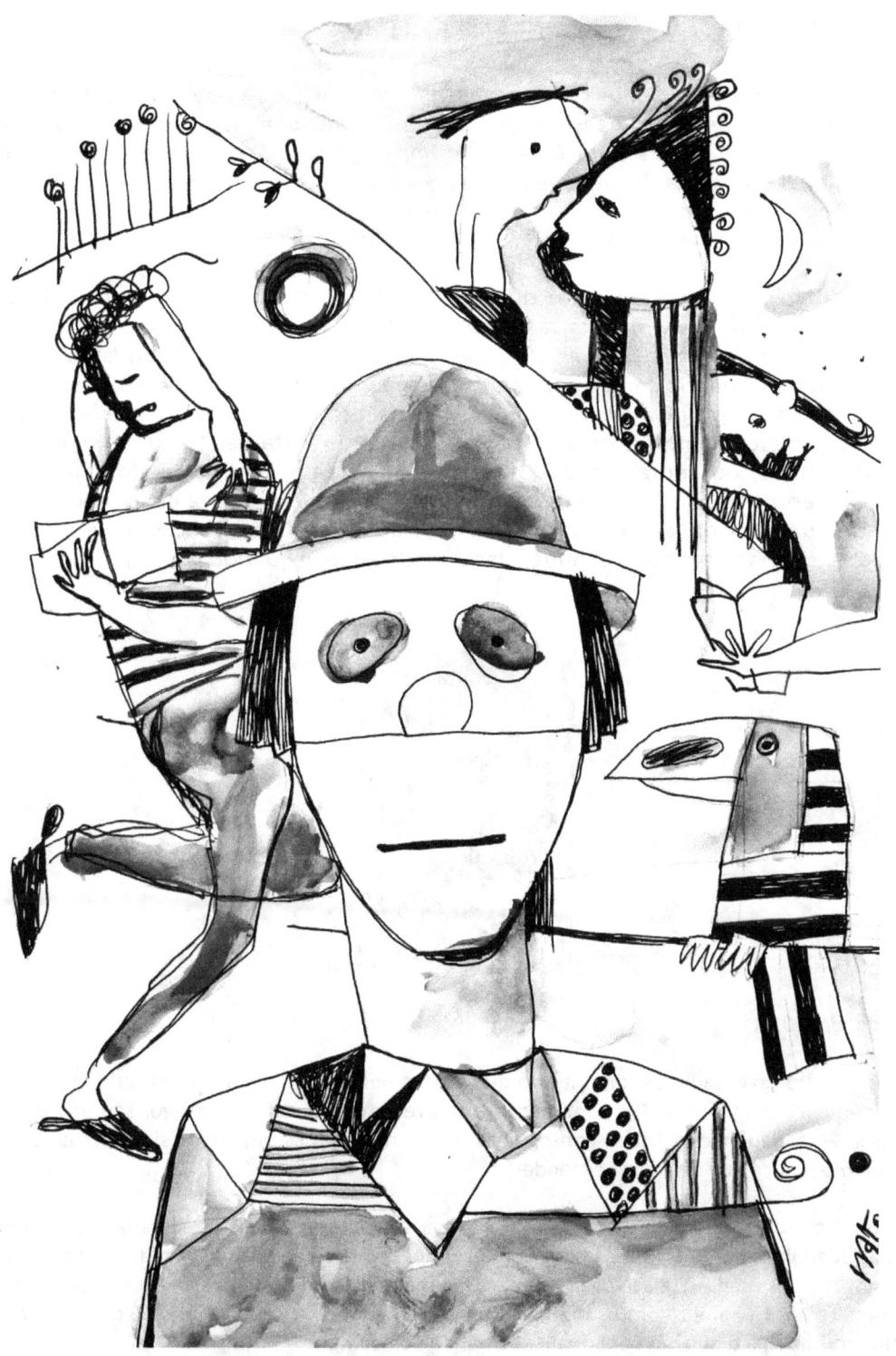

# UMA GARGALHADA FEZ-ME ENTENDER

*Já me dei conta de que o inferno é sentir medo e de que sentimos medo quando não amamos, quando não conseguimos aceitar. Durante uma gargalhada de felicidade máxima descobri que há uma linha muito fina e imaginária que separa a felicidade mais intensa da tristeza. Todas as sensações que sentimos ao longo da vida poder-se-iam classificar em dois conjuntos: as sensações de paz quando aceitas e as sensações de medo quando não o fazes.*

*Tenho notado nesta viagem que percorro chamado vida, que às vezes achamos que estamos em paz, mas na realidade não o estamos, é como se às vezes nos acostumamos a sentir intranquilidade já não pudéssemos distinguir se o que sentimos é medo ou paz. Quando sentes paz, é algo que não te deixa dúvida alguma, sabes que estás a sentir algo incrivelmente especial, te sentes agradecido, sentes que tudo está completo e entrar num entendimento total do instante. No entanto, quando sentes medo, ou sentes medo achando que estás a sentir paz, costumam ter pensamentos pessimistas, aparecem dúvidas por falta de fé, te custa encontrar o sentido da tua vida, sentes que falta algo: "A Cereja". Observando quando sentes medo e quando paz, poderás entender quando amas e quando não.*

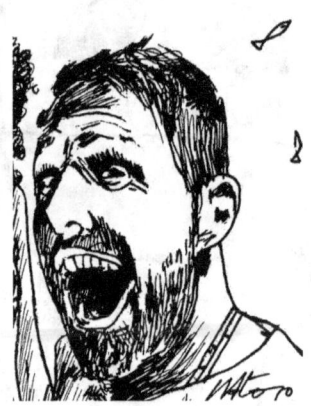

*Granada, 2019.*

Neste texto falo basicamente do que sentes quando amas ou aceitas e do que sentes se não aceitas ou amas. Teu sentimento é teu recompensa ou teu castigo, sentirás paz ou sofrimento, dependendo de se consegues amar ou não. Parece uma regra singela, mas ao ser humano parece que nos custa entender.

Um bom começo seria sem dúvida começar aceitando que nos custa amar. Uma vez compreendidas por que sofres irás te conhecendo, poderás aceitar tuas confusões e quem és, assim poderás chegar a te aceitar, a te amar. Finalmente, quando estejas em abundância poderás compartilhar teu amor com os demais. Cumprindo com o ciclo do amor que começa em te amar primeiro a ti mesmo para finalizar amando aos demais.

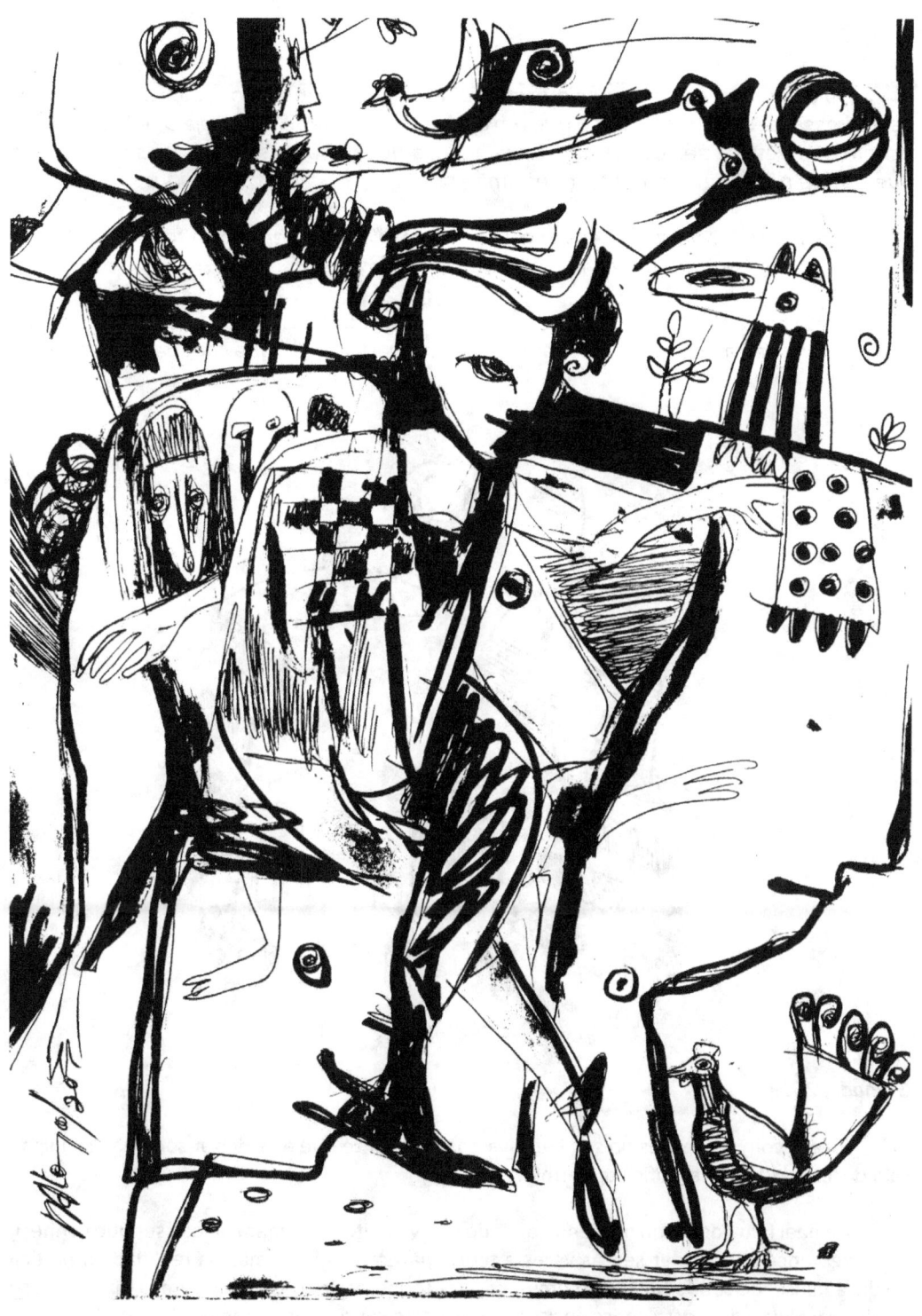

## QUIÇÁ

Quiçá ao final entendamos que não foi tudo tão complicado. Quiçá só se tratasse de expressar sem temer. De ser o que um é, ainda que esse "é" não seja o "é" que outros achem que deveria ser. De entoar sua canção, a que tu sentes e a que tu sabes, ainda que outros não a sintam nem a queiram saber.

Quiçá só se trate de entender que o "correto" não se encontra fora, sina dentro de nós. Que fosse tudo é ir e vir, e que dentro tudo é ser.

Quiçá só se trate de dançar sem importar quem te possa ver, e que no meio desse dance alguém se acerque e dance também. E compartilhe. Até que chegue o amanhecer.

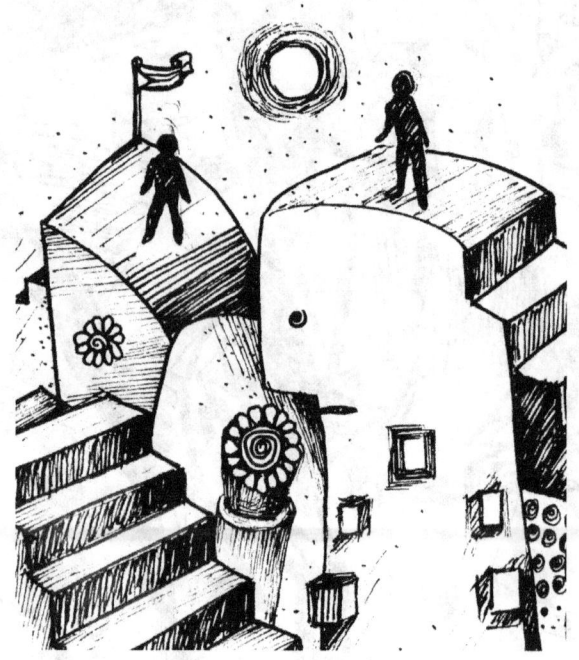

*Granada, 2019.*

Jogava com sensações do ser. Pensava no importante que é se deixar ser e não se julgar. Falo da liberdade que significa te permitir ser.

Ao final falou de como me sentia quando estava junto a um maravilhoso ser que conheci, com segurança para poder ser. Às vezes a teoria parece tão fácil, mas na realidade a prática no dia a dia segue sendo bastante complexa para todos, assim nos encontramos fazendo esse caminho e algum dia nossa consciência permitir-nos-á ser em todo momento.

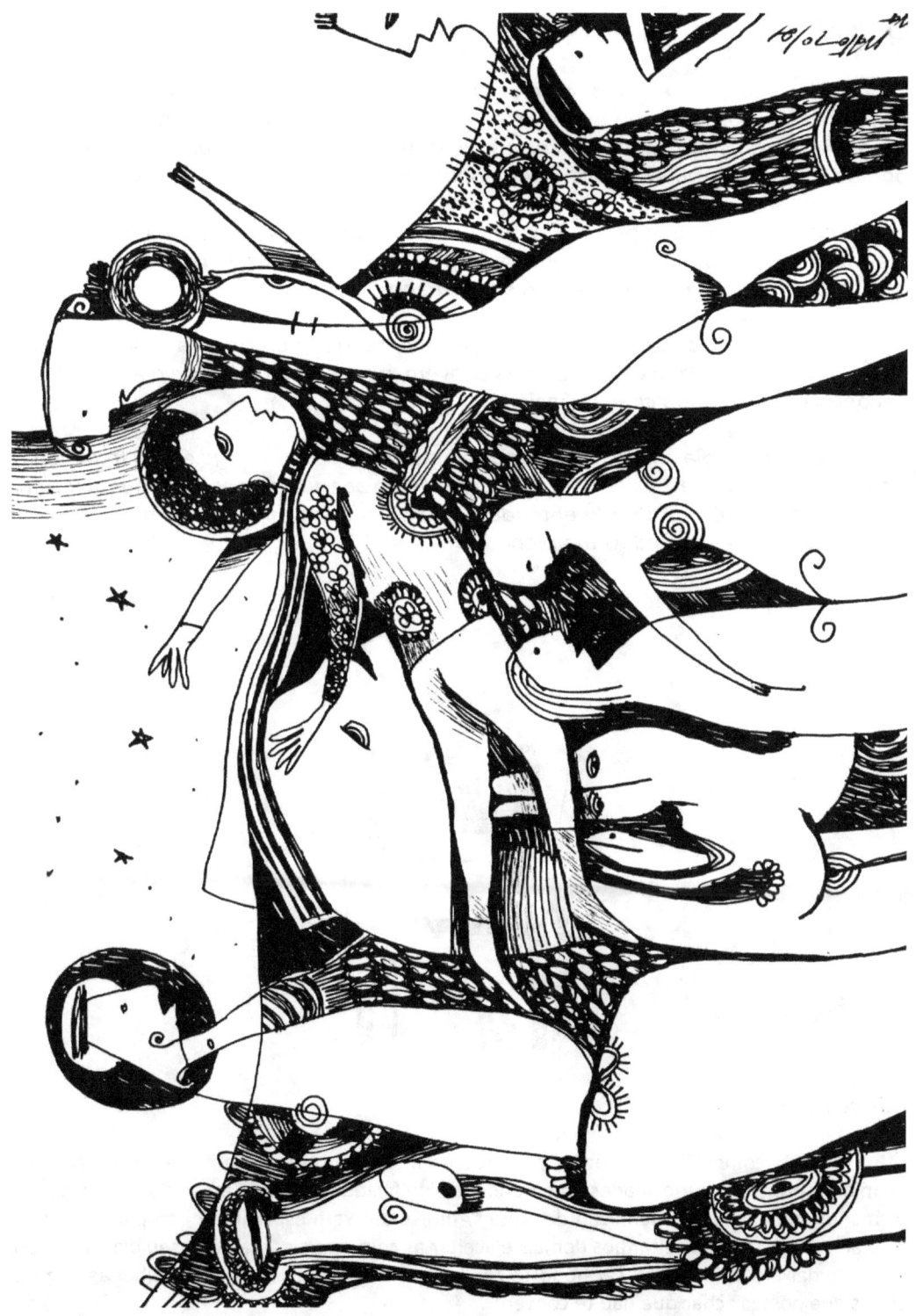

# O AMOR É

*O amor "é", observamo-lo se pomos um pouco de atenção na natureza, é o instinto mais profundo que podemos observar nos animais. Todos crêem entender o significado do amor, mas é tão profundo que parece ser que quase ninguém tem podido o entender, ou explicar ou definir em sua totalidade.*

*Encontramos-nos experimentando nesta vida para chegar a ser mais conscientes, e assim chegar a conhecer o significado do amor. Se a um ser que em essência é amor lhe acrescentar o ego, nasce o ser humano.*

*Desde o ego, desde o intelecto, é difícil entender o amor, pois às vezes o ego e o intelecto acham que amar não lhes convém, quando na realidade o amor não se encontra para perto da conveniência.*

*Quiçá algum dia nossa consciência seja capaz de ver que o ego é uma ferramenta onde se fixar para crescer, se libertar, e assim, este ser que somos, de alguma forma, chegue a se alumiar, podendo entender o significado do amor, e assim poder viver com serenidade e de uma forma plena.*

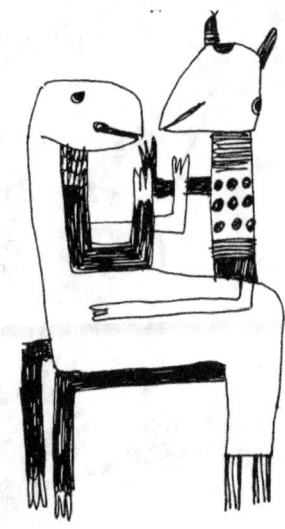

*Granada, 2020.*

Quando comecei meu acordar e comecei a interessar por nossa parte espiritual, uma de minhas primeiras curiosidades foi entender o significado da palavra amor. Com o tempo fui formando minha própria definição de amor "Amor é dar sem esperar, ter compaixão, ter fé, aceitar, aceitar-te a ti, aceitar aos demais e aceitar as coisas que passam em seu dia a dia, não julgar, te dar e dar liberdade, ser honesto contigo e com os outros, deixar escolher às demais coisas que possas achar que não te convêm".

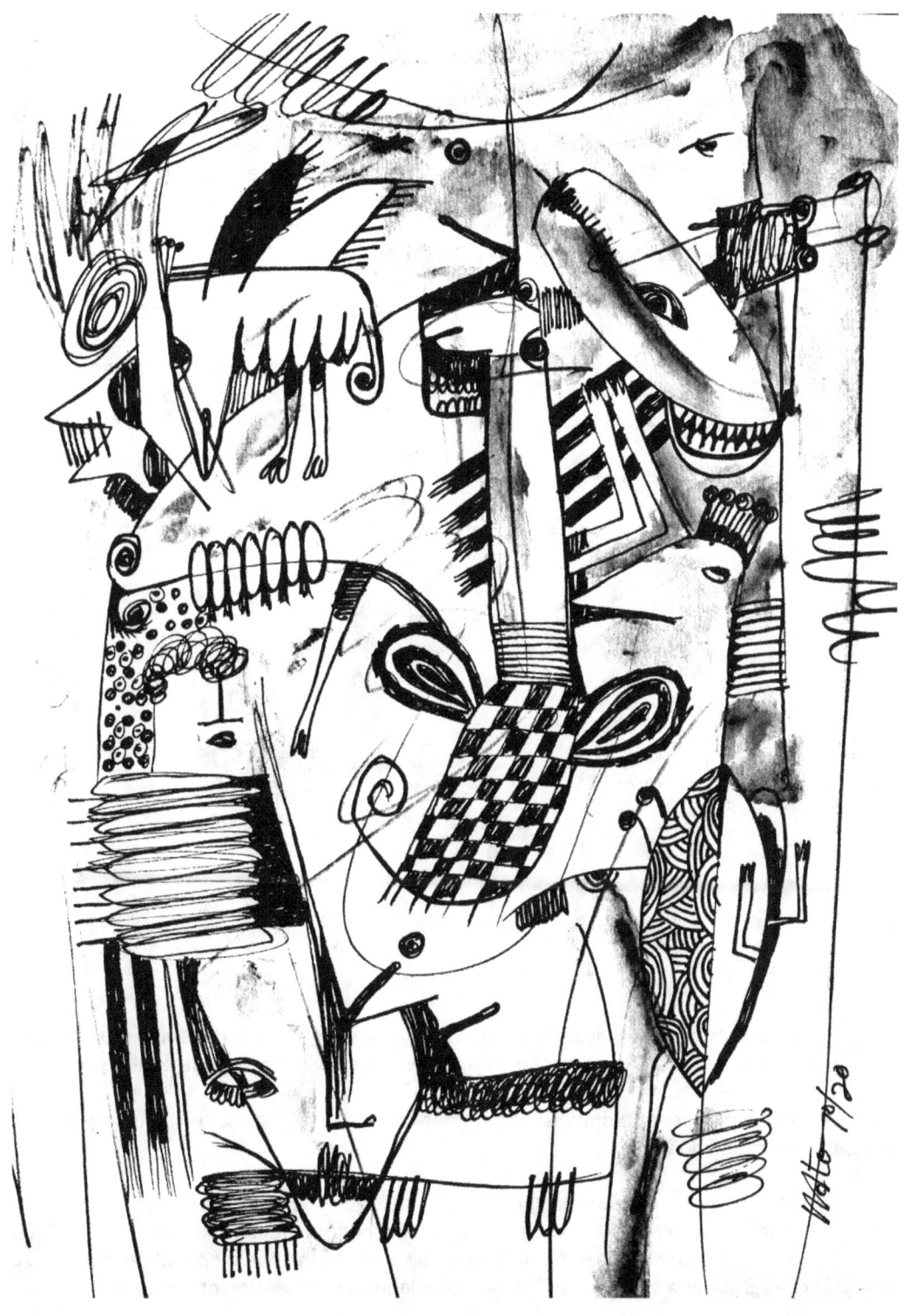

134

## MENSAGEM DE TUA SER

*Assumiste a encarnação humana sendo plenamente consciente dos reptos aos quais terias que te enfrentar. Assinaste-os valente e decidido, convencido de que saberias os dominar e sobreponer-se a todos eles. Desde sua perspectiva atual, no meio do "furacão", pode resultar-te confusa a ideia de ter elegido experiências dolorosas e situações sem aparente luz ao final do túnel. No entanto, estamos aqui para recordar-te que em teu interior se encontra toda a sabedoria, luz e energia necessárias para sair adiante.*

*Num momento concreto antes de dar luz verde à tua encarnação terrenal, disseste algo bem como: "Sim, sei que o desafio será intenso, mas serei capaz de assumir e o superar. Sei que posso e que sairei airoso da prova, ainda que por momentos as coisas se tornem difíceis". Recordar estas palavras e sentir em teu coração. Amo-te e apoio na cada passo que dás.*

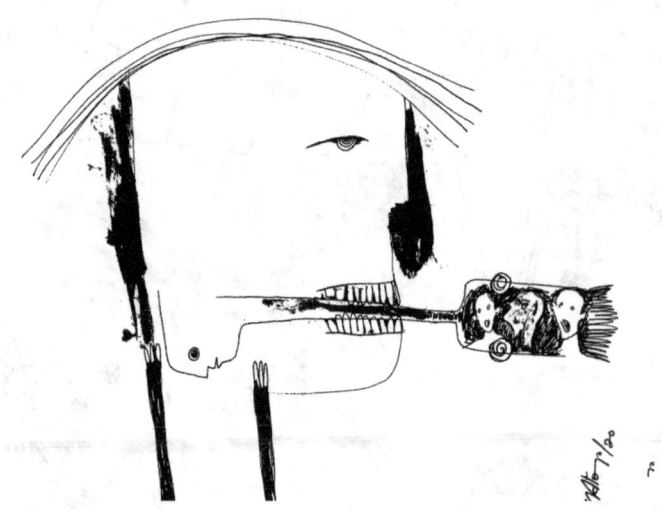

*Granda, 2020.*

Há certas coisas muito difíceis de explicar, ressoam em nosso interior e não sabemos por que. Em meu ressoou esta mensagem, poderia dizer que provia provinha de minha ser.

Foi uma mensagem de optimismo para dar um pouco de luz a este caminho pelo que todos vamos, chamado vida.

Sem dúvida é uma experiência cheia de aprendizagem. Se pomos um pouco de atenção podemos observar no agora como tudo está a mudar continuamente, tudo está em contínuo movimento. Falamos ao som da vida, uma vida que quiçá tenhamos preparado nós mesmos. Uma aprendizagem feita à nossa medida, desenhada desde um sentimento, o amor.

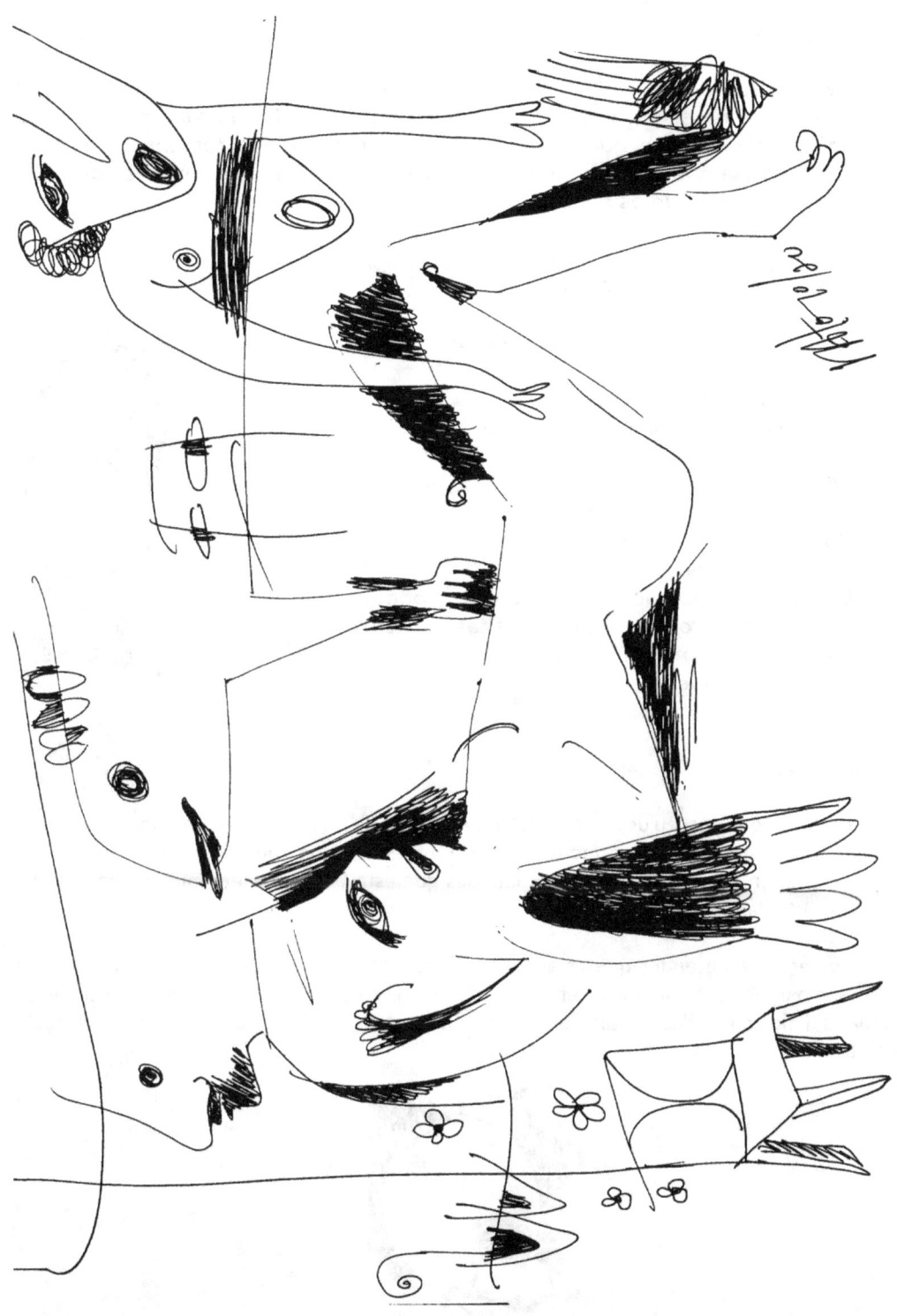

## É MAIS SIMPLE

*Não há que tentar melhorar, ou tentar abrir tua consciência, sina aprender a observar tua vida sem a julgar e ser um mero espectador de teus sentimentos, amando a cada decisão que tomes e a cada decisão que tomem os demais, sobretudo amar a cada sentimento que apareça, inclusive amar as vezes que não consigas amar e quando os demais também não o consigam.*

*Coisas que são verdade:*

*A verdade deve ser sempre e para todos.*
*Todos somos amor.*
*Todos somos o mesmo ser.*
*Todos temos a mesma consciência.*
*Todos nascemos e morremos.*
*Minha percepção sem acrescentar opinião é a realidade.*
*Tudo está em contínua transformação.*
*Do desejo surge o sofrimento.*
*Sempre é agora.*
*Um pensamento não é mais que uma proposta.*
*Se aceitas sentes paz, se não aceitas, sentes medo.*
*Não sou eu, nem meu.*
*Nada é permanente.*

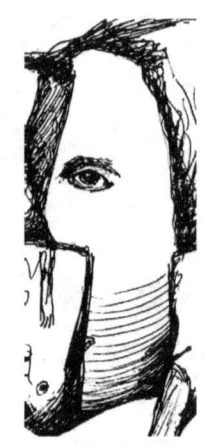

*Granada, 2020.*

Um texto que nasceu depois de uns dias em crises de pensamentos. Chamo uma crise de pensamentos a ter muitos pensamentos sobre um mesmo tema num curto espaço de tempo. Tive especialmente muitas dúvidas das decisões que estava a tomar em minha vida e decidi fazer uma lista das coisas que realmente não tenho dúvidas.

Começava a entender que estava a ter necessidade de não ter necessidade, quando realmente o importante para não ter necessidade é te sentir pleno, coisa que se consegue se te amas a ti mesmo. Podes chegar a entender que já está tudo dentro de ti e não precisas nada de fora.

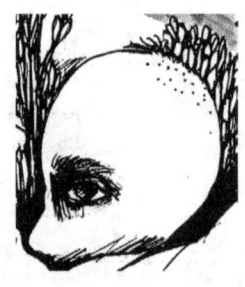

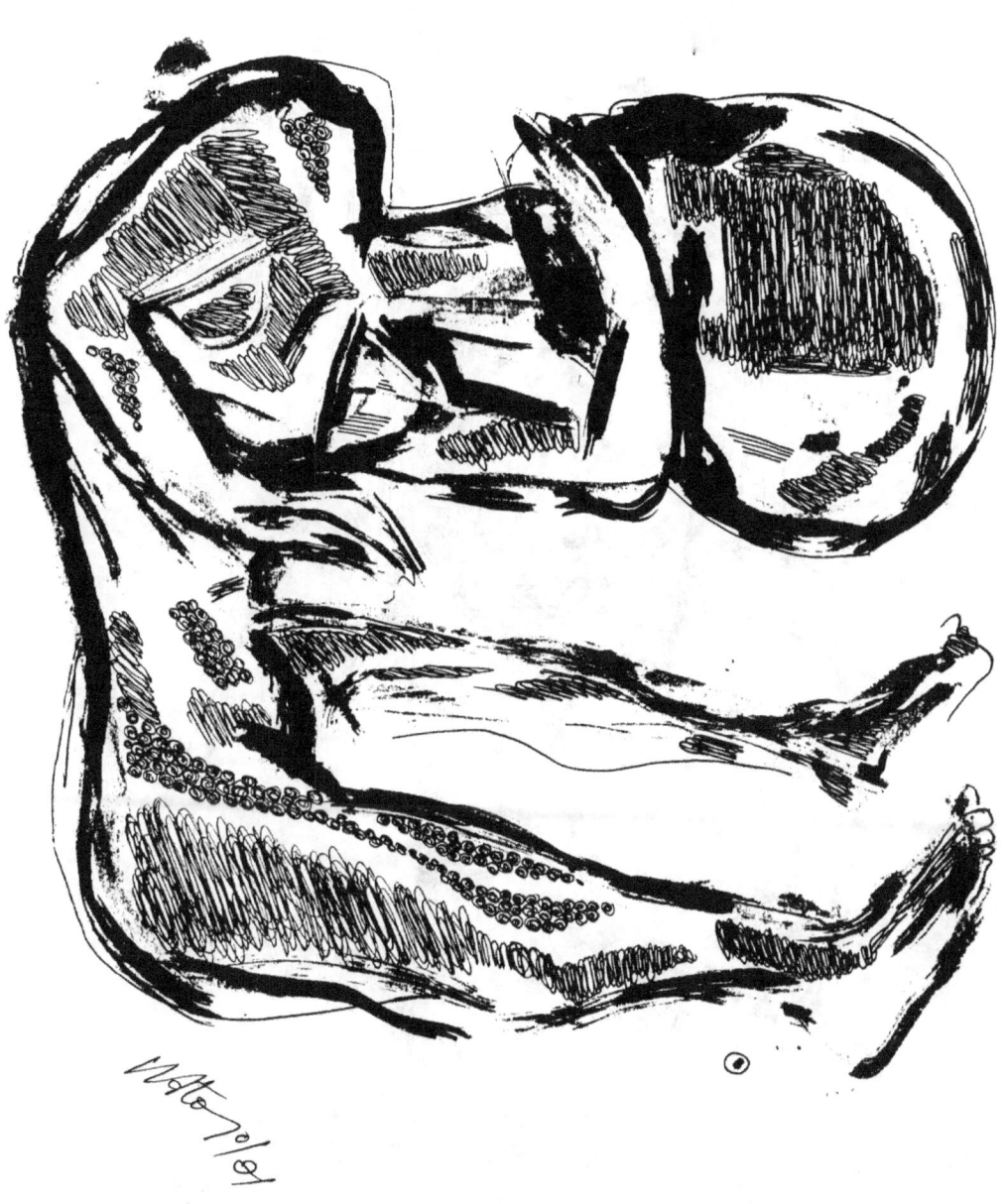

# A CONSCIÊNCIA

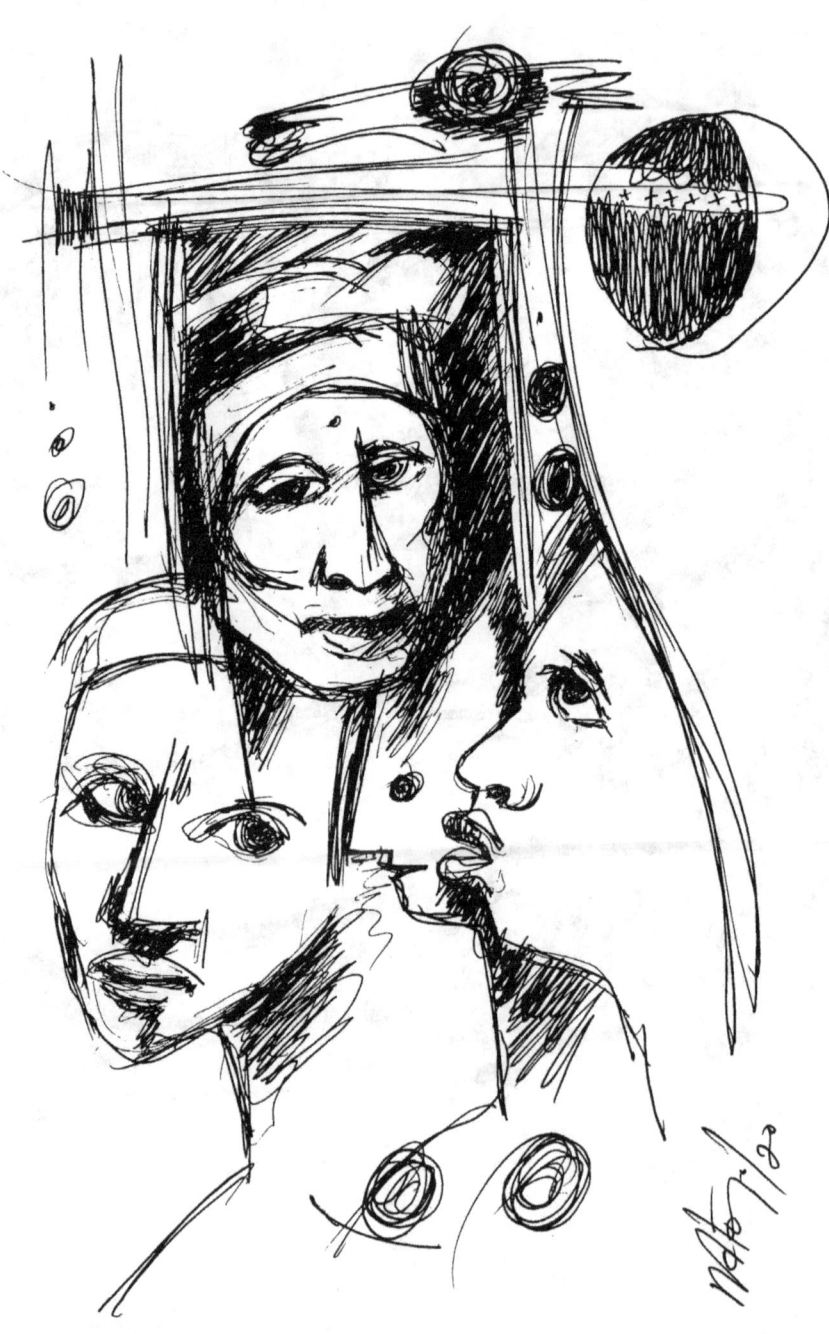

## ESPIRITUALIDAD

*Espiritualidade é que as coisas não saiam como tu desejas e aceitar, que assim tem de ser para sua aprendizagem.*

*Espiritualidade é fazer-te responsável por tuas circunstâncias, é não te crer na vítima, é não culpar a ninguém do que te sucede.*

*Espiritualidade é viver na alegria ou no silêncio, ou no bullicio, ou na tormenta, ou na luz, ou na escuridão, viver o que a vida te propõe, sem pretender que seja outra coisa.*

*Espiritualidade é compreender que, se te donas, não só há que atender os sintomas físicos, mas também ver que emoções não estás a gerir, e atender que às vezes o que faz teu corpo é te mandar uma mensagem.*

*Espiritualidade é caminhar desfrutando da cada passo do caminho, independentemente do que te suceda. É aprender a atender as emoções sem identificar-te com elas. É cuidar dos pensamentos e das palavras. É ser coerente e manter a autenticidade em todos os ambientes e em todas as circunstâncias.*

*Espiritualidade é abraçá-lo tudo. É amar o mundo tal e como é, com todo o que contém. Sem julgá-lo, sem queixar-te, sem possuir.*

*Espiritualidade é compartilhar, é estar em paz e sofrendo. É deixar que a cada um viva como lhe plazca. É compreender que nada é real e que, ao mesmo tempo, há que tentar ser impecables à hora de jogar a partida da vida.*

*E não falo de religião, não falo de dogmas, não falo de pecados, não falo de crenças, não falo do bem e do mal, não falo de igrejas, nem de maestros, nem de normas.*

*Falo do que bate quando consegues parar e olhar para dentro, e te dás conta de que não faria sentido a vida, se só fôssemos matéria. Se só estivéssemos aqui para passar o momento. Se só fôssemos um punhado de carne, de vísceras, de artérias. Se só fôssemos um desejo atrapado num corpo, sem um alma que almeja sentir de novo, o amor do que sem dúvida faz parte.*

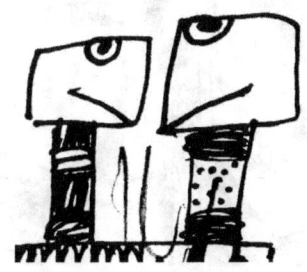

*Granada, 2019.*

Um texto em que procuro explicar o significado de espiritualidade. Muitas pessoas confundem espiritualidade com religiosidade. A espiritualidade vai além. Isso transcende o físico.

Quero dizer aquela sensação especial de sentir que você não é apenas uma parte física. Aquela sensação de fazer parte de um todo quando você consegue esquecer a sua individualidade. Talvez o sentido da vida seja libertar a consciência para que compreenda quem realmente somos, descobrindo-nos nela.

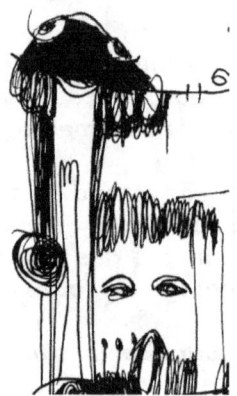

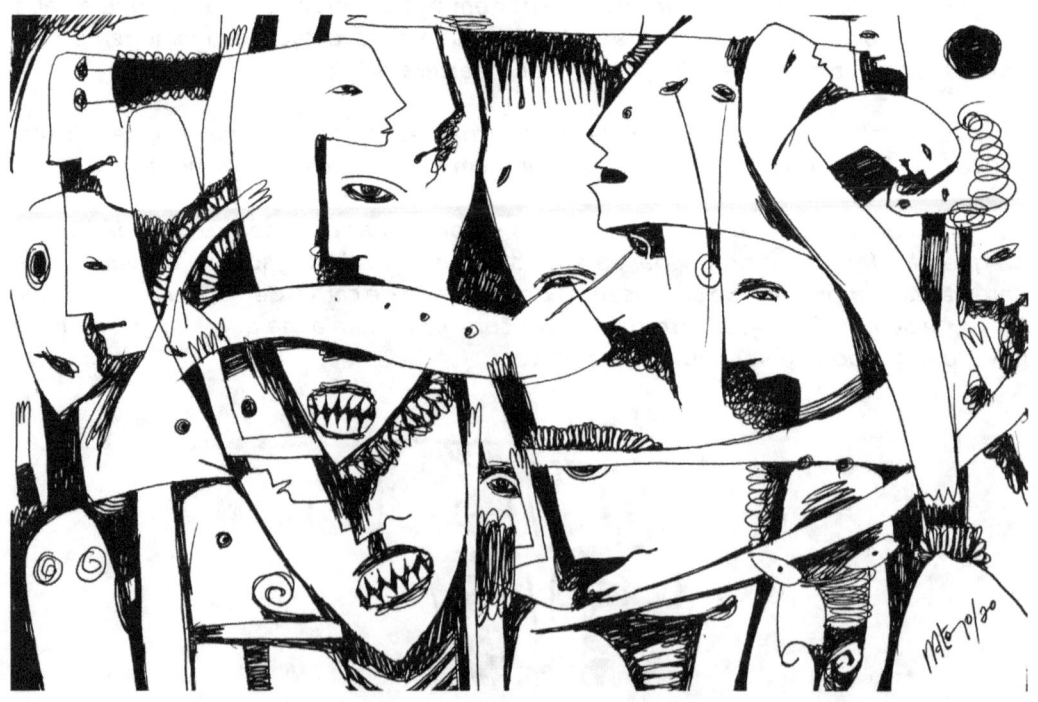

## AMAR O SOFRIMENTO

*Estou aqui para descobrir como o amor existe, como o amor é. Que o amor ame o sofrimento não significa que o ame como nós achamos que amamos. Costumamos dar-lhe um significado errado e quando amamos significa que o queremos, que o possuímos, que o queremos fazer nosso e que temos que estar de acordo com aquilo que amamos. Mas o amor não faz essa coisa, o amor o que faz é incluir ao sofrimento; por isso o sofrimento pode transformar neste mundo, só se o amas, se o incluir em sua experiência, se o assumes, enquanto recusemos o sofrimento gerar-nos-á mais sofrimento.*

*A dor que sentes, a dúvida, a incerteza, tua ignorância, teus desejos. Todos temos sentido a dor que há por trás de um desejo, porque desejar algo significa decretar que não o tens.*

*Têm visto onde fica a esperança? A esperança implica que num momento que não é este, vai ocorrer algo que não é isto, de modo que a cada vez que esperamos algo, no fundo sofremos por não aceitar este instante como é.*

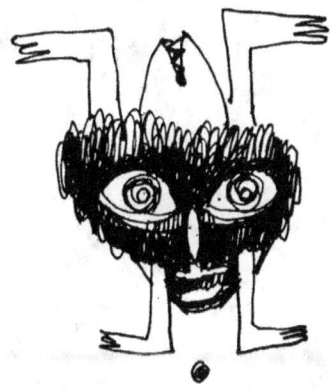

*Granada, 2020.*

Passava uma época na que se sucediam diferentes situações intensas em minha vida. Situações que tentava aceitar, mas sentia que não o conseguia. Tinha palestras com meu amigo Diego a respeito da aceitação e as necessidades. Tentava aplicar o aprendizado a respeito de aceitar o sofrimento e entender que as necessidades são criações nossas. Tentava-o, mas não chegava a conseguir, é algo bastante difícil para meu entendimento, todo este mecanismo. Apesar da dificuldade, seguirei com fé pelo meu caminho até conseguir entendê-lo.

Toda esta aprendizagem no que me encontro de observação, cheio de pensamentos, julgamentos e em ocasiões sofrimento não é mais que o simples caminho do ser humano através de seu acordar de consciência, que nos leva para o autoconhecimento, para uma vida plena e harmoniosa. Leva-nos para nós mesmos para que cheguemos a nos amar.

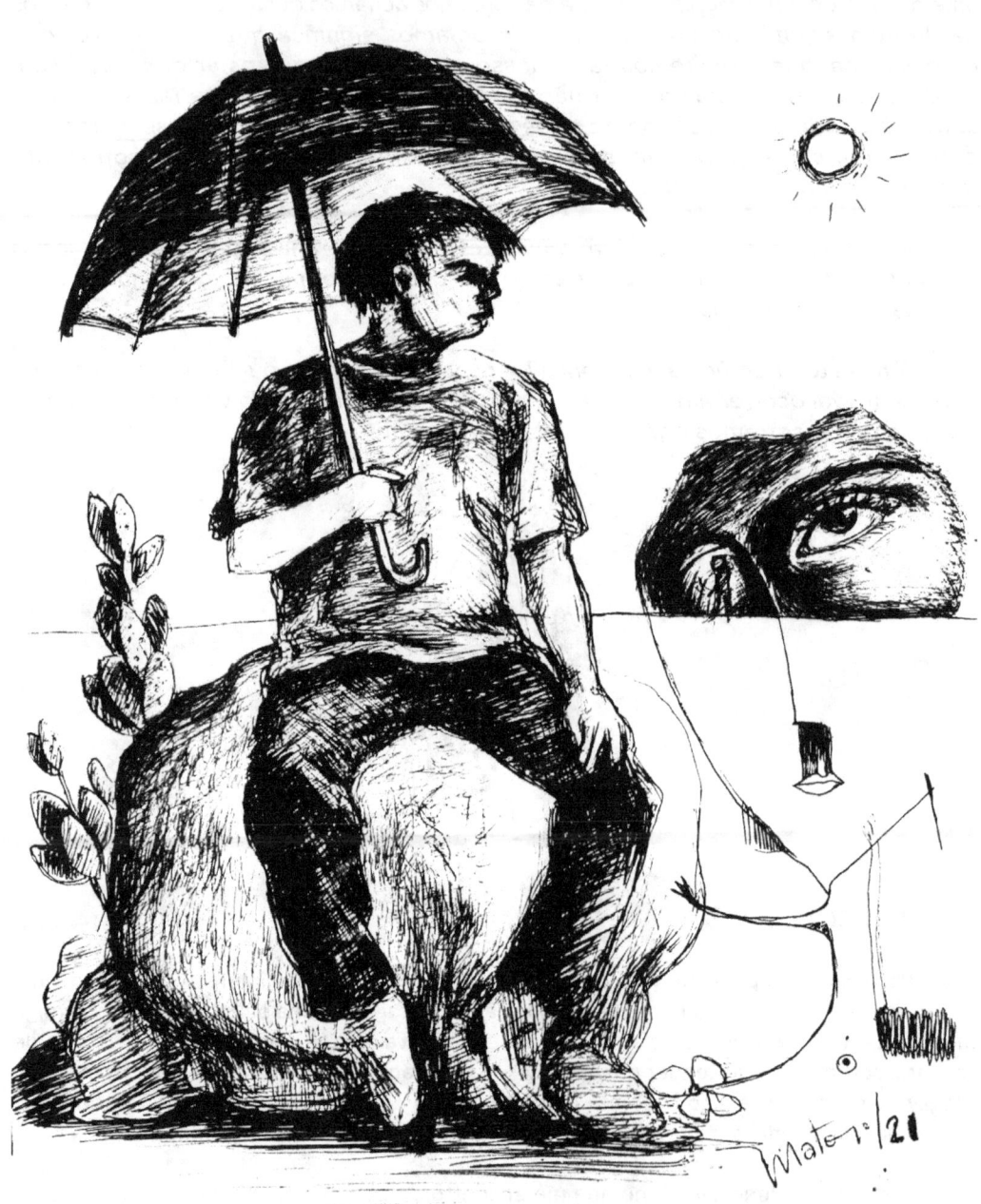

# A VIDA É UM DANCE

*A vida é um dance, dançamos ao som de sensações. Alguns inconformistas tentamos observar um pouco para além do que vemos a simples vista com os olhos. Somos observadores de pensamentos e de sentimentos, aprendemos a ler com os olhos do coração. Quando descobrimos uma sombra em nosso interior, entendemos ao reconhecer que faz parte de nós, e aí começa o dance. Começa o processo de observação de nossa sombra, devemos agradecer à consciência esse pequeno presente que nos oferece, podendo assim reconhecer essa escuridão. Entendi que nossa sina não é outro que aprender a amar, a aceita enquanto dançamos com ela.*

*Em ocasiões a sombra cansa-se rápido de dançar e marcha-se sem dizer se voltará. Outras vezes decide ter um sedutor dance longo e próximo contigo. O segredo seria ser ecuánime com ela, para conseguir a ver tal qual é. Poderíamos assegurar que algum dia conseguiremos amar a nossa colega de dança, assim entenderemos toda essa oportunidade de conhecimento que nos oferecia e sua perfeita função.*

*Uma vez tenhamos aprendido aquilo que tinha para nós, teremos entendido que ela foi nossa melhor mestre, a única que podia nos ensinar a dançar cheios de consciência e amor. Nesse momento nosso dance terá concluído.*

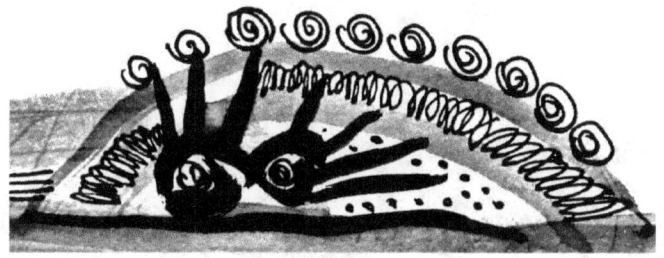

*Salobreña, 2017.*

Às vezes observo minha vida e consigo ver um dance em minha mente. Observo os pensamentos, os julgamentos, as sensações, e vejo que tudo está em contínuo movimento dentro de minha mente. Os julgamentos vêm e vão, às vezes vejo-os como uma verdade, outras vezes consigo entender que não são uma única verdade, sina que são algo criado por meu ego.

Às vezes sinto paz, outras medo, e assim vai passando a vida. Para mim o interessante é tentar observar todo esse mecanismo que se gera em nossa mente, chegar a entender que a cada pensamento não é mais que uma proposta, e assim deixar de ver nossos pensamentos como únicas verdades, começando ao ver como o que são, simples propostas etéreas.

Isto do que falo, é um possível caminho, uma filosofia de vida que escolhi faz tempo, o caminho de observar, me procurar, e assim quiçá entender de que trata tudo isto.

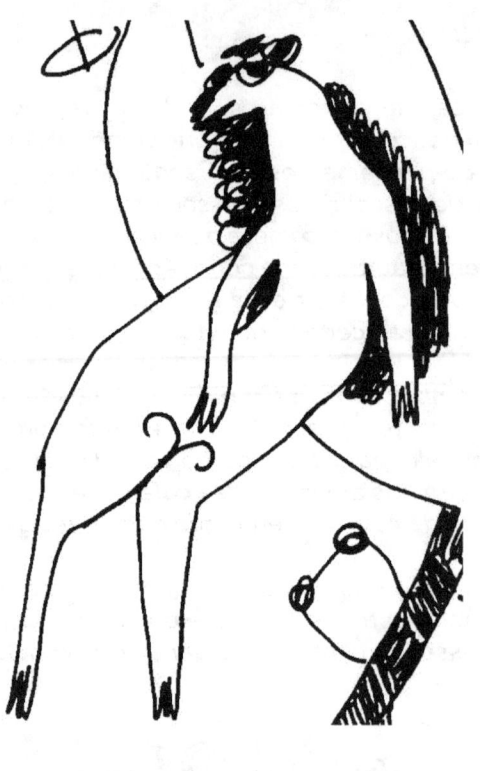

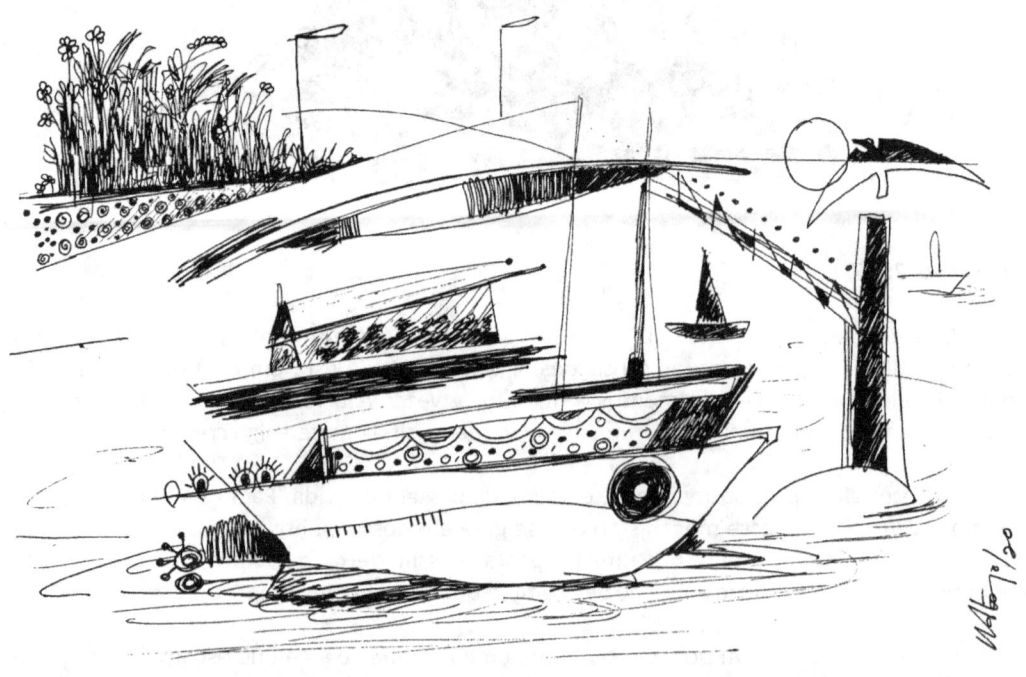

# FECHA O OLHOS E VERÁS

*Se não fecha os olhos muitas coisas não se vêem. Fecha-os para sentir com força e poder ver esse universo de sentimentos que és. Nossos sentimentos são nossa recompensa ou nosso castigo, são nossos olhos.*

*Se observamos podemos ver quando sentimos paz e quando temos medo. Ou seja, quando amamos e quando não o fazemos. Quando aceitamos ou não.*

*Em ocasiões parece que vivemos dentro de uma obra de teatro, onde tudo está escrito e nossa única função seria a de ser espectadores, a de estar presentes, atentos e observar, tentando não crer nos julgamentos. Ser amigos do silêncio. O silêncio, o ser, Deus, amor.*

*Nossa recompensa chegará em forma de sentimento que dependerá de se o que se observa é aceito ou não por nós.*

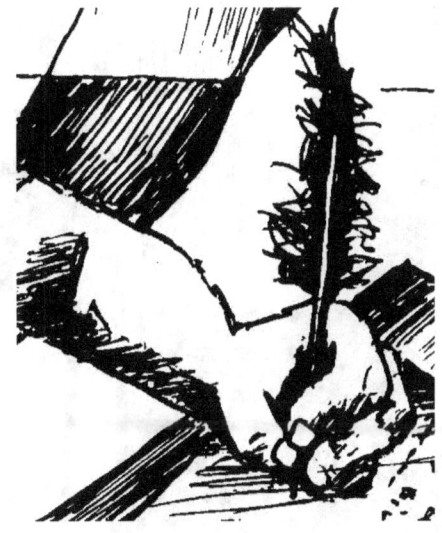

*Granada, 2018.*

O ser humano caracteriza-se por ser um torbellino de sentimentos. É importante observar esses sentimentos de paz ou de sofrimento que vão aparecendo ao longo da vida. Podem-te ajudar a entender se estás a amar ou não.

Na segunda parte do texto falou da sensação do livre albedrío. E concluo falando a respeito de que tua paz depende de sua abertura de consciência, de sua capacidade de amar.

Às vezes jogava com o pensamento e tentava entender seu funcionamento. Usava experiências e sua observação para conhecer-me e superar minhas confusões.

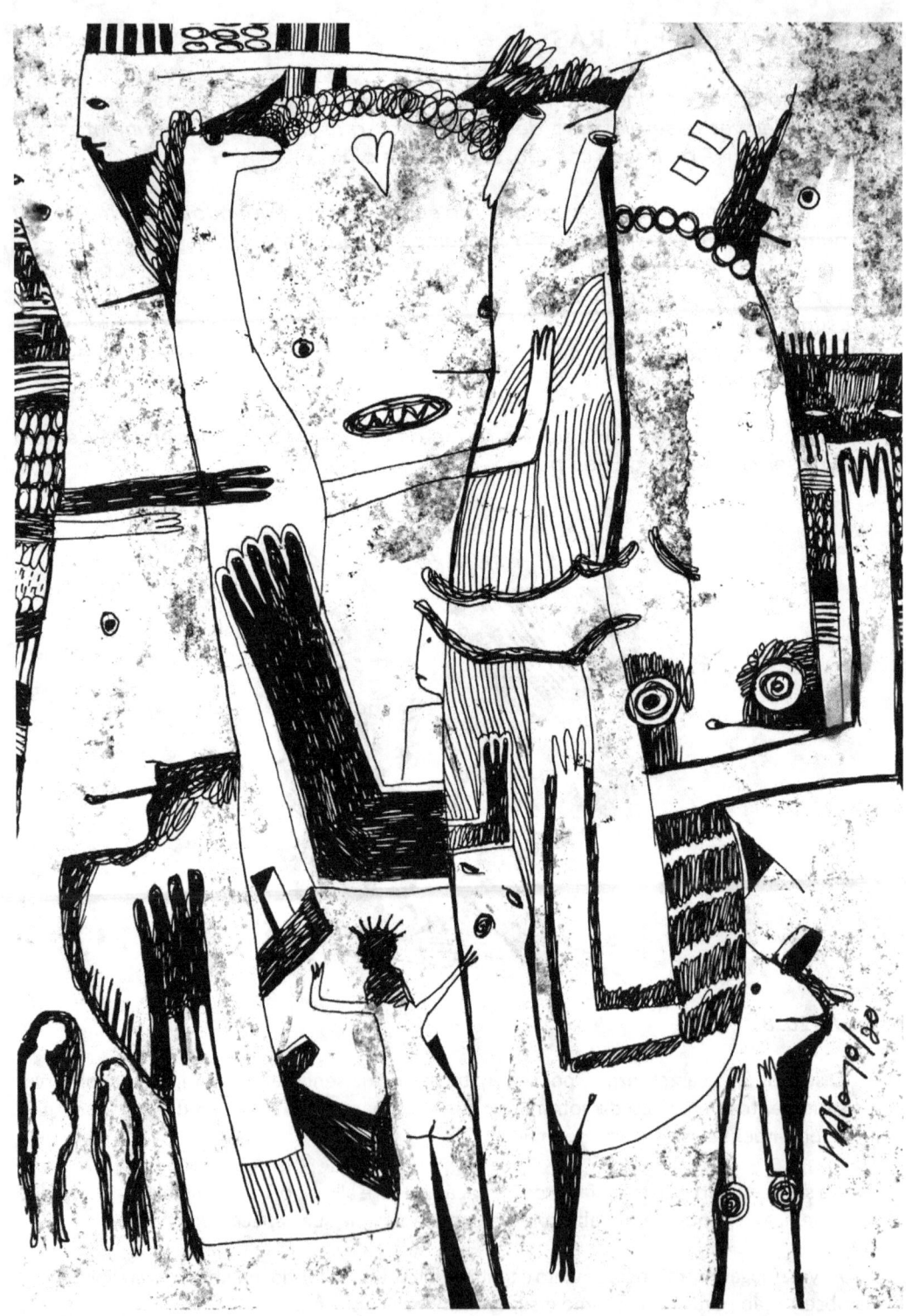

# CARÊNCIAS

*Se tens um padrão de carência, significa que não és capaz de ver abundância no que te rodeia, sem necessidade. Nunca tens bastante e quase nada te parece suficiente. É como se em teu interior tivesse um poço sem fundo que nunca pode ser enchido nem satisfeito. Para colocá-lo, receberás uma e outra vez a diferentes pessoas, objetos ou situações, mas o vazio seguirá pedindo mais, e quanto mais recebas, mais necessidade sentirás. Começaram então os vícios, tanto emocionais como de substâncias. Teu foco estará sempre fora, à espera de tudo isso que te volte a "encher": uma mensagem, um telefonema, um trabalho, uma relação, um presente, um like, etc.*

*Mas tudo será insuficiente. Seguramente lhe reprochar ao outro sua atitude de "abandono", de não "se preocupar" por ti, de não te chamar nem interessar por teu estado (claro, tu não actuais assim, sempre estás "em cima" do outro e te "preocupas" por ele, ainda que não és consciente de que o fazes para receber o mesmo de volta, e se pode ser imediatamente, muito melhor). Te victimizes, culpas ao outro por ser uma má pessoa e ir-te-ás sumido no papel de vítima, de pessoa "abandonada" e não tida em conta. O outro, logicamente, cansar-se-á de teu poço sem fundo e seguramente acabará afastando-se de ti, acrescentando teu desespero e sua necessidade. Para ti será uma "má" pessoa mais e uma nova mostra de tua "má sorte" e do cruel e desumano que é este mundo. Mas simplesmente estarás a ver o reflexo do seu padrão de carência, desvalorização e vitimismo.*

*E voltará a suceder-te o mesmo com cada pessoa, em cada situação, em cada momento. Que desagradecidos, que despreocupados, que pouco apegados, que distanciados, com o que eu os "quero" a todos, com tudo o que eu lhes "dei".*

*Até que por fim olhes para ti e te atrevas a indagar em teus padrões:*

*Se dou e não recebo, desde onde estou a dar? Desde a abundância ou desde a carência?*

*Se o outro afasta-se, por que preciso o ter perto e limitar sua liberdade? Por que não lhe permito se distanciar e que volte quando o deseje? Porque me desespera seu distanciamento?*

*Se sempre preciso algo que me satisfaça e me faça me sentir em paz, não será que sou uma pessoa incapaz de se satisfazer a si mesma?*

*Se preciso comer em grandes quantidades ou tomar determinada substância para sentir-me "melhor", por que não me estou a sentir bem comigo mesmo e daí é o que tenho de "tampar"?*

*Se os demais não me demonstram amor, não será que não me considero capaz de me amar a mim mesmo?*

*Uma reflexão profunda leva-nos a conclusões profundas e a acordar do sonho de sofrimento e carência no que seguramente estamos atrapados. Toma consciência: as situações e as relações não se repetem por acaso, sinal para que ao fim venham à tona os padrões desde os que operas e comecei a ver as coisas desde uma perspectiva mais responsável e abundante. A mudança principal depende de ti, não dos outros.*

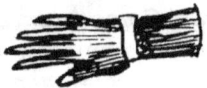

*Granada, 2019.*

Foi um texto inspirado em minha própria experiência. Minhas relações de casal viviam habitualmente desde o apego e isso não me deixou estar completamente entregue em muitas ocasiões.

Fiz sofrer e sofri por esta necessidade que tive. Com o tempo fui observando em mim esta situação e fui aceitando. Isto me fez entender o sofrimento que se cria quando vais desde a necessidade. Uma vez aceitado, começas a entender que a chave estava em te amar a ti mesmo. Uma vez ames-te deixarás de precisar, sentir-te-ás completo e começarás a compartilhar com os demais todo esse amor que em realidade és.

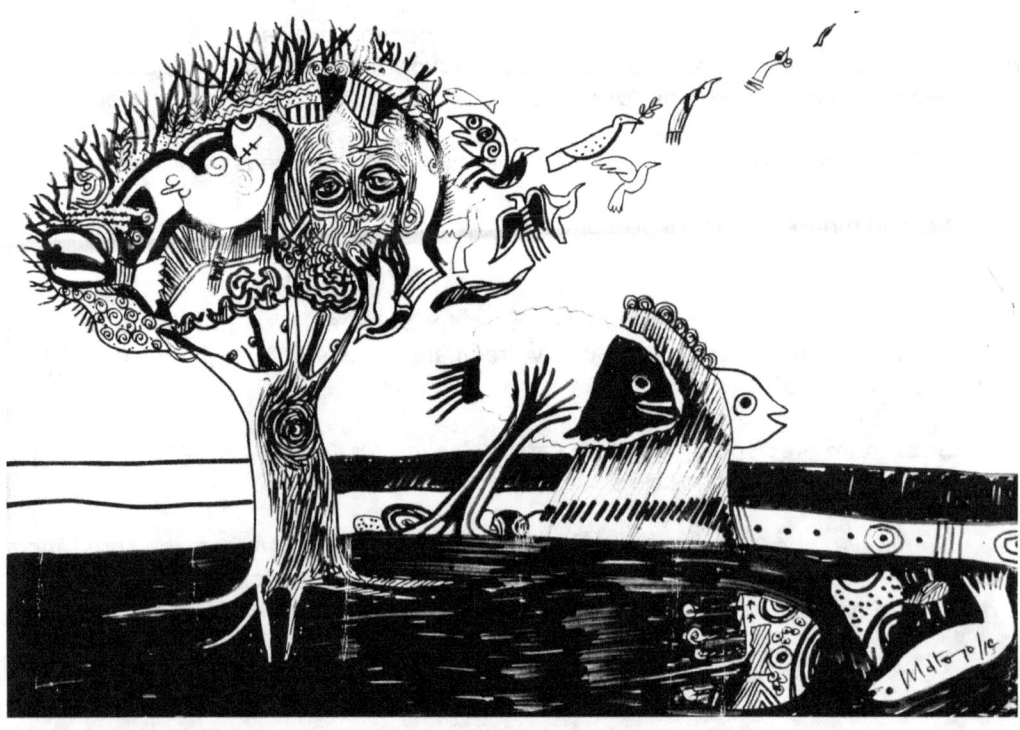

# ESSA QUIETUDE

*Esse anseio de quietude mental. Seria formoso chegar a esse prado imaginário cheio de acalmá, cheio de lindos aromas e brisa cálida.*

*Os caminhos para esse lugar sereno são retorcidos e costumam ir em círculos. Vai-se repetindo tua confusão uma e outra vez sem pressa, de uma forma perfeita. Se ainda não estás preparado para o ver e o enfrentar não te preocupes, pois voltarás a ter novas oportunidades até conseguir o ver e finalmente o aceitar.*

*Todos numa sincronia perfeita, ensinando e aprendendo num torque infinito que te leva a esse ponto onde todo se une, para o silêncio, o ser, Deus, o amor.*

*Nossa escuridão, que ao nos fazer consciente será aceita sem esforço e em silêncio, desde onde o ser esperar sentado. Em ocasiões será um caminho algo doloroso o de atravessar essa escuridão, essa dor irá de acordo com o grau de libertação de consciência que tenhamos e da resistência que ponhamos a esse sofrimento.*

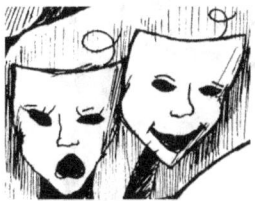

*Granada, 2020.*

Vivia uma época algo estranha. O mundo encontrava-se numa grande crise sem precedentes para nossa geração. Devido à COVID-19 tinham-se passado muitos serviços e isto estava a provocar um colapso econômico além do sanitário.

Eu pessoalmente tinha muitas incertezas trabalhistas, sentimentalmente me encontrava bem, me encontrava numa época na que estava a conhecer a gente nova e desfrutava ao mesmo tempo que aproveitava para seguir me observando e seguir me conhecendo para chegar a essa almejada quietude, fazendo consciente meu ego e simplesmente me dispus a escrever sobre os pensamentos que passavam por minha cabeça um dia qualquer.

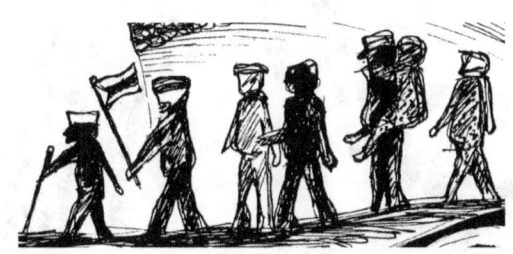

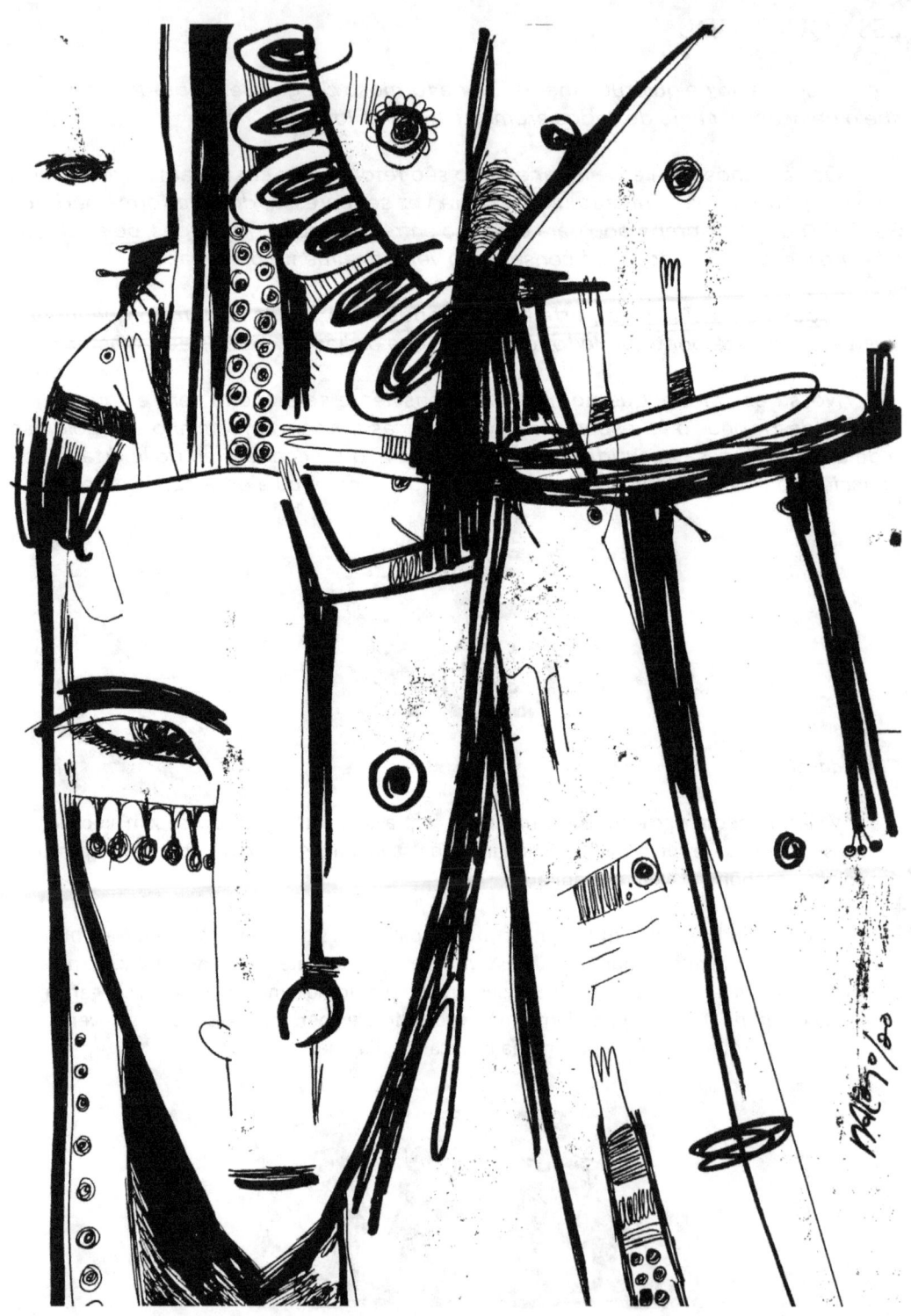

# ÀS VEZES

*Há uma sensação que com frequência sobrevoa sobre mim, aterra em meus pensamentos e me percorre intensamente. Essa sensação fala-me da vida, fala-me sobre a amplitude de situações que vivemos. Diz-me que podemos experimentar abundância ou carência desde a interpretação de nosso ego. A vida dar-nos-á situações para que nós as vivemos, as experimentamos, e assim num caminho perfeito vamos adquirindo esses conhecimentos libertando a consciência, conseguindo desta forma observar a verdade, simplesmente ver o que é, sem acrescentar opinião.*

*Entendendo que nada é abundante ou carenciado quando deixamos de estar em presença, em silêncio.*

*Enquanto, em nosso dance com a vida, seguiremos jogando com nosso ego, aprendendo a não depender do que achamos que é abundante nem do que cremos carenciado, simplesmente entendendo que a serenidade se acha em aceitar que teu ego interpreta, se posiciona, precisa se apoiar em julgamentos e comparações para existir e que sem nosso apoio não é mais que um simples pensamento etérico que morre lentamente na consciência do universo.*

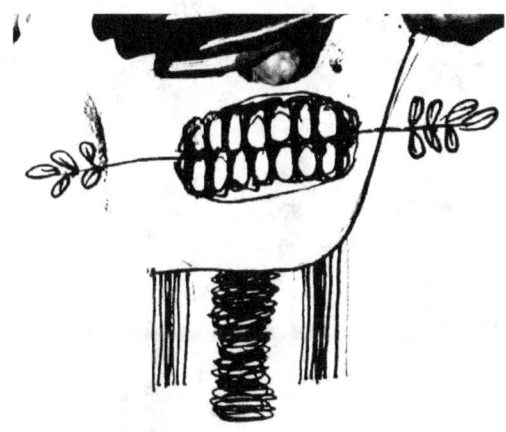

*Granada, 2020.*

Encontrava-me nuns dias de tranquilidade e reflexão. Costumava aceitar as coisas que me passavam em meu dia a dia e também aceitava quando não aceitava.

Com frequência visitavam-me pensamentos filosóficos, quiçá porque estava numa época onde desfrutava de muito tempo livre. Começava uma época de liberdade, uma época onde tocava mimar me e me querer. Entendi que devia me recarregar de energia e a melhor forma era a de seguir me aceitando e me amar como quiçá antes nunca o tinha feito. Com vontades de poder compartilhar todo este amor que há em meu interior com os demais, mas sem esquecer que tudo começa em me amar a mim mesmo.

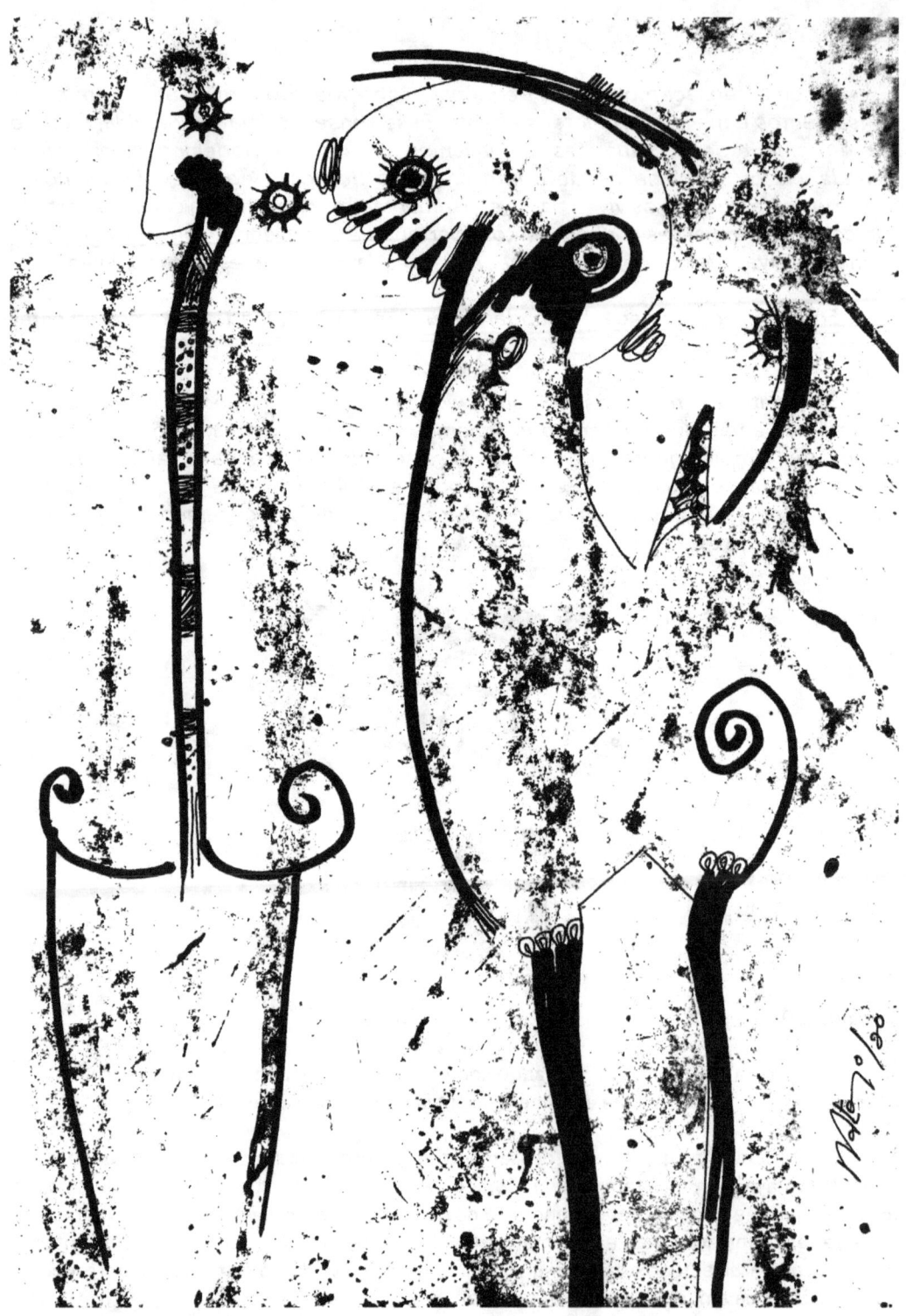

## SERES ETERANOS

*Imagina por um instante a possibilidade de que o ser humano albergue uma energia etérea em seu interior, que se reencarna na raça humana e vive no planeta terra com o fim de transformar sua escuridão. Deve fazer visível sua sombra até poder aceitá-la, reconhecê-la, deixá-la livre, para conseguir descobrir-se. Se reprime-la não poderá entender sua origem nem a reconhecer. Mas se consegue observá-la sem recusá-la como parte dele, poderá a aceitar e começar a se conhecer, para assim chegar a se amar.*

*Uma filosofia de vida poderia ser tentar observar-se sem julgar-se. Observar teus actos e teus sentimentos sendo consciente, para poder ver quando tens amado ou quando tem actuado tua sombra. Aceitar sem julgamento tuas decisões sendo consciente da tua escuridão e decidir que queres manifestar em teus seguintes actos, essa será sua missão.*

*É possível que esta seja uma forma de ir libertando nossa sombra ou subconsciente e a fazendo consciente. Vejo como indispensável estar presente, estar no agora para poder observar seu julgamento, seus pensamentos e teus sentimentos de paz ou sofrimento.*

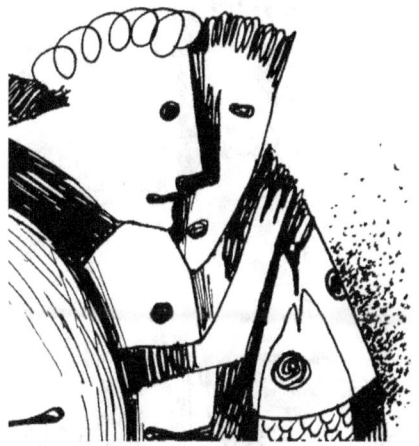

*Salobreña, 2017.*

Uma ideia que li de Carl Gustav Jung. Encontrava-me num dia de tranquilidade e meditação filosófica, desfrutando da solidão e de meus pensamentos. Tentava interiorizar uma informação a respeito de nosso funcionamento mental como humanos. Pensava em minha filosofia de vida; como giro tentando compreender de onde vem nosso sofrimento e nossa paz no dia a dia.

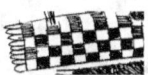

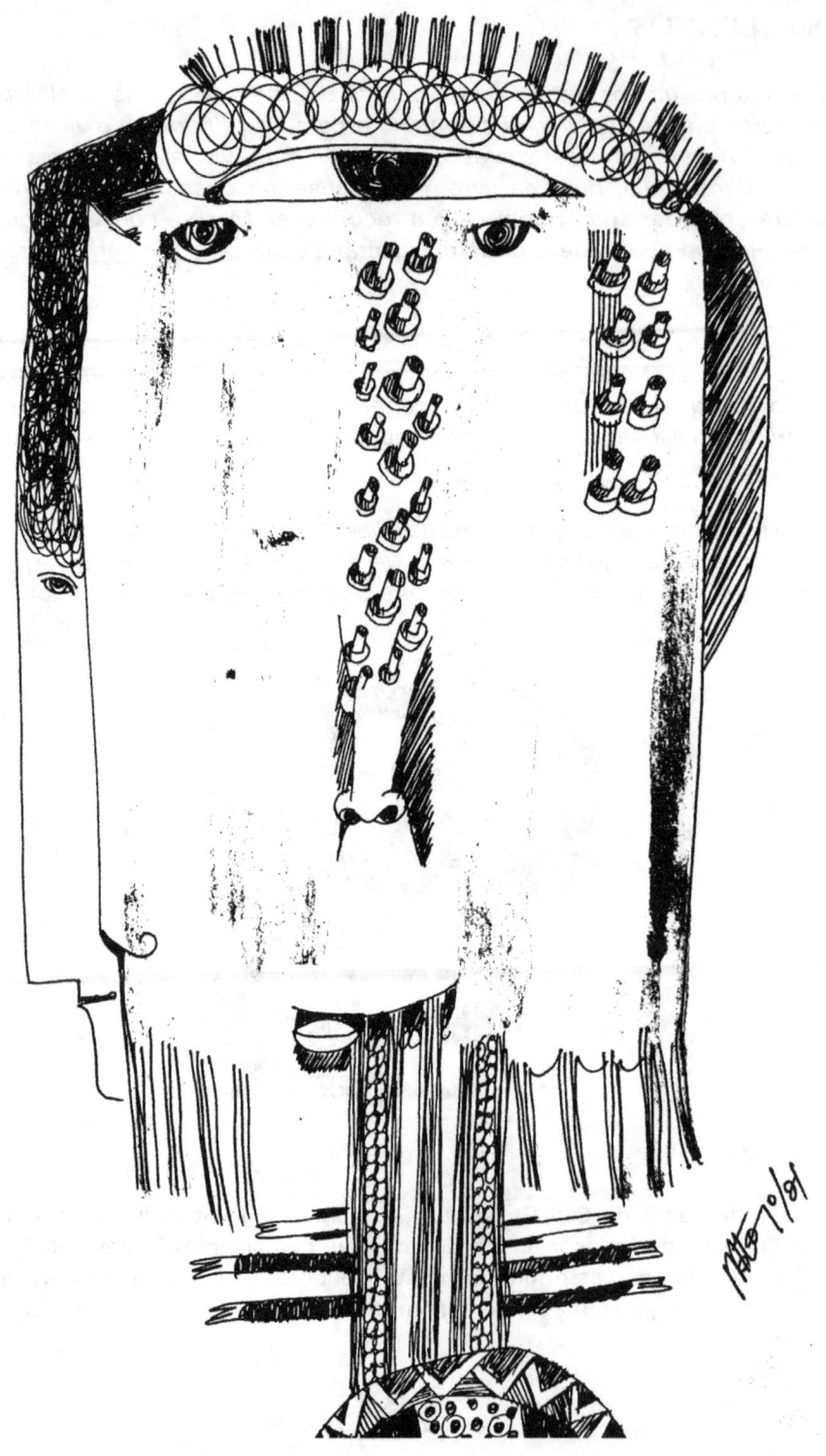

# ESTRANHO

*Em várias ocasiões temos vivido situações em que achamos que alguém se portou mal conosco, ou foi injusto. Essa situação, de alguma forma, junto a nossa confusão, pôde-nos ajudar a converter-nos em seres desconfiados aos que lhes custa amar.*

*A vida nunca se detém, costumam se dar situações em nossas vidas nas que dar-nos-ia paz poder confiar de novo, sem medos, sem rancores, para assim poder viver de uma forma plena.*

*Parece que ao ser humano lhe custa esquecer, perdoar e não consegue se desprender nem de seu eu histórico nem de seus julgamentos. Todos somos conscientes de que existem pessoas com uma vibração ou consciência amorosa muito especial, às quais de alguma forma lhes resulta mais fácil aceitar e transmitir amor. Encontrei-me pensando que quiçá todos pudéssemos chegar a ser uma dessas pessoas com essa capacidade de amar, de vibrar e de transmitir, quiçá algum dia possamos sentir essa conexão total de amor repleta de paz.*

*Seria justo e bonito confiar nas pessoas, já que só estão a tentar crescer em consciência apesar de suas confusões. Poderemos acompanhar num processo perfeito de cura mútua de feridas.*

*Alguns costumam se preocupar de forma natural por se observar, para crescer e seguir aprendendo a aceitar, a estar presentes no agora, que desfrutam compartilhando sua experiência, seu sonho, enquanto aprendem a não achar que os julgamentos são uma única verdade, sina que a verdade é o que se dá sem sua opinião.*

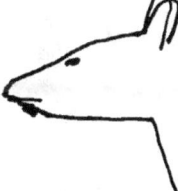

*Granada, 2017.*

Esta foi uma escrita estranha que escrevi muito rápido. Estava na cama e vieram-me algumas ideias a respeito de por que custava tanto fazer borrón e conta nova e por que não, tratar nossas relações sem ter em conta o anteriormente vivido em comum. Não ter em conta o que temos julgado como bom ou mau a respeito de nossas experiências anteriormente vividas com os demais.

Pensava que essa seria uma fórmula perfeita baseada no amor.

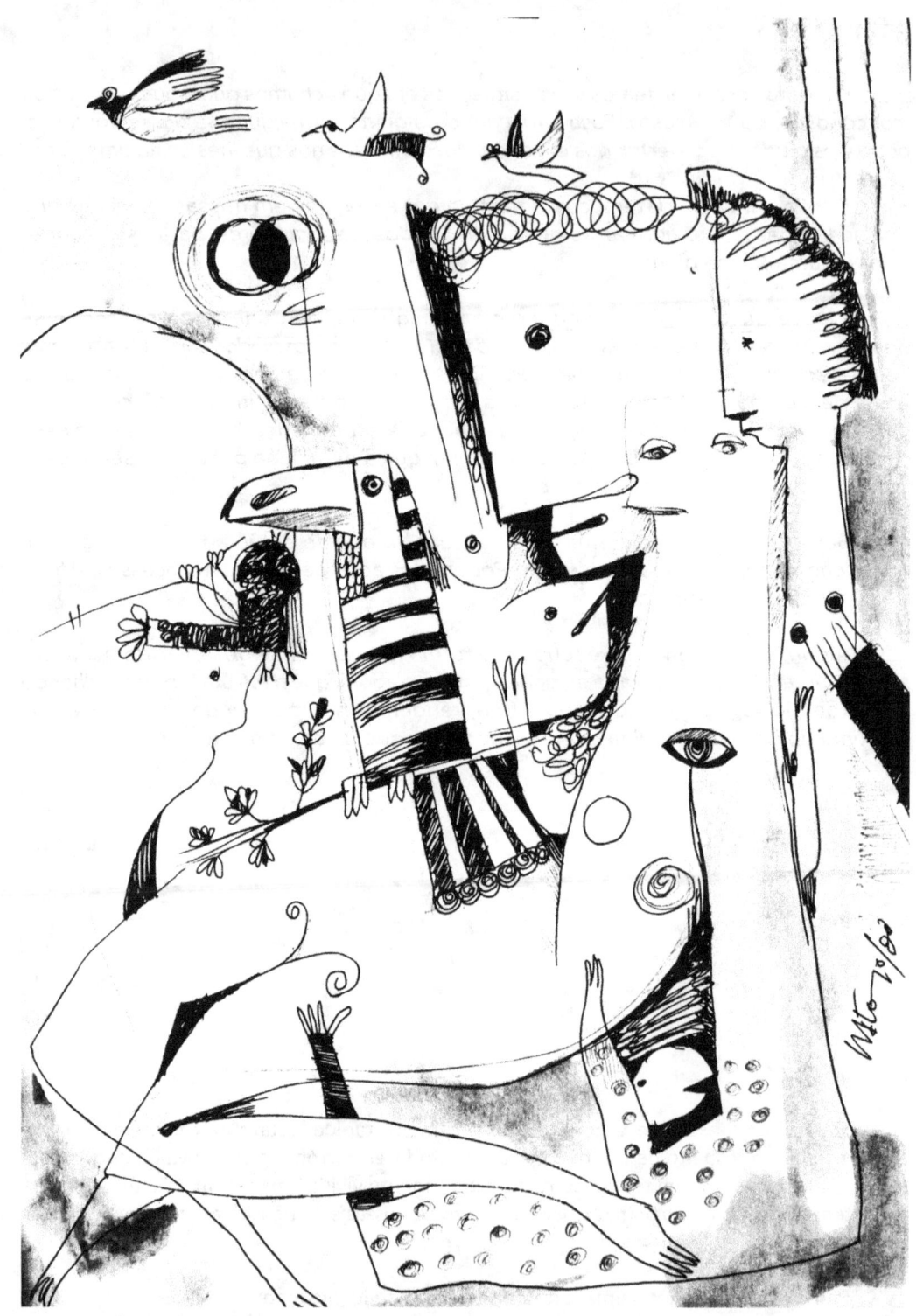

## DESEQUILIBRIO

*Entro num turbilhão de pensamentos e não consigo entender o propósito da vida. Quase nunca chego a entender algum tema filosófico em sua totalidade. Os por que, as causas, a procedência dos sentimentos, o sofrimento. Na realidade, não sei com certeza o que tenho que fazer aqui na vida. Quiçá seja simplesmente viver.*

*Por verdadeiro, não recordo ter pedido viver e estar aqui. Posso afirmar que sinto medo quando algo me desequilibra; então confundo-me e quero fugir. Parece que a raiz é que me custa aceitar, amar, me amar.*

*Observo para compreender e tentar ser, para aprender a amar ou ao menos, para ser consciente de quando amo e de quando não, para assim poder chegar a entender algum dia em profundidade de que trata tudo isto de viver sendo um humano.*

*Em ocasiões uma sensação de inconsciência parece que me arrebata a energia, então começa o dança da vida, da observação, da aprendizagem, da incompreensão, da ilusão por viver e por me descobrir.*

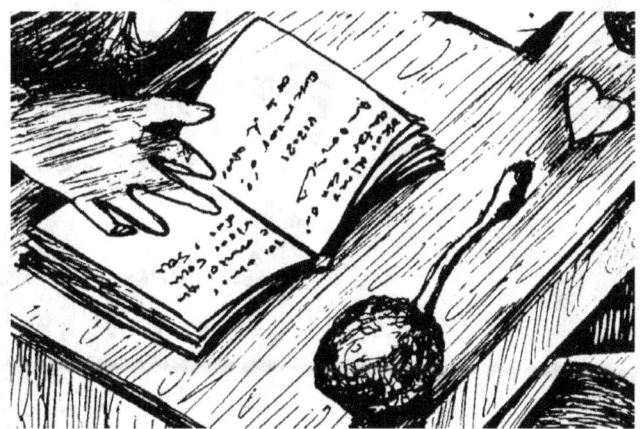

*Granada, 2017.*

Tentava observar-me e compreender por que às vezes estou em paz e outras vezes sinto medo. Observava quando é a serenidade a que chega e quando é o sofrimento.

O medo chega a partir de uma não aceitação, ou a partir de um desacordo com algo que sucede. O sofrimento chega quando nossa mente cria um pensamento em oposição ao que se dá, ao que é. Esse pensamento provém do ego, seria interessante ser consciente desta situação, entendendo que a maioria do sofrimento provém de pensamentos criados e que não se ajustam à realidade, sina a uma realidade inventada por nossa mente. É simplesmente entender que a cada pensamento não é mais que uma proposta. O sofrimento é simplesmente uma interpretação errada que fazemos de algum instante da vida.

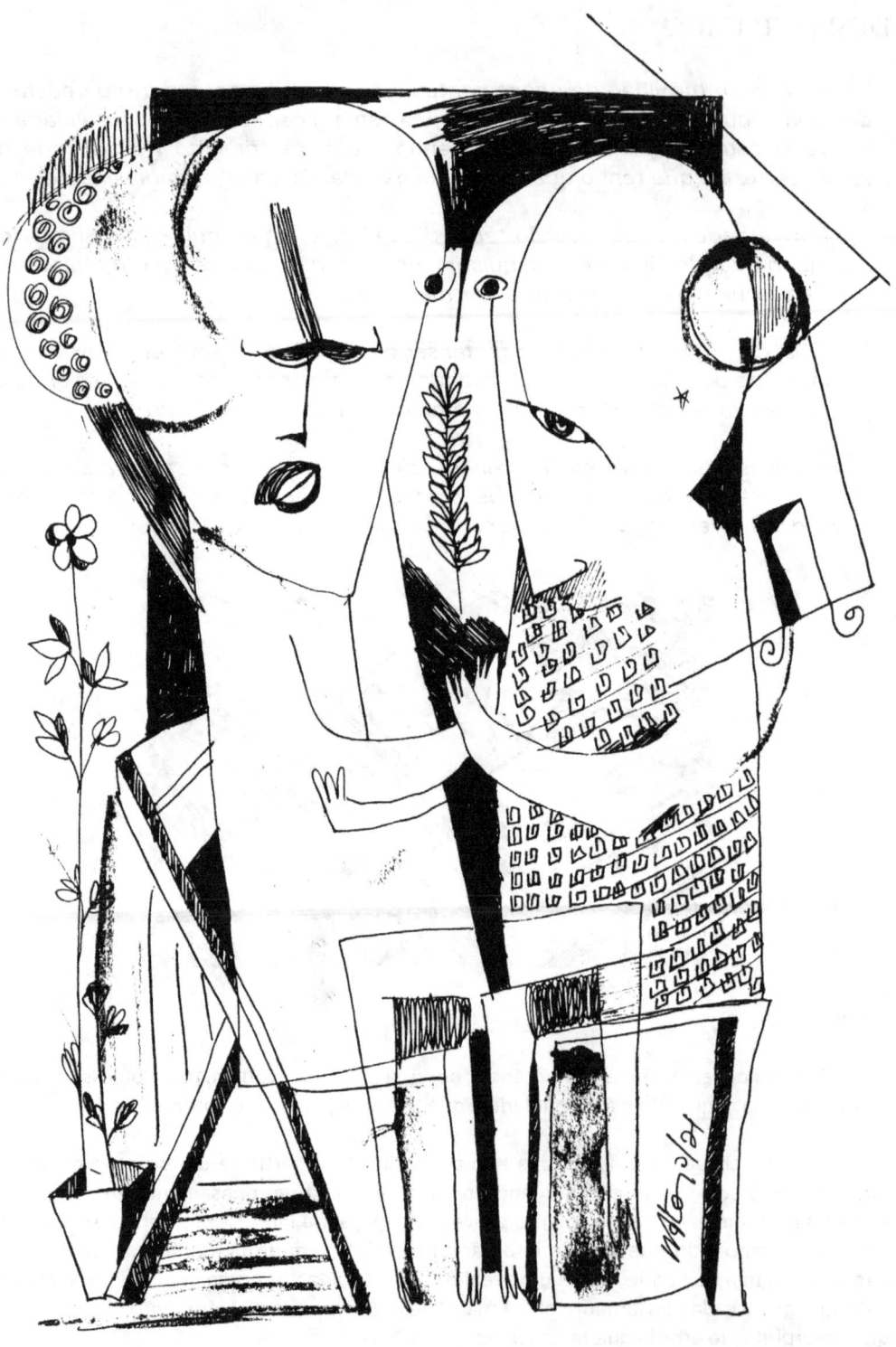

# PISCA

*1.- E se armassem-te de valor e olhassem um pouco para além? E se decidissem-te a saltar ao vazio e amar? E se por uma vez te levarem ao vazio sem pedir uma rede? E se por fim entendesses sem tentar compreender? Ese decidissem-te a deixar-te ser e amar-te? Já sei que não sabes que passará se te animas e o fazes, mas no mínimo averiguar as essa parte de ti cheia de luz, que tanto custa sacar de nosso interior.*

*2.- O medo é o sinal que indica que estás ante uma possibilidade para crescer.*

*3.- Se marcasse um objectivo de vida, supostamente, o que estás a viver será pior que o momento em que consigas esse objectivo. Não nos damos conta de que pensamos em função do que cremos. E passamos a perseguir o que cremos quando somos os criadores do que cremos, assim nós somos o objectivo a atingir.*

*4.- Se pensamos na morte de uma forma isolada, separando com o pensamento o que acrescenta a imaginação, veremos que não é sina faz da natureza. E se alguém tem medo da obra da natureza, é que é um ingénuo.*

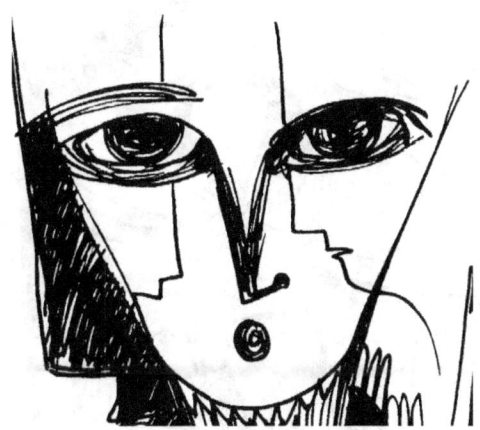

*Granada, 2020.*

Tenho aqui uns textos curtos que escrevia no móvel, em qualquer lugar, caminhando pela rua, num olhar, em momentos de solidão. São pequenos detalhes de meu pensamento que me pareceram interessantes e úteis para meu caminho pessoal. É possível que me ajudem a entender, a poder viver uma vida serena.

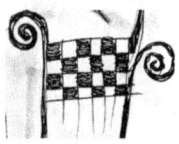

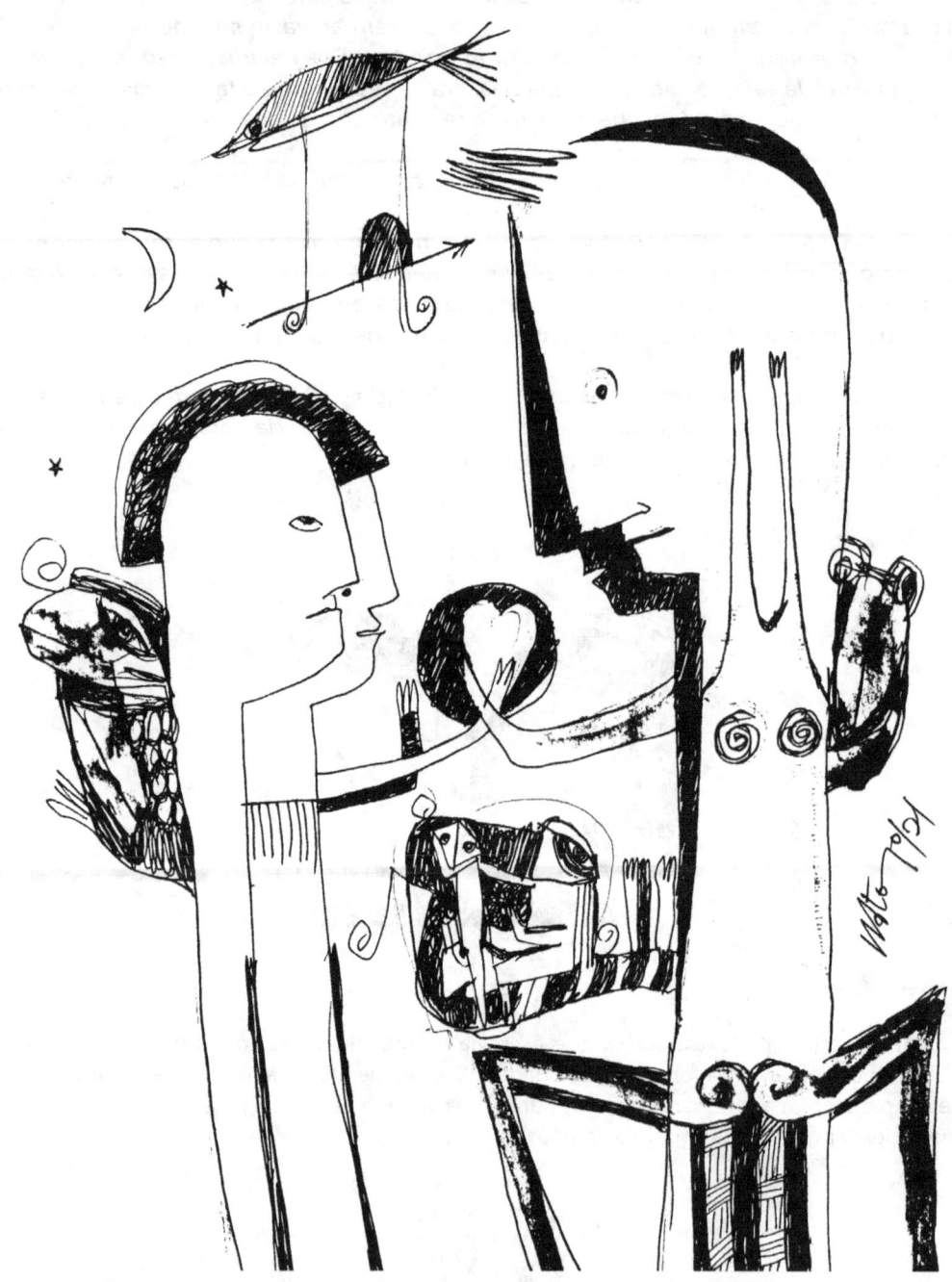

# HARMONIA

*1.- O desejo é a sensação de crer precisar algo material ou emocional, achando que isso te saciará.*

*2.- Ao morrer, só nós levamos a libertação de consciência conseguida durante a experiência de vida, a superação das próprias confusões, ou seja, o conhecimento adquirido, o que tenhamos conseguido amar. Nada mais, o demais é supérfluo, nos chegamos e nos ir-nos-emos. O que levarei comigo quando morrer? Só o que tenha dado.*

*3.- Se tenho liberdade tenho responsabilidade, se tenho responsabilidade é porque sêi, se sei, é porque aprendi, se aprendi foi porque consegui amar.*

*4.- A vida mostra-te a oportunidade de expandir sua consciência, levando a teus limites para abrir novas portas, ao menos temos a sensação de ser livres e de poder eleger.*

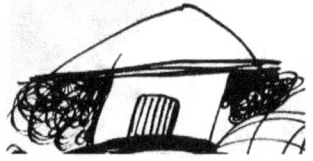

*Granada, 2018.*

Pequenos textos, pinceladas de minha mente, que aparecem na raiz da observação que utilizo no meu dia a dia. Simplesmente observo meus pensamentos, meus sentimentos, quando tenho paz, quando sinto medo. Assim vou entendendo quando amo e quando não, por sua vez costumo observar meus desejos, tendo presente que uma máxima budista é que o desejo provoca sofrimento. Difícil missão a de aprender a diferenciar o desejo da paixão e para muitos, é ainda mais difícil entender que o desejo causa sofrimento.

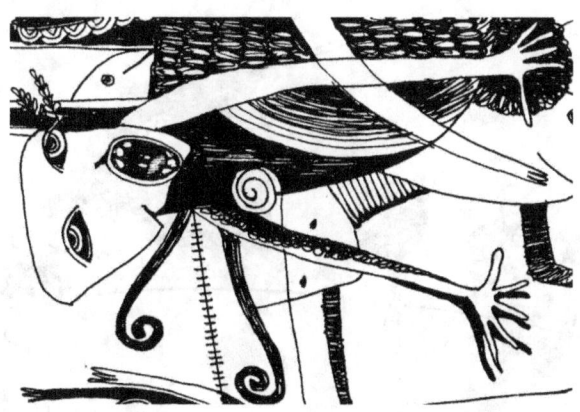

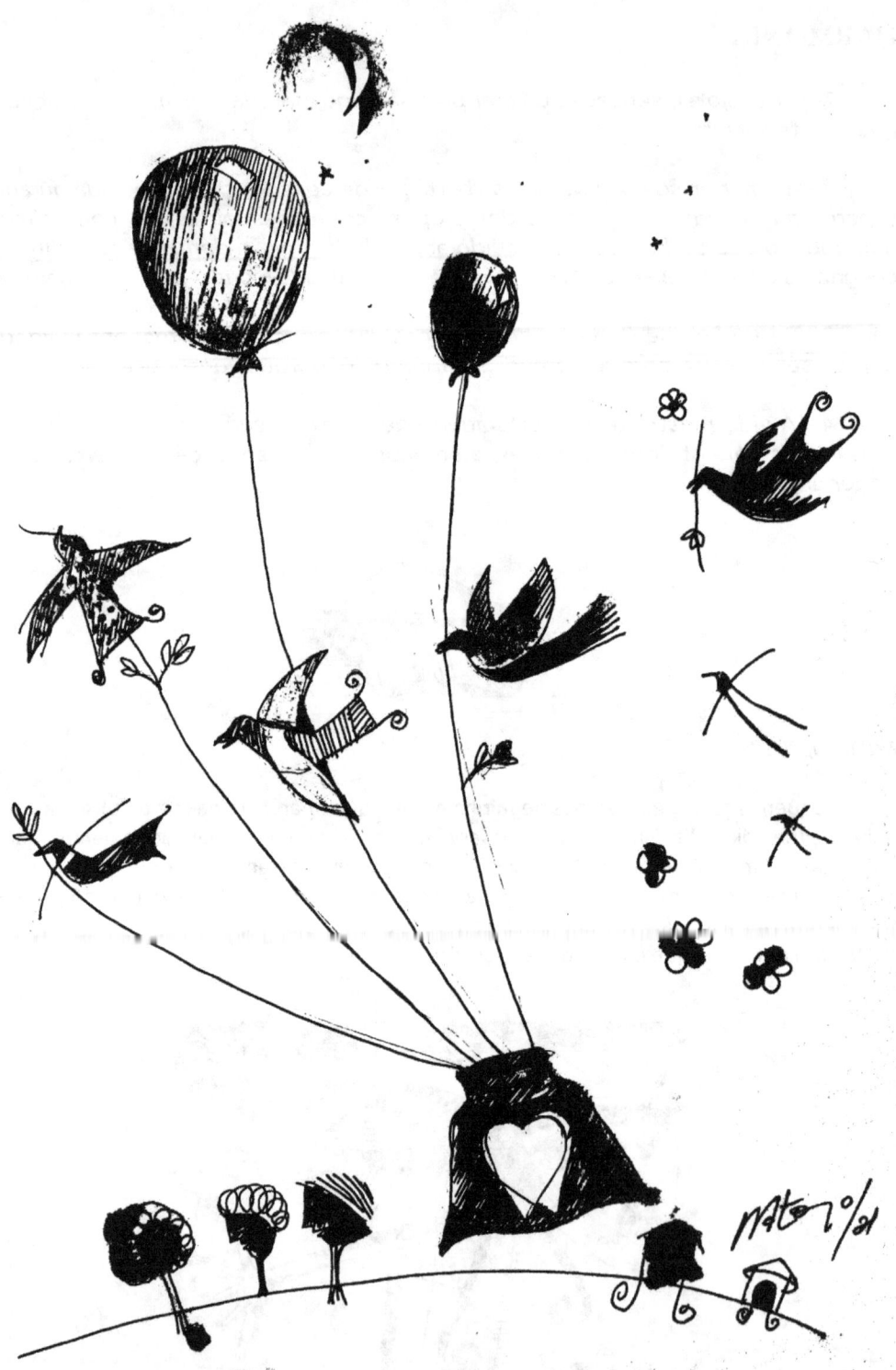

## CONSCIÊNCIA

*A consciência em minha opinião, é a capacidade que tem um ser vivo para ver e reconhecer a verdade em cada instante de sua vida, tanto no exterior, como em seu mundo interior. Quanto mais consciência tiver-se libertada, mais verdade será capaz de perceber, adquirindo uma frequência vibratória mais elevada.*

*O amor é capaz de abraçar o sofrimento. A consciência dá-te a oportunidade de ver tua sombra, a qual às vezes parece infinita. Resultaria interessante recordar que quando achas que uma dança tem terminado, o mais provável será que comece outro.*

*Em ocasiões pensarás, que quiçá tivesse sido melhor não estar no caminho da libertação da consciência, sobretudo pelo sofrimento que às vezes se dá neste processo no que deves atravessar tua escuridão. Mas essa sensação é parte do plano.*

*Esta vida, este jogo, esta aprendizagem é algo quanto menos mágico, algo difícil de compreender por nosso cérebro homínido e nossas consciências enjauladas. No entanto, o único que poderia assegurar é que nos encontramos no meio de um sonho, do qual acordamos, de uma dança imaginário cheio de amor e sofrimento.*

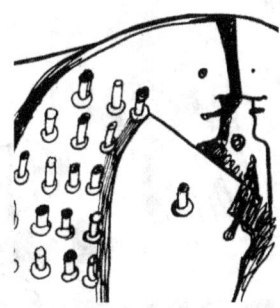

*Granada, 2017.*

Às vezes, enquanto vivo, creio estar a sonhar, acordado só em ocasiões, quando me observo e consigo estar presente ao agora. Olho atenciosamente através de minha consciência e observo a claridade da realidade, situações que dantes não entendia se voltam a repetir em minha vida, mas agora as vejo com um prisma de pensamento diferente. Por exemplo, em alguma ocasião não pude ver que não aceitava algo de uma situação já vivida. No entanto, depois tenho conseguido vê-lo. A grande diferença é que antes sofria e agora quando consigo ver de uma forma mais consciente, o aceito e sinto paz. Entendendo que foi perfeito tal e como acho que passou.

É realmente uma sensação estranha, poder observar todas estas situações mentais que acontecem a diário em minha vida e em parte também são uma motivação extra quando a recompensa é a paz.

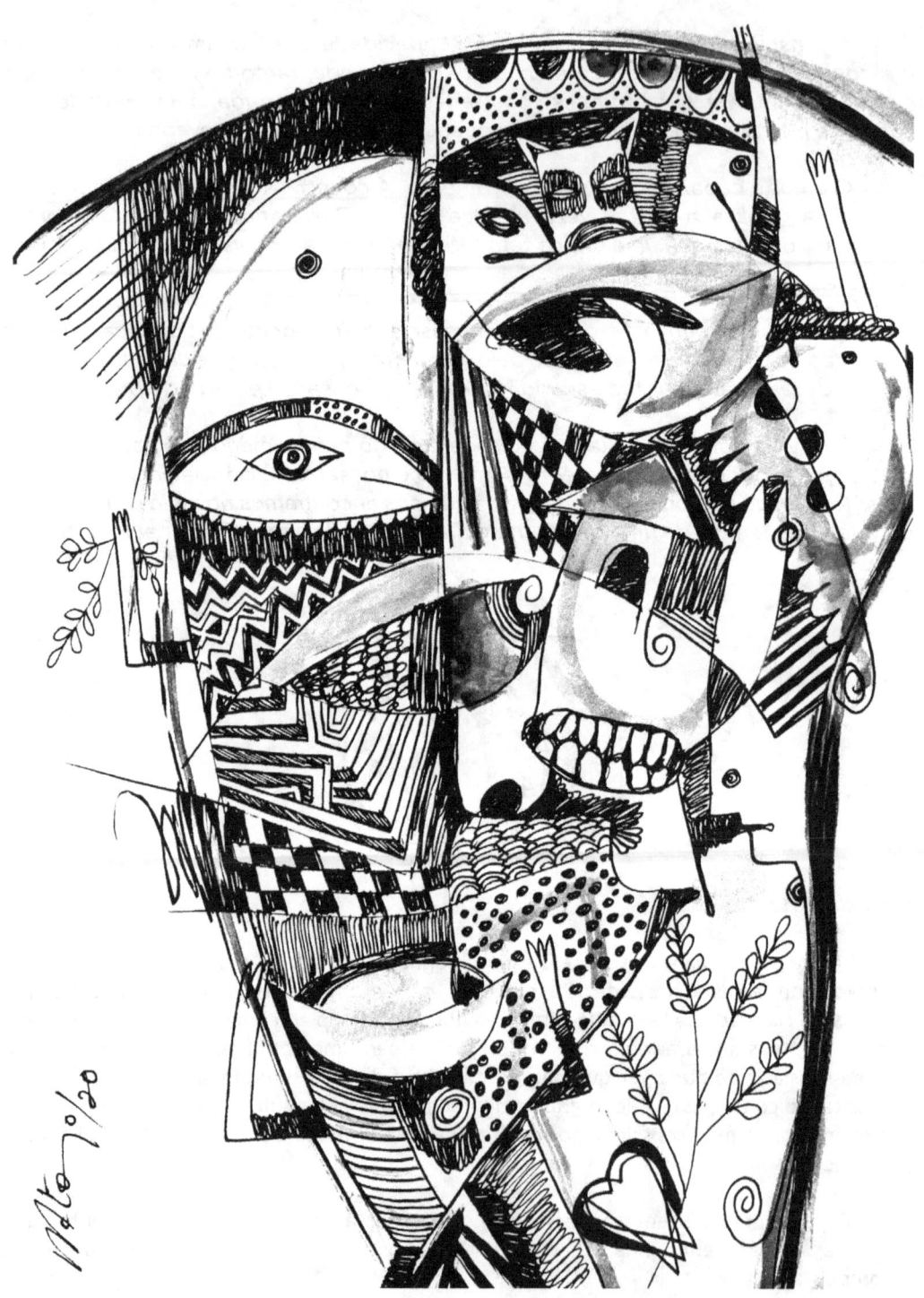

## QUANTO CUSTA PARA AMAR

*Quantas vezes em nosso dia a dia não conseguimos aceitar um pensamento ou uma situação própria ou alheia. Muitas vezes nos é impossível amar, simplesmente é falta de conhecimento, de consciência.*

*Em ocasiões, a consciência mostra-nos e oferece-nos a possibilidade de pensar nessas situações onde não temos amado. Faz-nos entender que não estávamos a aceitar algo e que não estávamos de algum modo tendo compaixão, que simplesmente estávamos a julgar ou quiçá, estávamos a dar e esperando.*

*Faz-nos ver que depois de agirmos sem amor perdemos a serenidade e simplesmente sofremos, sentindo medo. Uma forma para encontrar paz ou ao menos para não aumentar o sofrimento seria, não julgar quando não se consegue amar, seria não julgar seus próprios julgamentos, tentar não os crer e uma vez compreendido isto, seguir teu caminho de uma forma mais leviana, com um pouco menos de importância ou ao menos mais sereno e com mais clareza de pensamento.*

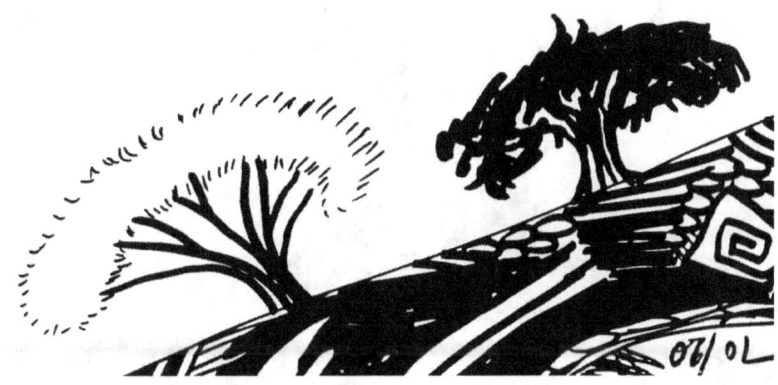

*Granada, 2018.*

Em várias ocasiões tenho podido contemplar o homem vivendo sua vida com uma grande dificuldade à hora de amar e viver em paz. Vejo-o com uma falta de conhecimento que lhe faz em ocasiões não ser honesto, nem com ele mesmo, nem com os demais.

Minha forma de pensar tem tendência socrática, mais especificamente compartilho com Sócrates a ideia de que todo o homem que atua com maldade ou desonestamente o faz por falta de conhecimento.

Qualquer homem, se tivesse suficiente conhecimento, actuaria sempre com bondade e honestidade, pois é o que maior benefício pode lhe trazer, entenderia que a bondade e a honestidade te tentam um estado de paz e, portanto, seria de néscio fazer desde a maldade e desonestidade.

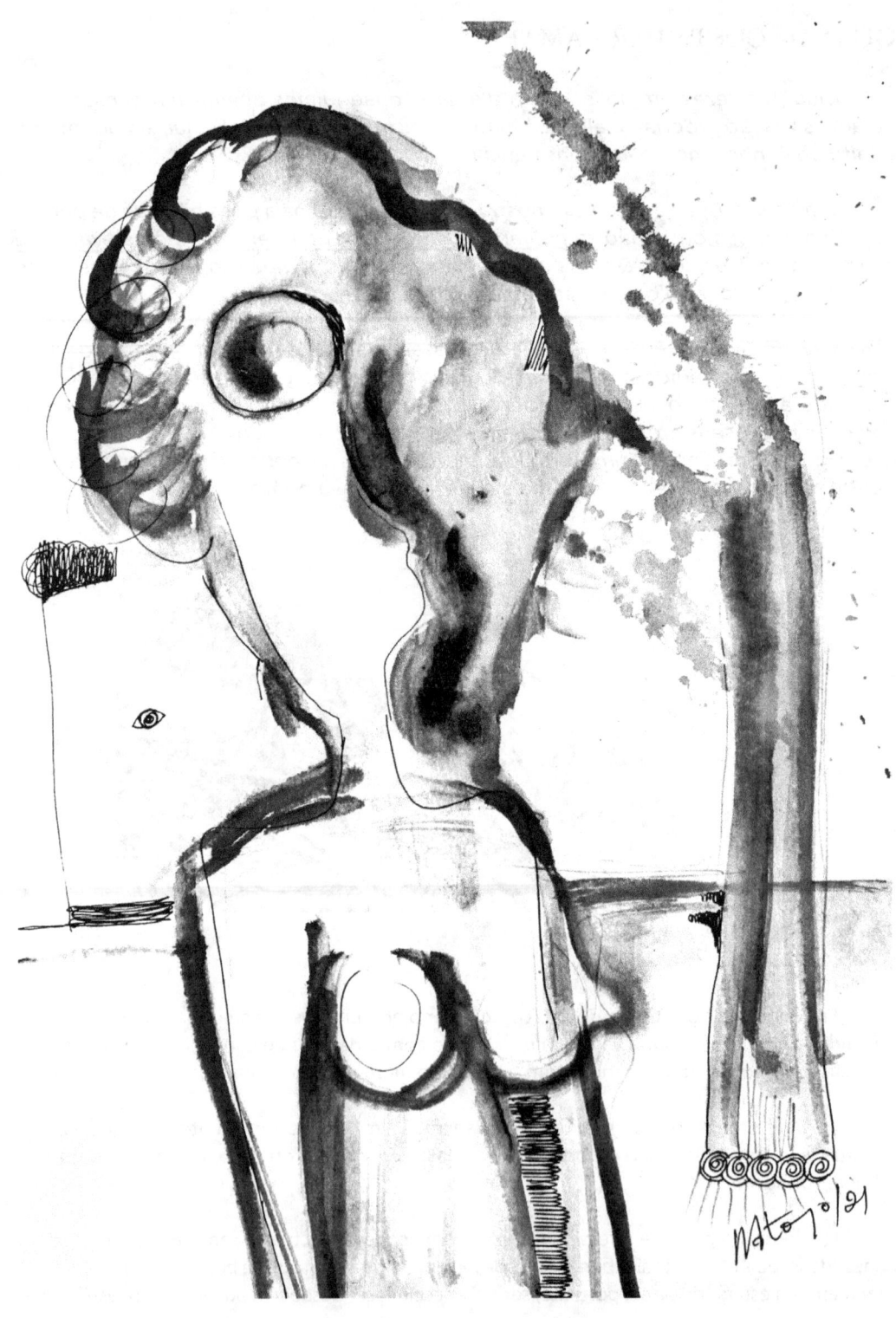

## PENSAMIENTOS

*1.- Uma vez mais a vida apresenta-se ante mim, posso sentir com o amor revoluciona ao meu redor. Minha consciência, mal me permite o observar em contadas ocasiões pelo momento. Esta, quiçá seja umas das poucas vezes em que consigo ver e sentir a verdade.*

*2.- Hoje descobri que o sofrimento é o efeito de uma interpretação irónica a respeito de instantes da vida.*

*3.- A vida é perfeita, sempre oferecendo justo o que realmente precisas, só precisas o ver, e assim poder o aceitar. Quiçá soe a um pensamento inseguro, conformista, no entanto, penso que é todo o contrário, um pensamento muito valente e oposto ao de seu ego.*

*4.- Talvez não sejas perfeito para o ego dos demais, inclusive às vezes não é para teu próprio ego, mas nunca esqueças que sim que é perfeito para o universo e para a verdade. Sim, tu que agora estás a ler.*

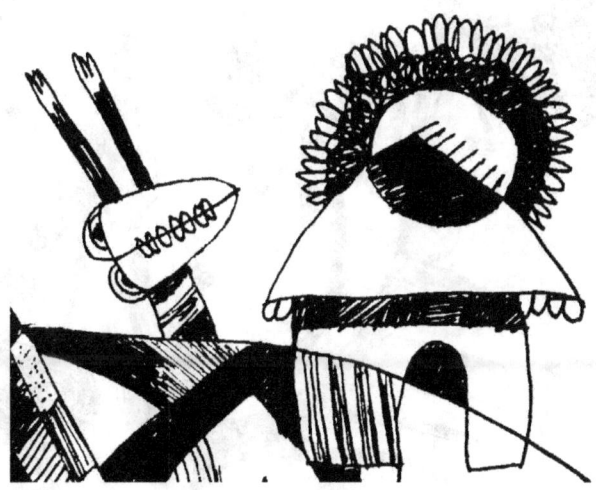

*Granada, 2018.*

Vários escritos que foram nascendo ao longo do mês de junho. Pensamentos que faziam ressoar um acordar de consciência. Pensamentos que foram nascendo de forma natural, que apareciam e me mostravam que há algo para além do que vemos com os olhos físicos.

A viagem da vida mostra-nos que há outros olhos com que podemos ver outros aspectos da nossa experiência, com os que podemos observar nosso interior, um infinito mundo interno que descobrir. Uma libertação de consciência que nos vai mostrando, tanto nossa escuridão, como nossa luz.

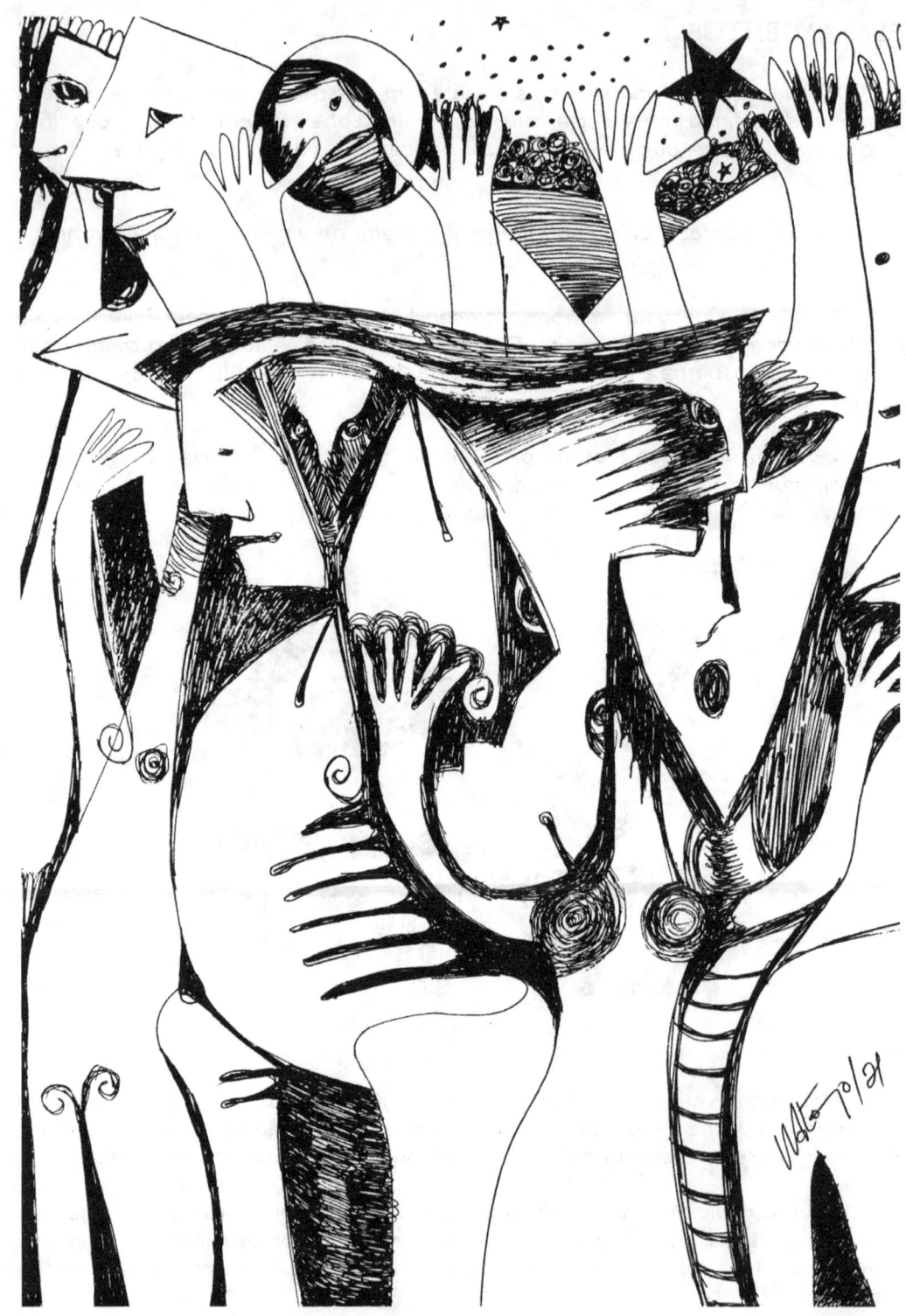

# RELAÇÕES

*Que difícil é às vezes ser empático e assertivo, e não danificar aos demais com tuas opiniões.*

*Somos seres complexos cheios de consciência e inconsciência que se relacionam entre si. Imagina como seriam essas relações interatuando, vivendo duas ou mais realidades diferentes numa inter-relação, crendo a cada um que leva a razão, se baseando muitas vezes na fé e em argumentos com os que se têm auto convencido, a cada qual em sua verdade, às vezes chegando sem conseguir ver nem aceitar a verdade do outro.*

*Em ocasiões quando amam, conseguem viver numa verdade comum e compartilhada. É complicado valorizar outro, quanto a suas confusões, capacidade de amar, e saber eleger que é como dizer as coisas, para não molestar ou ferir.*

*As relações nos a nós mesmos e nos permitem reconhecer nossas próprias feridas. Uma filosofia de vida que poderia nos ajudar a crescer é entender, que o reflexo que vejo em ti e não aceito, mostrar-me-á que devo aceitar primeiro em mim, e assim ir pouco a pouco reconhecendo nossas próprias confusões. Entender tudo isto quiçá ajude a ferir o menos possível ao outro, ganhando em assertividade e empatia.*

*Todos nós curando as feridas uns aos outros, nesta grande engrenagem de romanescos que alguém inventou, genial e louca ideia que é a vida.*

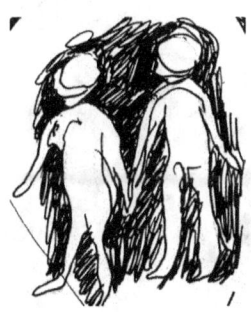

*Granada, 2020.*

Em ocasiões, sou consciente do dano que pode causar aos demais e tento evitar. Outras vezes não sou consciente disso. Aqui falo da dificuldade de saber ler a situação enquanto estas relacionando-te, em família, laboralmente, amigos ou com teu casal. Os experientes falam da inteligência social e emocional.

A melhoria para a mudança está em ti, em teu interior. Além de observar-te a ti mesmo, também observa os demais para saber mais de ti, sei a mudança que queres ver nos demais e no mundo.

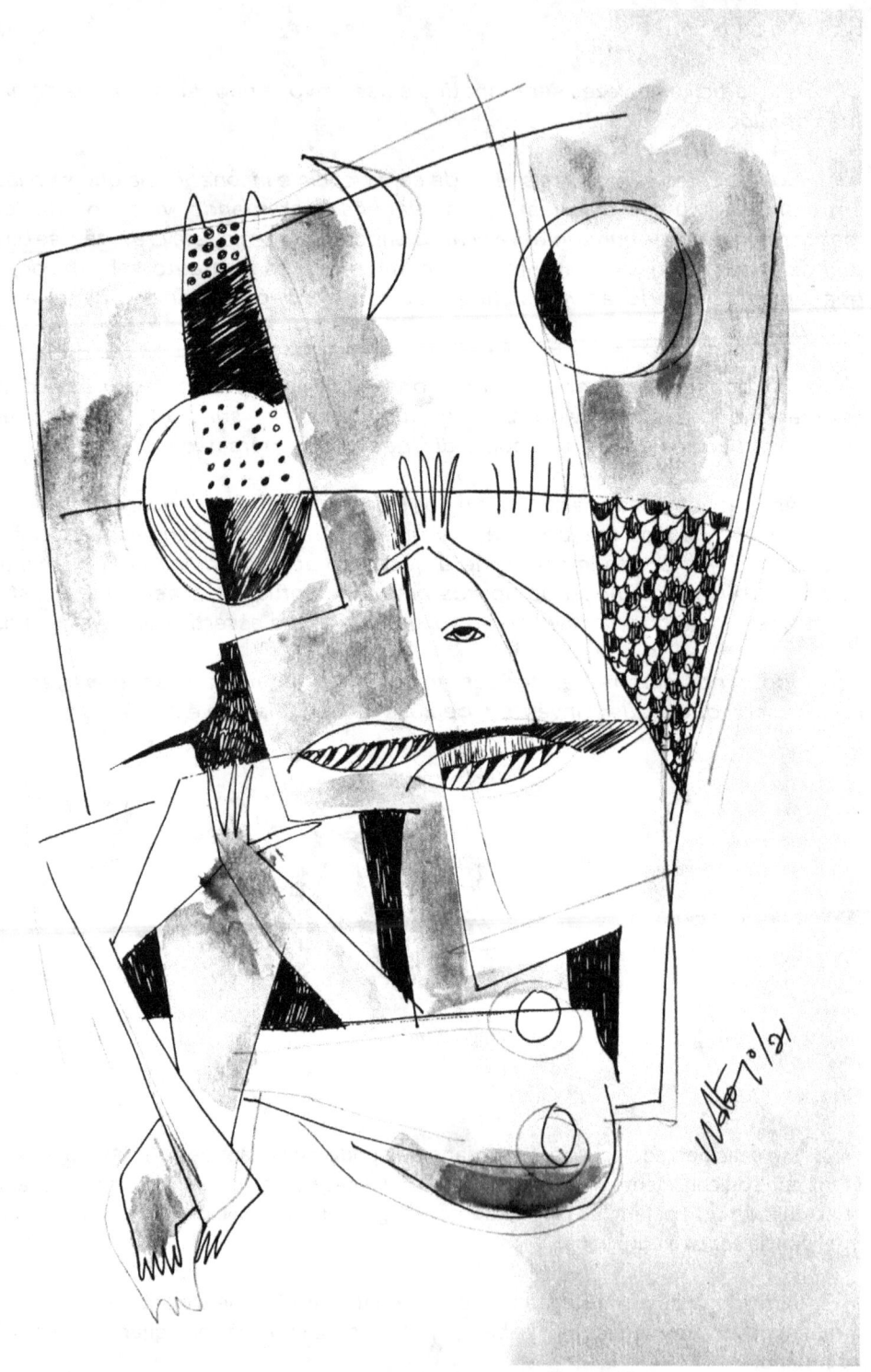

## DAR SEM ESPERAR

*Se dás esperando receber algo a mudança, muito provavelmente o único que obterás será sofrimento. Sera prazeiroso se o outro corresponde-te como tu queres, mas também pode ser duro se não te dá o que esperas.*

*Tua sensação de paz não depende do que recebes quando dás, sina que depende da intenção deste dar. Quando te sentes pleno e dás desde sua própria abundância, simplesmente compartilhar teu "presente" com o outro, sem esperar, e gerar abundância, pois sabes e sentes que és pleno e que não precisas algo mais para "te completar", "te encher" ou cobrir teu vazio interior.*

*Há uma grande diferença, entre sorrir esperando outro sorriso e sorrir porque assim o sentes, desejas o expressar e "o presentear". A vibração de necessidade e carência transmite-se a nível inconsciente e pode ser percebida facilmente por outras pessoas, de maneira que não é estranho que o outro se afaste ou te ignorar quando percebe que, em lugar de lhe dar, o que estás a fazer é o pôr em dívida contigo ou o obrigando subtilmente a actuar de determinada maneira.*

*O padrão conductual de dar esperando receber está enraizado na humanidade desde faz séculos e baseia-se numa profunda crença na escassez, além de indicar uma desvalorização pessoal importante. Tomar consciência dele em primeiro lugar, e começar a reconhecer nossa própria valia e abundância, sem necessidade de depender da resposta do outro para nos sentir plenos e satisfeitos pode nos ajudar a ver as coisas desde outra perspectiva e a instaurar um novo padrão baseado numa autoestima sã e numa abundância na que vou me convertendo e vou manifestando.*

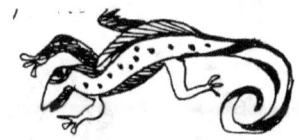

*Granada, 2018.*

Um texto que nasceu pensando numa das bases do amor que é dar sem esperar. Tentava entender por que aparece o sofrimento. Falo das relações entre a escassez e a abundância.

Trabalhe duro atravessando sua própria escuridão para reconhecê-lo e, assim, ser capaz de aceitá-lo.

Viajando entre trevas para a luz, a cada dia a luz cresce e alumia meu caminho, a cada dia mais para perto da verdade, encontrando a perfeição a imperfeição. Vou para ti observando sem pressa.

Tudo se reduz a dar sem esperar, aí reside a paz, no amor.

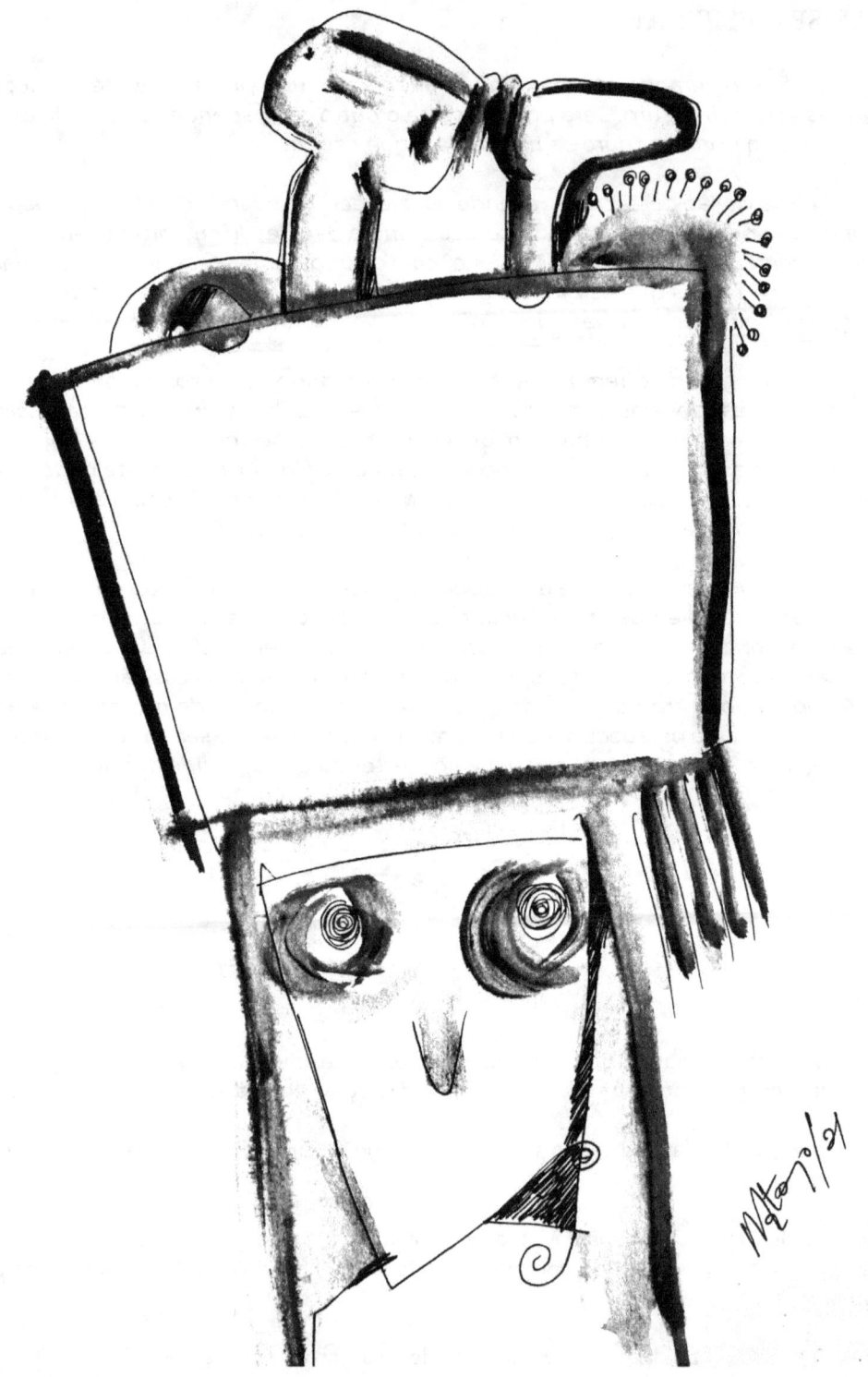

## QUANDO DÁS E ESPERAS ALGO A MUDANÇA

*É muito interessante quando numa relação íntima de casal ou de amizade, achas que estás amando ou dando sem esperar, mas na realidade, sim que estás a esperar algo a mudança. Igualmente, é interessante observar seus sentimentos após achar que tens dado sem esperar.*

*Esse sentimento de intranquilidade dado por tua expectativa de receber ou de ser correspondido pela outra parte converte-se em algo muito significativo, te indica simplesmente que não o fizeste por amor. A sua vez, quando dás sem esperar e consegues amar, encontras esse sentimento de paz.*

*Observando teus sentimentos verás como tua consciência te guia e com paciência poderás aprofundar para chegar à origem de tuas confusões, que são as que te dificultam poder aceitar a cada instante, assim quiçá chegar ao entender e atingir essa paz que só te oferece amar.*

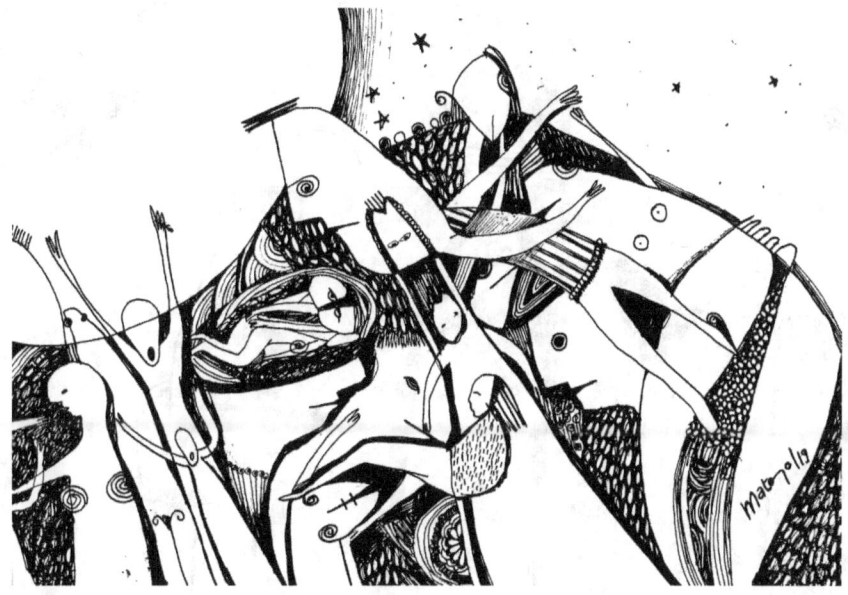

*Salobreña, 2018.*

Este texto escrevi-o pensando na diferença de dar sem esperar e dar esperando algo a mudança. É algo tão simples mas que tanto custa entender em nosso dia a dia.

Com o fácil que seria dar sempre sem esperar, no entanto, as confusões e o medo às vezes nos jogam más passadas, e ao nos sentir em carência costumamos dar com uma intenção, a de também receber. Simplesmente aceita tuas decisões e observa se sentes paz ou sofrimento, esse será teu indicador de se esperar ou não, de se o que fazes é por amor.

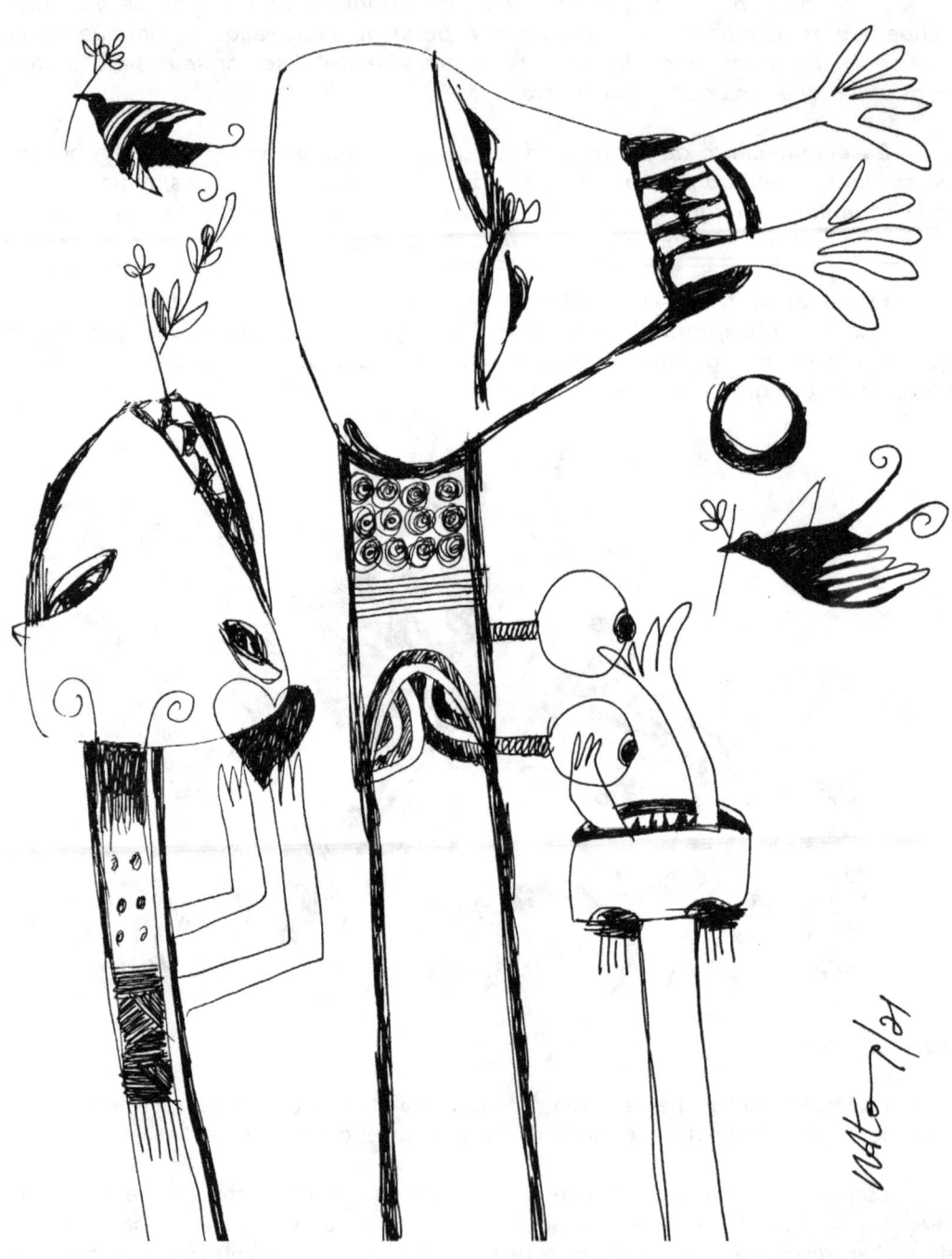

## DUAS REALIDADES

*Tento fluir, mas a confusão aparece de uma forma intermitente. Esses pensamentos confusos de impaciência: uma realidade mostra-se perfeita, otimista e cheia de motivação, mas sempre lhe acompanha outra realidade que aparece de uma forma intermitente imperfecta, pessimista e cheia de dúvidas, quiçá seja esse yin-yang que todos levamos dentro. Essa escuridão com um pouquito de luz e essa luz com um pouquito de escuridão que simboliza de uma forma perfeita o yin-yang, que representa essa dualidade que vive no interior da cada um de nós.*

*A principal ferramenta do meu dia a dia é observar-me permitindo-me sentir a cada instante. É um trabalho complexo, pois com frequência costumas-te perder na dualidade, às vezes é-te impossível distinguir que realidade é a que te oferece a saída à serenidade. Quiçá a chave seja aceitar as duas realidades sem julgá-las, observando-as como sábias colegas de viagem.*

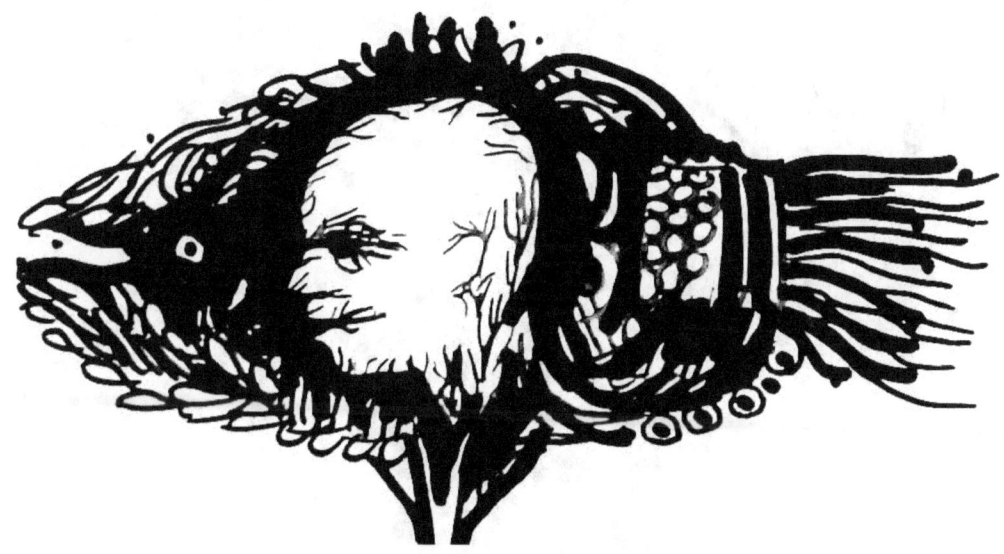

*Granada, 2018.*

Recordo aquela época quando me encontrava vivendo uns meses intensos, me custava fluir e em ocasiões o desequilíbrio me acompanhava.

Pensamentos constantes desenhavam-se em minha mente, misturavam-se ideias otimistas com ideias pessimistas e tentava observá-las para entender o que estava a passar com meus sentimentos. Consegui observá-los sem julgá-los, entendendo que faziam parte de mim e me ajudavam a me conhecer um pouco mais.

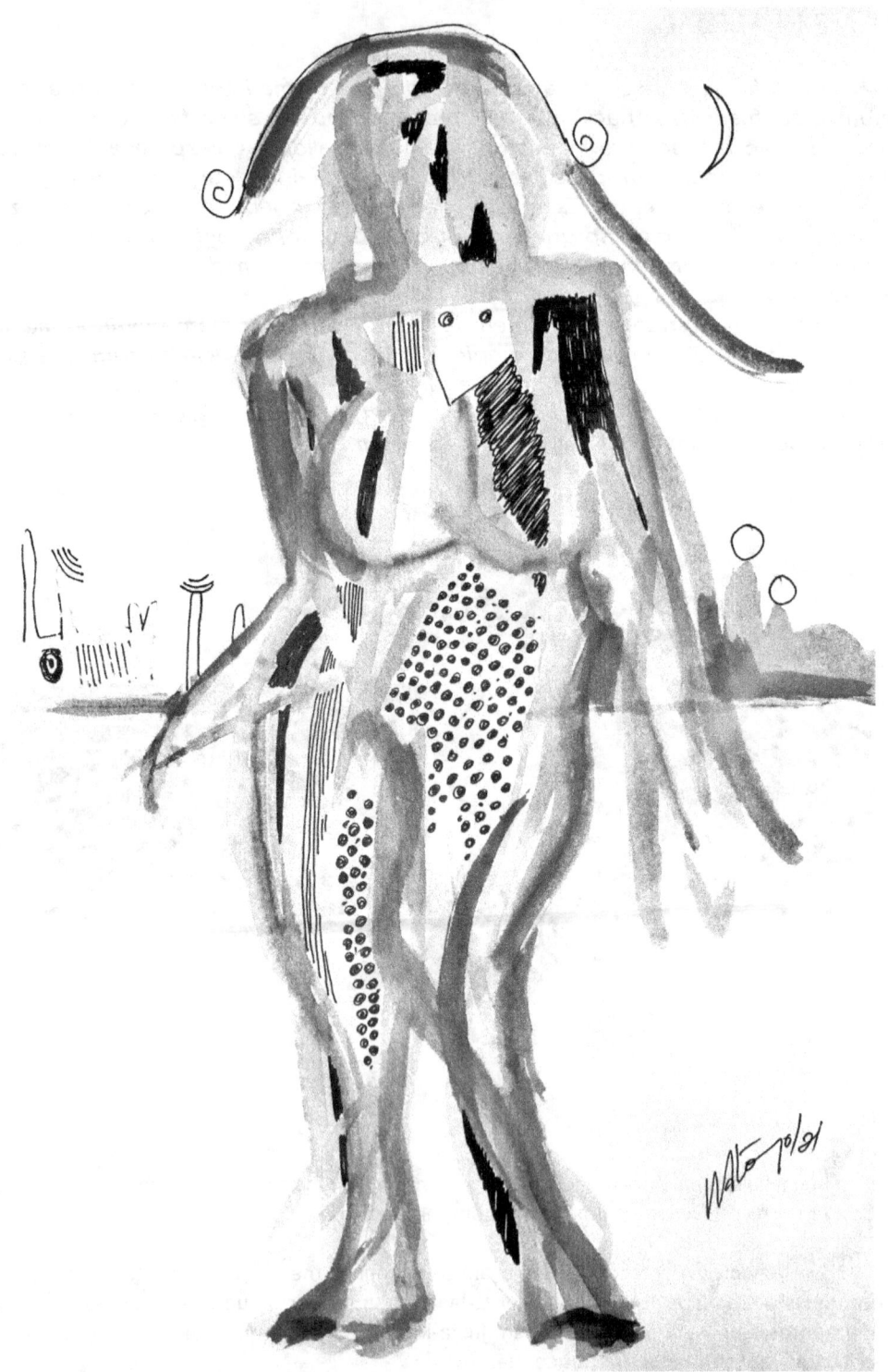

# MOMENTOS

*1.- Um dos actos de amor mais elevados que pode levar a cabo um ser humano seria que em cada encontro que tivesse com alguém, o olhasse como se fosse o primeiro momento que o viu em sua vida. Sem ter em conta o que se crê como bom ou mau vivido em comum anteriormente.*

*2.- Que bonito seria por fim entender que tudo é perfeito. Que quando algo é, que quando algo se dá, seja entendible ou não por ti, será apesar de sua interpretação ou posterior sentimento.*

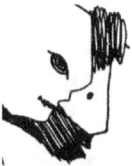

*Salobreña, 2018.*

Uns textos escritos em Salobreña, um de meus lugares favoritos para desligar e me recarregar de energia.

Começo falando do julgamento. À hora de relacionar-nos costumamos levar consigo o nosso eu histórico cheio de lembranças agradáveis e desagradáveis que podem condicionar nosso comportamento. Seria interessante aprender a estacionar esse eu histórico e relacionar desde esse momento, tentando não estar condicionados pelo anteriormente vivido.

Finalmente, falo de que independentemente de suas interpretações, sofras ou sejas feliz, a vida segue seu caminho perfeito. É só uma decisão a que deves tomar: a de abrir-te a viver tua vida, a permitir-te sentir e ser a cada instante.

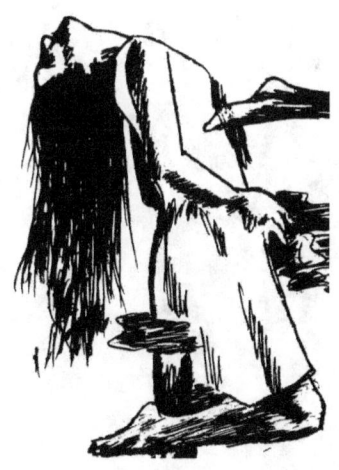

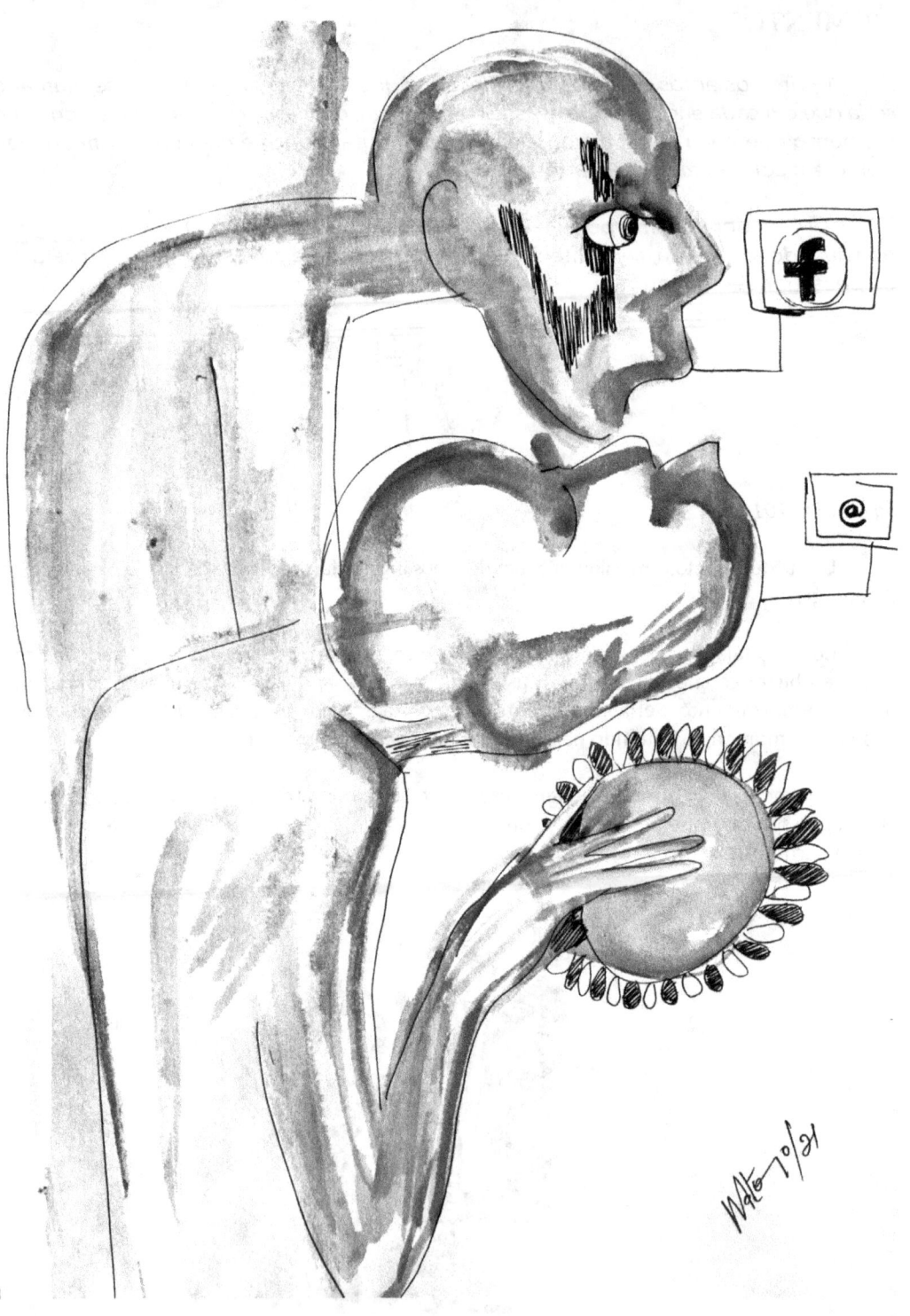

## ¿QUEM SOMOS?

*Por enquanto tenho chegado à conclusão segundo minha experiência de vida, de que estamos formados por uma parte física e uma parte etérea. Somos um corpo biológico formado de matéria vivendo no espaço-tempo. Parece ser que o corpo físico é habitado por umas energias que nos produzem sensações.*

*Poderíamos dizer que uma dessas partes etéreas que formam ao ser humano é o ego. O ego vai-se criando em nossa mente ao longo da vida, desde muito desde idade temporáira, é possível que desde antes de nascer desde as mentes de nossos pais. Parece ser que se forma a partir da influência cultural, social, educação, família, génese, experiências, traumas, etc. Assim criámos essa gaiola, nossa jaula etérea, que é o ego, essa jaula que em realidade sempre teve a porta aberta para poder escapar. O ego vai-se formando como um ente verdadeiro, e o que gera é conceituado por muitos como uma única verdade. Todo o sofrimento provém do ego, já que faz-te viver numa realidade sesgada da verdade, do amor. O ego faz com que convivamos no diário com nosso eu histórico muito presente e nos costuma distrair de viver em presença o agora.*

*Outra parte etérea que habita em nosso corpo físico, é nosso ser, essa energia que descansa em nosso interior, a qual observa em silêncio nossa vida. O ser não pretende mudar nada, sempre aceita sem excepção, seu maior anseio é nos fazer ver a verdade. Está cansado y se ama continuamente. Permanece em silêncio, é amor, poderíamos dizer que é nossa parte divina. Simplesmente observar nossos pensamentos, nossa vida, sem pressa desde nosso interior.*

*Existe outra parte etérea, podemos chamá-la consciência, metaforicamente falando poderíamos dizer que é uma das ferramentas que usa o ser para libertar do ego. A consciência é a capacidade que temos de ver a verdade. Quanto mais expandida, libertada ou aberta tens a consciência mais verdade perceberás, fazendo-te cada vez mais consciente do teu ego.*

*Em resumo, somos um corpo físico num espaço-tempo, onde habitam energias. Temos uma consciência que nos ajuda a libertar do ego. para poder ver e viver na verdade. Quando vivemos conscientemente no agora somos presença. Só se trata disso, de aprender a viver no agora, sendo cada vez mais conscientes da verdade, o que fará que o ego vá cobrando menos protagonismo e o ser se termine fazendo totalmente presente a nossa vida.*

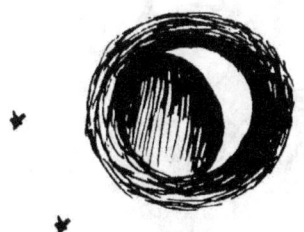

*Granada, 2018.*

Nesta escrita tenta-se explicar que somos, ou mais bem que energias nos acompanham no caminho de ser um ser humano vivendo uma vida. Falo do ego, da consciência e do ser, Todas têm uma função perfeita em nossa vida.

A importância de viver no agora de uma forma presente determinará tua paz. Ter o controle de tua vida em parte é entender que nunca poderás ter o controle de tua vida, aprender a viver na incerteza é chave, a vida sempre quer que improvisamos, lhe façamos caso.

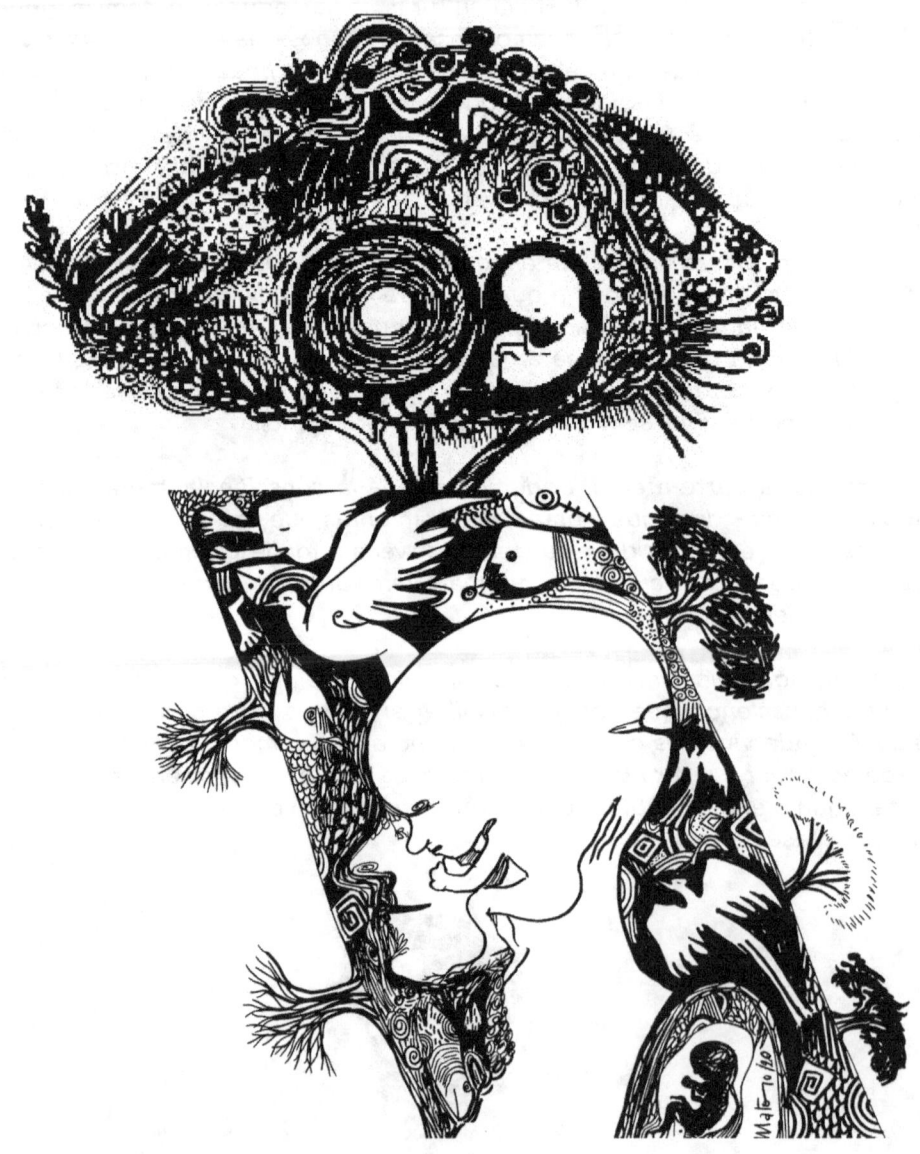

## TRANSCENDÊNCIA

*1.- Olhando no agora de vermelho acima de meu ombro, posso comprovar como fica atrás um universo cheio de emoções, vaivéns e aparentes aprendizagens. Vou-me adentrar numa nova época cheia de desafios pessoais, Um dos maiores é conseguir ser consciente de que não há nada que acrescentar e nada que tirar a cada instante de minha vida. Doce pesar é não entender o funcionamento da vida, sabendo que vamos para esse entendimento.*

*2.- Se soubesse a cada ser humano a transcendência que seu trajecto de vida tem sobre a consciência coletiva da humanidade, sorriria em paz, agradeceria e reconhecer-se-ia como o grande ser que é e que um "dia" decidiu, por amor, descer a esta vida, para viver a aventura de ser um humano.*

*3.- Próximo estas ao esquecer tudo, próximo de que todos se esqueçam de ti.*

*4.- Nada em tua mente é nem insuportável nem eterno. Se recordas seus limites e não o exageras com a tua imaginação.*

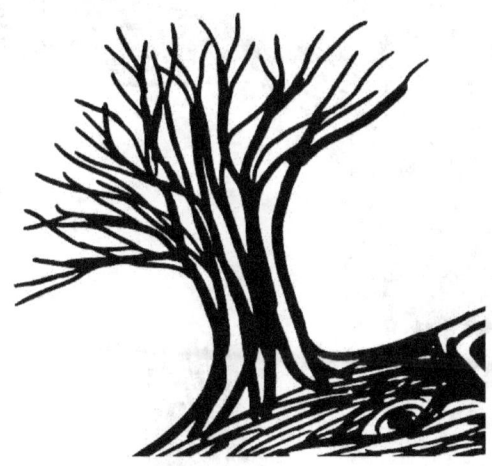

*Granada, 2019.*

Em ocasiões costumo anotar ideias filosóficas que se me ocorrem. Sou consciente de que, na realidade este livro o escrevi para mim. Gosto de ter ordenadas minhas ideias filosóficas para de vez em quando poder as ler e resgatar meus pensamentos.

Textos curtos onde falo de viver sem te crer teus julgamentos, do amor próprio, também falo da morte e do sofrimento.

Os dois últimos parágrafos são de Marco Aurélio, de seu livro Meditações, um dos melhores livros que li até o momento, graças ao presente de meu grande amigo Francis.

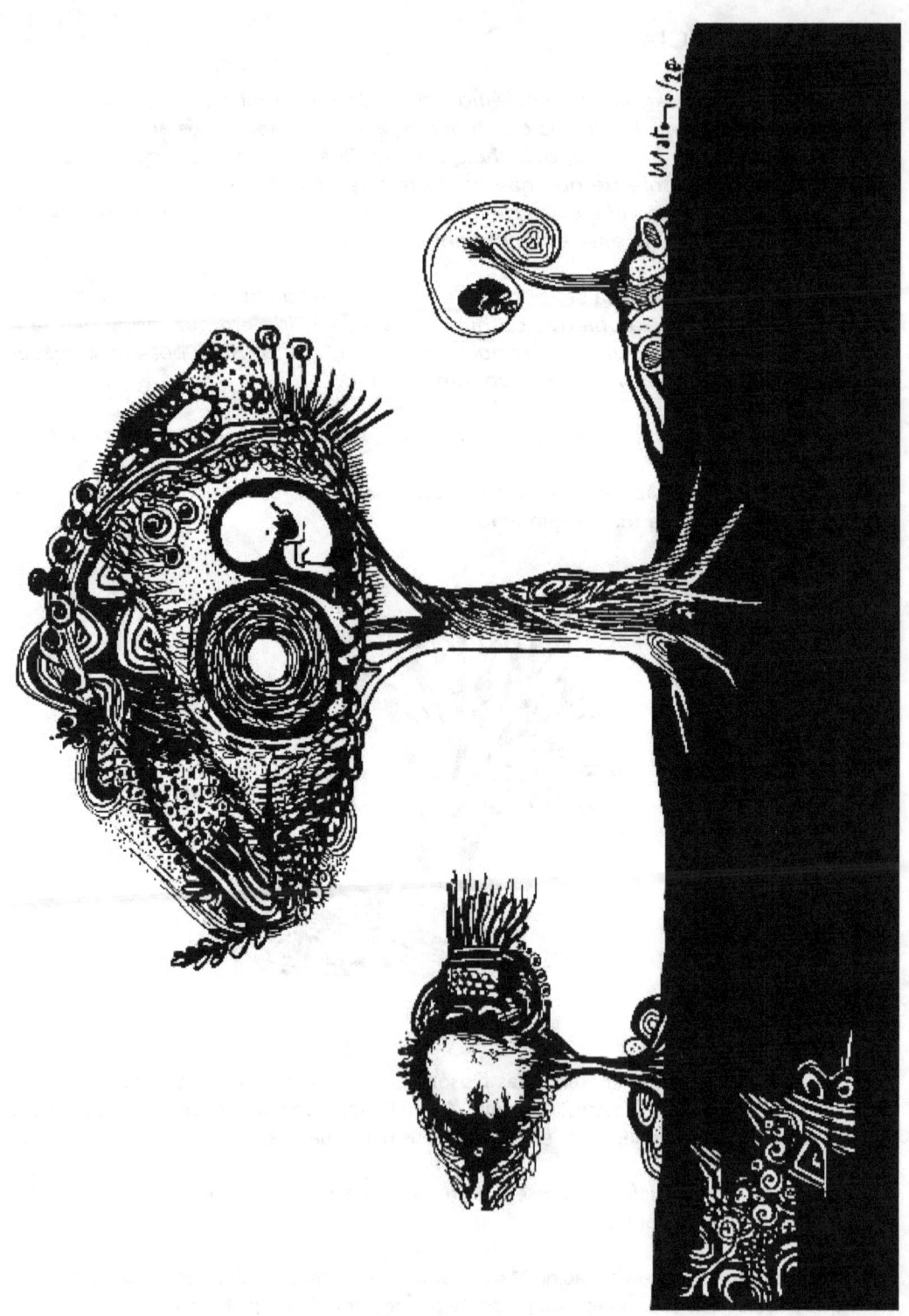

# TRANSE

*Quando a vida te demonstra que te falta humildade, o faz te demonstrando que em realidade não te conheces. Tenho notado que existe algo que parece incontrolável dentro de nós, algo que nos surpreende e nos mostra que em realidade não há limites, sina que a gaiola do ego sempre teve a porta aberta.*

*Os limites caem, o infinito assoma-se. Ninguém conhece a ninguém nesta, às vezes, incompressível dança hedonista. Grande responsabilidade encomendou-nos outorgando-nos a liberdade. Temos a responsabilidade e a capacidade de eleger aceitar ou não, e de respeitar que os demais elejam livremente sem encontrar oposição alguma por nossa parte.*

*Diria que uma forma de aceitação e portanto de amar seria que, num diálogo com alguém, respeitar sua opinião, ainda que para ti seja o disparate maior que jamais tenhas escutado, permite e respeita que exista a opinião do outro tentando não te crer o julgamento que pode aparecer em tua mente.*

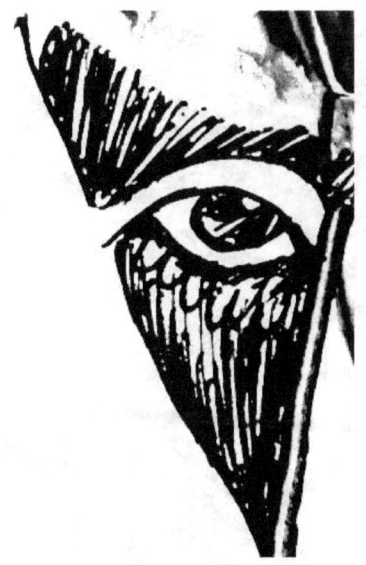

*Salobreña, 2019.*

Foi um dia mágico, encontrava-me praticamente só, desfrutava da praia de Salobreña. Estive a meditar umas horas, tinha pouca gente e tive pouca distração. Ao terminar estive a contemplar o entardecer e vieram-me alguns pensamentos, assim me dispus a escrever este texto.

Tive uma espécie de transe, pensava na vida, na liberdade e no respeito para os demais. Foram momentos muito sensitivos onde tudo parecia encaixar, como numa engrenagem de romanescos, desfrutar da solidão, quem consegue a conhecer em profundidade sabem que é bastante adictiva.

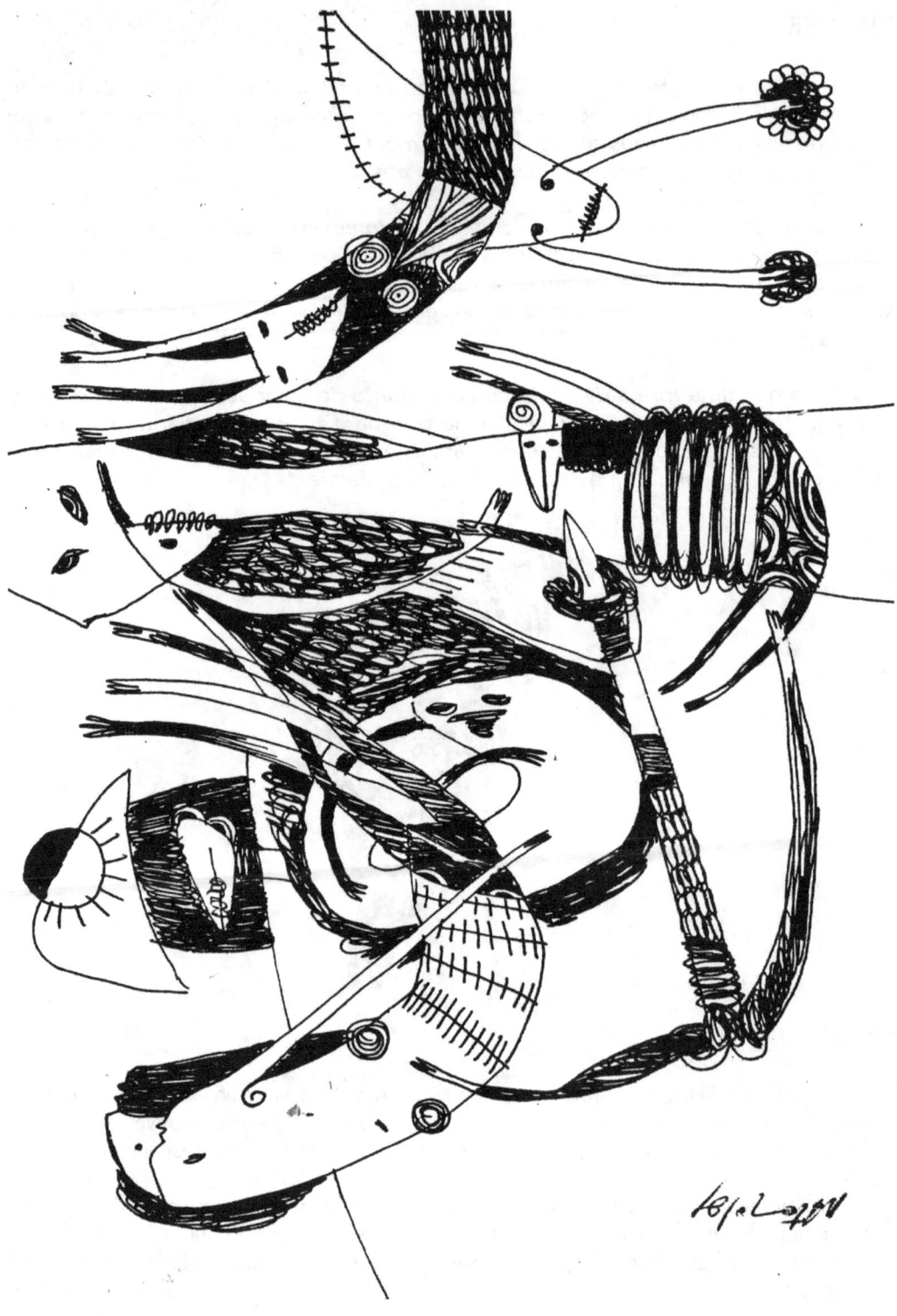

# FLUTUAÇÕES

*Há uma estranha sensação chamada ânimo que oscila em nosso interior. Segundo vives e pensas vai mudando. Observando estas flutuações que se produzem na mente, quiçá poderíamos chegar a entender como funciona nosso estado de ânimo, inclusive saber se há algo concreto que o faz oscilar. Por que há dias em que estamos mais animados que outros? O ânimo em parte dependerá de nossa capacidade para saber escutar nossos pensamentos sem julgá-los, a sua vez deveríamos estar atentos para eleger que pensamento fazer realidade, a qual lhe dar vida com nossa ação e qual simplesmente o observar o deixando ir. Tentar não acrescentar sofrimento ao sofrimento nos permitindo sentir, observando o que sentimos de uma forma imparcial.*

*O ânimo parece que depende das preocupações futuras, dos medos que arrastamos do passado e de como vivemos e aceitamos o presente. Parece ser que está estreitamente relacionado com a consciência, com a capacidade para amar e te amar: quanto mais aceitas, feliz e viver o agora, mais otimista e relaxado será teu ânimo.*

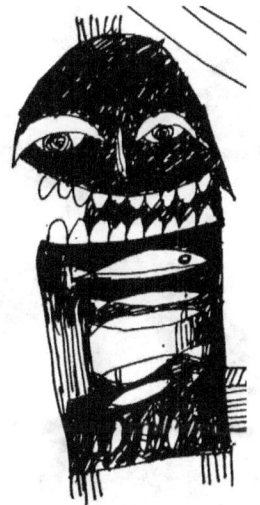 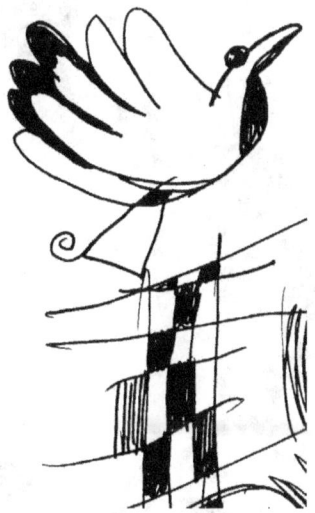

*Granada, 2019.*

Ao escrever este texto pensava nas flutuações que se dão a diário em nosso ânimo e em nossos pensamentos. Pensava em por que às vezes sem que passe nada externo muda nosso ânimo, tentava estar atento para determinar que pensamento era o que me mudava o ânimo, desta forma ir me conhecendo mais, para finalmente entender que do que realmente trata a vida é simplesmente de viver.

A chave é fluir e aceitar, mas, como o conseguimos?

Aprendendo a estar presentes no agora, entendendo que a cada instante não há nada que acrescentar nem nada que tirar e que a realidade é minha percepção sem acrescentar opinião.

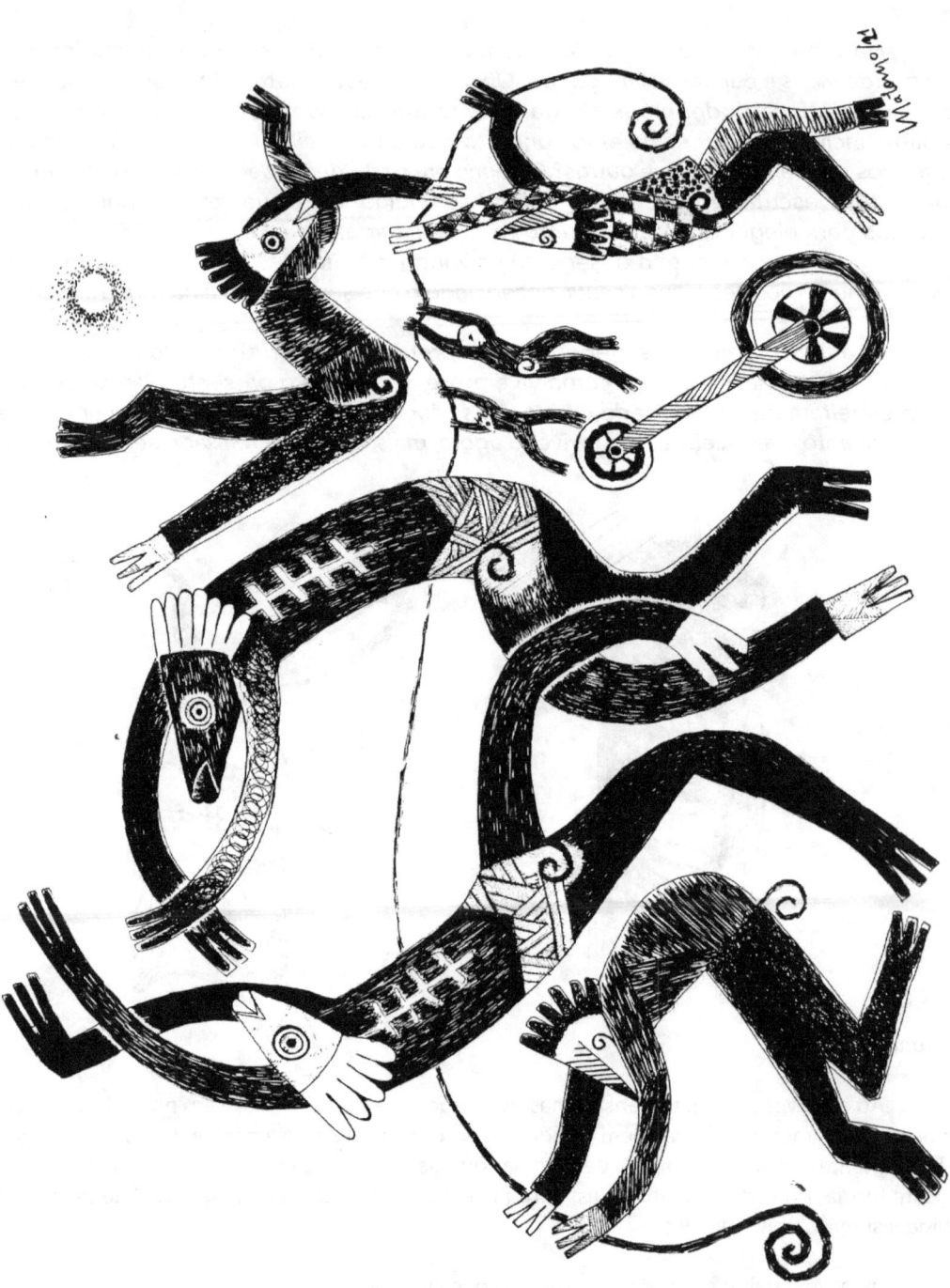

## SÓ VIVES POR FÉ

*Só vives por fé, pois não há certeza de nada do que vai passar. Não te fica outra que decidir crer por fé uma história que vais inventando, assim vivemos mais de sete bilhões de humanos.*

*É melhor alguém que está aliviado ou alguém que odeia? Talvez seja um exemplo dos extremos do ser humano, da transformação que estamos a viver, indo colectivamente de menos a mais consciência. Esta vida decorre sendo um caminho perfeito para cada um, que vai desde a escuridão para a luz. Tem sido necessária uma inconsciência para que cheguemos a ser conscientes e tem sido necessário até o último lamento de sofrimento para chegar a ser conscientes e amar, sentir a serenidade e chegar a nos alumiar. Sem crer na tua opinião ou julgamentos chegarás a ver a verdade desde onde reside o ser em silêncio.*

*Um ser iluminado ou um que odeia, quiçá nenhum seja melhor ou pior que o outro. Não podes aceder à verdade através de um julgamento, mas se pode aceitar seus julgamentos sem tos crer, poderás chegar a ti.*

*No entanto, podemos observar que se alumiar implica ausência de sofrimento, a sua vez, odiar sabemos que é uma bomba de sofrimento. Observando-te poderias entender quando vives aceitando, quando estás a julgar e quando estás a criar situações que provocam sofrimento para ti e para os demais.*

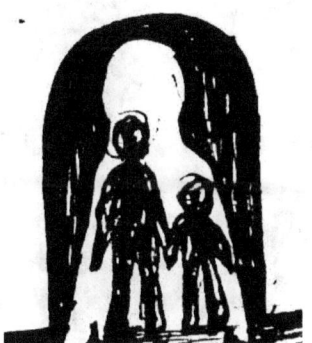

*Granada, 2019.*

Um texto que fala de que só vivemos por fé, já que o futuro é e será incerto sempre. Ainda assim, todos nos movemos por amor caminhando por essa incerteza que é a vida.

Diria que aprender a caminhar por ela aceitando essa incerteza, entendendo que tudo está no ar, é chave para poder viver em paz, saber que tudo pode mudar num segundo, por isso é chave a resiliência, que é a capacidade que temos de superar dificuldades adaptando à mudança. Entendendo que não há nada que acrescentar e nada que tirar a cada instante que vivemos.

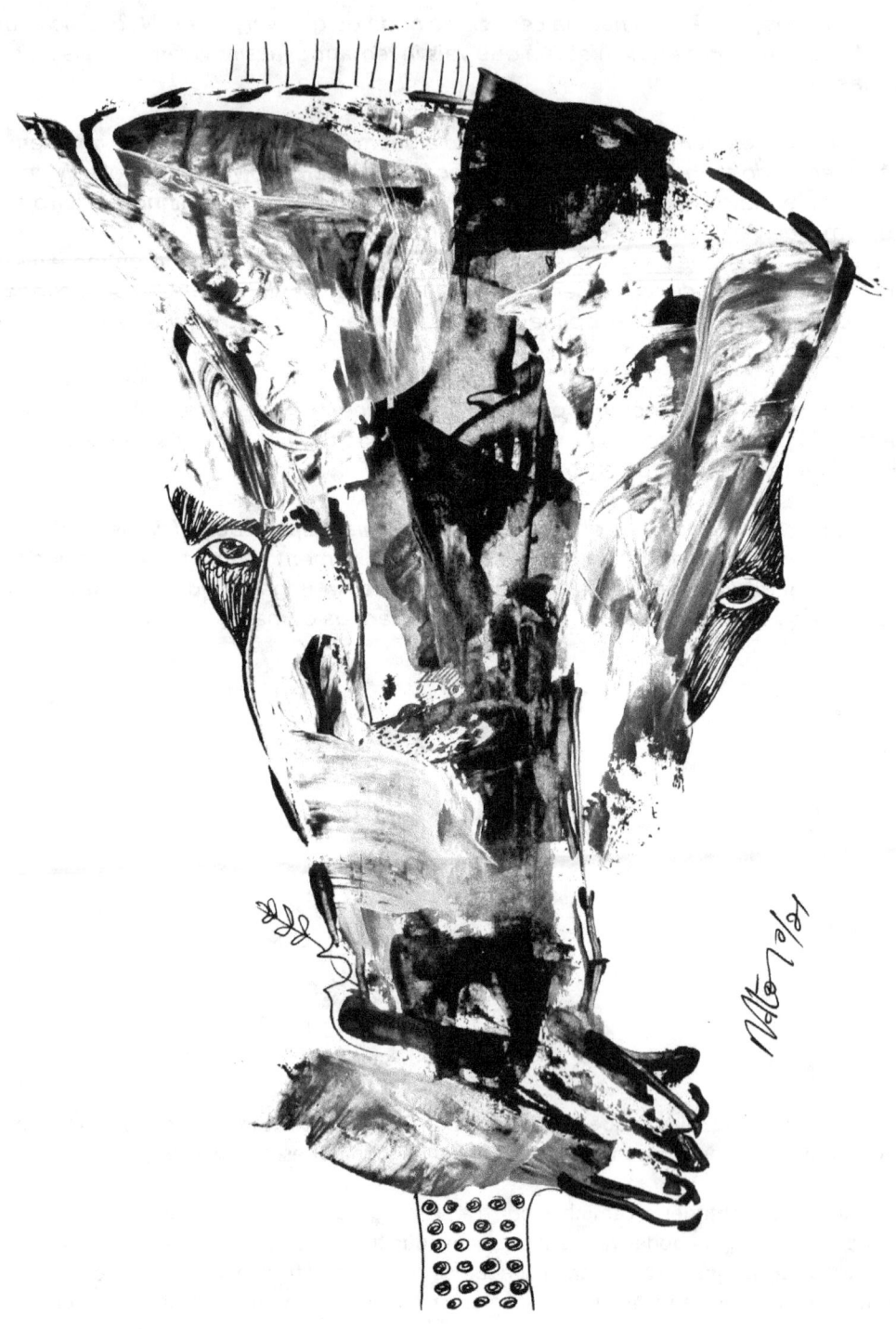

## PERCO-ME

*Observo minha vida: às vezes a consciência permite-me observar-me quando estou presente ao agora, outras vezes me perco no pensamento até que volta a aparecer o seguinte raio de luz.*

*Voo alto através do pensamento, divago, retrocedo, avanço e volta a sair o sol. Serpenteante imagina a minha que viaja se mostrando através do infinito até que uma vez mais volta a sair o sol para me fazer aparecer de novo no agora. Sim, no agora onde sempre ocorre todo e em onde a tantos nos custa estar em contínua presença.*

*A paciência é nossa maior aliada para enfrentar a espera de um sol que nos vai iluminando e ao mesmo tempo guiando através desses sonhos e trevas que vamos criando a cada um em sua própria vida.*

*Aceita voar entre pensamentos, mas não todos temos demasiado em sério, quiçá possas os usar como ferramenta para te conhecer, espera o raio de sol para que te ajude a entender, até que livremente possas escolher amar, enquanto, te faz amigo da paciência.*

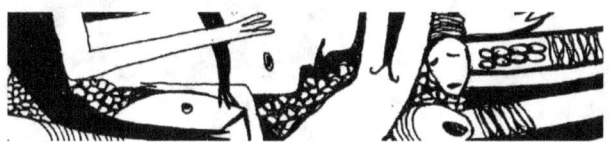

*Granada, 2019.*

Decidi escrever este texto após pensar a respeito da vida, de como seria estar presente a tua vida a cada instante, de como ou poder esquecer todo o vivido, tudo o que podes chegar a viver, e poder te centrar unicamente no instante presente. É a entrada a uma nova dimensão, entendendo que tudo está já aqui e agora em cada instante de tua vida. Esses instantes de aceitação e presença comparo-os com a luz do sol.

Produz-me uma estranha sensação pensar que sempre é agora, uma grande sensação de estranheza e assombro.

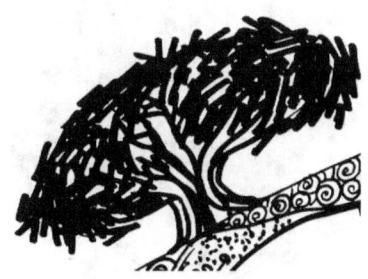

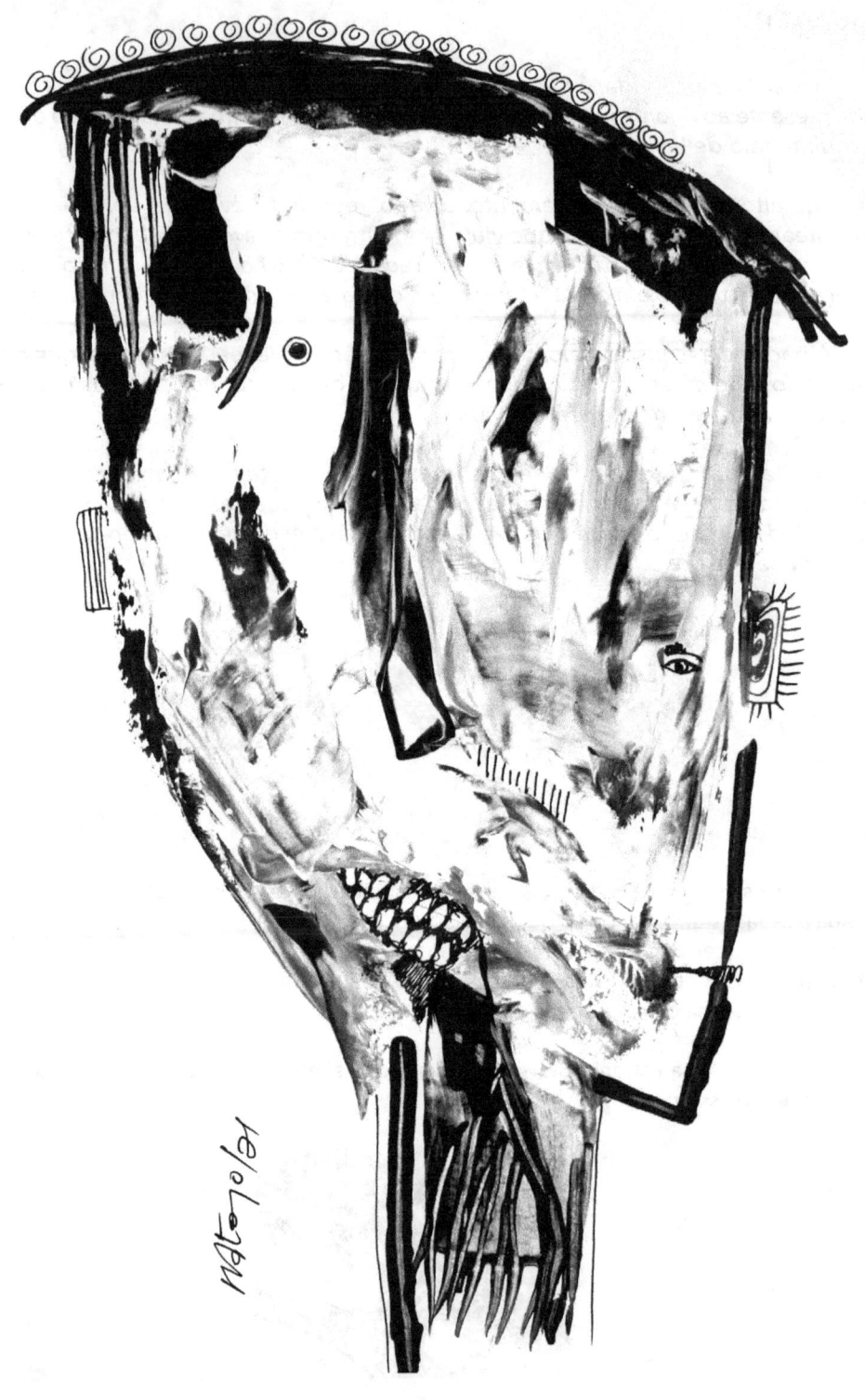

## OBSERVANDO-ME

*Nestes últimos dez anos tenho estado atento observando diariamente minha vida, meus sentimentos, emoções, decisões, meus pensamentos e em especial meus momentos de sofrimento e de serenidade. Com esta prática, às vezes fui consciente em meu dia a dia, de quando estava presente ao agora é de que muitas vezes me desligava do agora e passava longos períodos vivendo em pensamentos relacionados com o passado ou o futuro.*

*A observação de minha vida ajudou-me a começar a entender como funciona minha mente inquieta cheia de pensamentos constantes. Fui descobrindo que os pensamentos relacionados com o julgamento (algo está bem ou mau), com a comparação (algo é melhor ou pior), com a argumentação (procurar estar na posse da verdade), se criavam a partir do ego.*

*Uma prática de observação que nesta última década me proporcionou começar a entender meu pensamento, assim quando consigo estar presente ao agora e ativar minha parte consciente a focando no agora, observo meus pensamentos tentando não os reprimir nem os julgar, assim posso os escutar e os sentir, sem pretender os modificar. Faço-me perguntas para tentar compreendê-los, e assim chegar a entender de onde provem/provem essa paz ou essa intranquilidade.*

*Às vezes, quando observo pensamentos de bajulação de fitas-cola, de reproche... simplesmente entendo que não devo mos crer por muito reais que pareçam e os deixo em quarentena. É só esperar que volte a sair o sol.*

*Não precisas crer na verdade para que exista, no entanto, sim precisas crer na mentira para que esta possa existir.*

*Desta forma começo a pesquisar como funciona minha mente, um princípio de aprendizagem, o qual me ajuda a seguir crescendo e a entender o significado da palavra amor.*

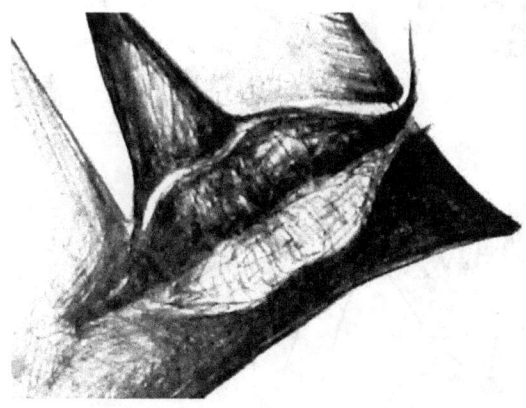

*Granada, 2020.*

Um de meus passatempos favoritos, observar minha vida, meus pensamentos e indagar neles para averiguar sobre minhas confusões. Se noto que sinto sofrimento lhe dou as boas-vindas e observo que pensamento me produziu esse sofrimento, tento ver se há algo que não aceito, se há algo que desejo ou se estou a criar alguma necessidade, etc.

Por exemplo, se detectar que há necessidade, tento entender que a necessidade nasce de uma necessidade que eu criei. Uma necessidade que acho que preciso porque de alguma forma não me basto e confio em que essa necessidade tampar essa necessidade de amor que tenho. A raiz do sofrimento que produz a necessidade é não amar a si mesmo. Fazendo este tipo de análise com nossos sentimentos podemos chegar a entender como funcionam nossas necessidades, e quiçá poder viver numa maior harmonia e paz constante.

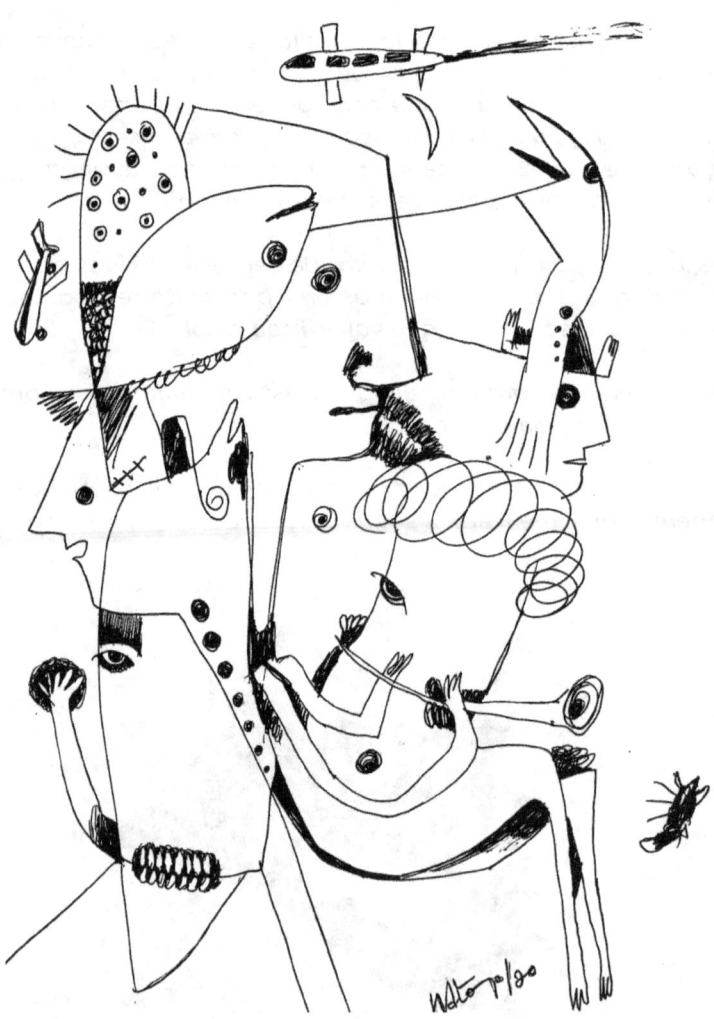

## ACEITAR QUE NÃO ACEITO

*Aceitar é amar, então, como se eu quando estou a aceitar? Quando sinto paz. E quando vê que não estou a aceitar? Quando sinto medo ou sofrimento. Observando teus sentimentos de uma forma honesta, sem julgá-los, poderás ir compreendendo como funciona uma mente humana, tua própria mente, inclusive uma vez aprendas ao ver em ti, poderás o reconhecer também nos demais.*

*Em minha opinião todos nós encontramos nesse momento de nos estar a acompanhar uns aos outros enquanto libertamos a consciência, para que de algum modo vamos acordar de um sonho. Ainda estamos a atravessar nossa própria escuridão, mas há brilhos de luz que em ocasiões nos permitem observar a verdade através do ser, e assim poder amar. Há situações nas que nos foi, ou nos é impossível amar. Se somos conscientes disso, poderemos entender que ainda não tivemos a consciência suficientemente livre ou nos faltou conhecimento. Enquanto, seguiremos caminhando e levando como testemunha de nossa falta de amor, medo ou sofrimento.*

*Mentalmente podemos nos situar num lugar afastado de uma situação para observá-la, podemos usar a observação de nossos julgamentos para poder compreender por que não temos podido amar. Poderemos tentar aceitar essa situação: se sentimos essa paz, tê-lo-hemos conseguido ou, ao menos, não acrescentaremos mais sofrimento ao sofrimento já existente. Se ainda seguimos sentido intranquilidade ou sofrimento, a chave seria tentar aceitar que não podemos aceitar, e esta foi para mim uma das chaves para compreender como funciona nosso pensamento, aí reside nossa dificuldade para observar a verdade. Tudo começa por conseguir amar primeiro nossa escuridão.*

*Todo a passa pela própria observação e a própria aceitação, uma vez entendido este funcionamento, podemos começar também a observar aos demais, com a intenção de lhes acompanhar amando neste caminho dominado em princípio pela inconsciência, mas do qual todos estamos a sair, a cada um a seu ritmo perfeito.*

*Temos um lugar privilegiado para poder observar que o ser humano sai da escuridão e se dirige para a luz. Só te acomoda e senta em seu interior, permanece em silêncio como único espectador de tua vida e permite o teu ser, o que observa em silêncio, sem julgamento, te mostrar a verdade. Não lhe temas a esse silêncio, é o que tanto estás procurando, é amor.*

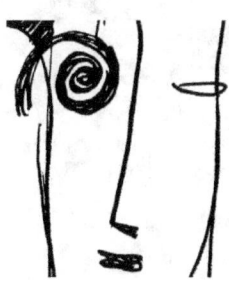

*Granada, 2020.*

Aceitar que não aceito e não julgar que julgo foram chaves que me fizeram entender como funciona minha mente. Em ocasiões chegamos a bloqueios mentais por nossas confusões. O ideal seria observar o que sentes, te retirando mentalmente da situação, observar desde tua ser, sem julgar se estás aceitando ou não, simplesmente aceitar qualquer situação que se dê.

É possível estar em paz dentro de uma situação de sofrimento ou incómoda. Esta consciência que se abre para a luz, fluindo por toda nossa escuridão.

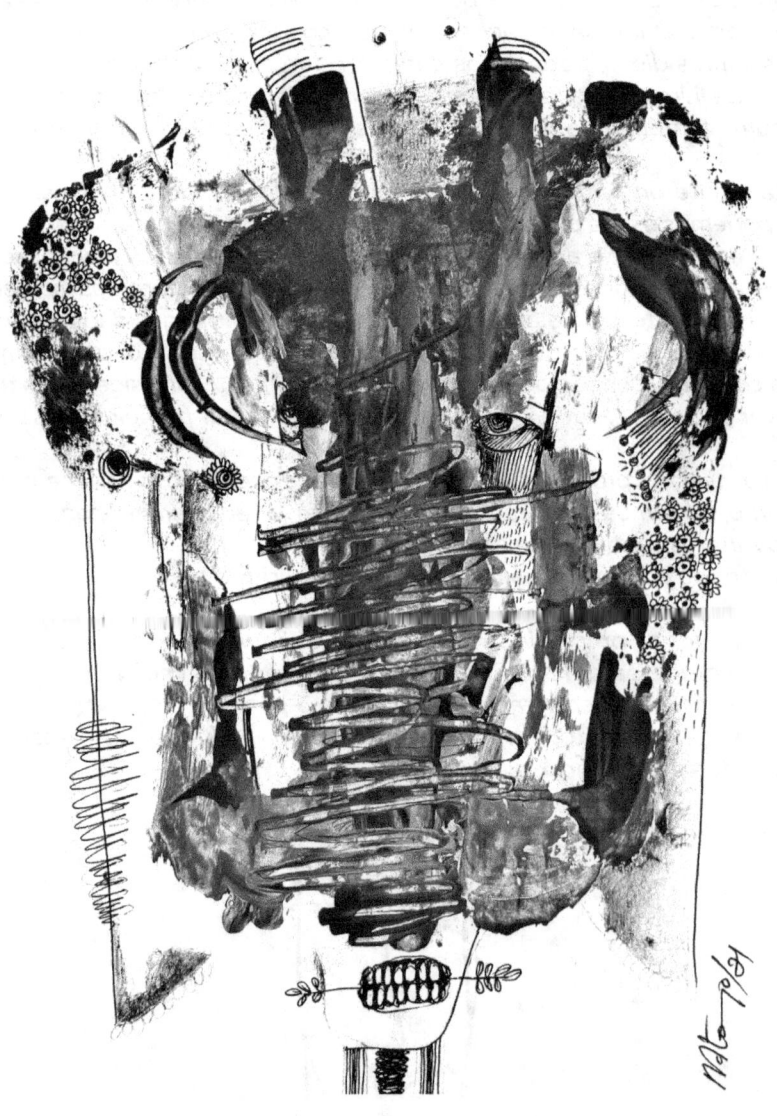

## POUCA CERTEZA

*Falando das crenças que nos acompanham a todos, (digamos que poucas pessoas sabem responder a perguntas profundas com total certeza), costumamos usar a fé quando ficamos sem argumentos para demonstrar a história em que cremos. Quem crê ter entendido algo da vida espiritual dificilmente pode lho ensinar a outros ou argumentar com total critério. Cada um leva seu ritmo perfeito para entender nossa parte espiritual. É uma parte que ainda não todos têm descoberto e aceitado, mas que de alguma forma todos respeitamos. É como essa pequena certeza que a todos nos move e nos acompanha diariamente, chamada fé.*

*Ninguém sabe com certeza que passará dentro de um minuto: ainda assim, a maioria seguem suas vidas como se fossem viver eternamente. É mágico, não me cabe dúvida, isto de viver enquanto tua consciência se abre e se fecha em sincronia com teu próprio coração. Quando se fecham, se fecham em progressão, ao uníssono.*

*Um yin-yang, uma escuridão com um pouquito de luz e uma luz com um pouquito de escuridão, que se dá no interior da cada um de nós, um dormir-acordar num sozinho bater. Aí reside a magia, a consciência, nosso caminho para o silêncio, para o amor.*

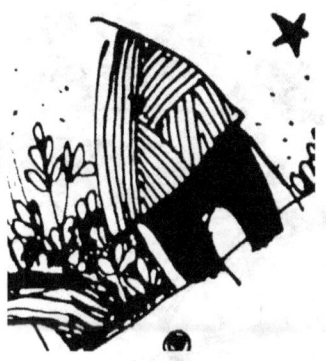

*Granada, 2020.*

Falo do difícil que é ter certeza de algo, de poucas coisas posso ter certeza, uma delas seria a ideia de que tudo está em contínua transformação.

Podes tentar guiar em tua vida e organizá-la, mas todos sabemos que a vida manda e por muitos planos que faças e por muito controlo que pareça que tens sobre ela, te costuma demonstrar que, ao final, ela é independente aos planos que cria teu ego. Permite que tua vida se faça cargo de tua vida. Às vezes trata-se mais de fluir e menos de entender.

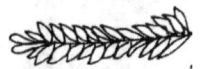

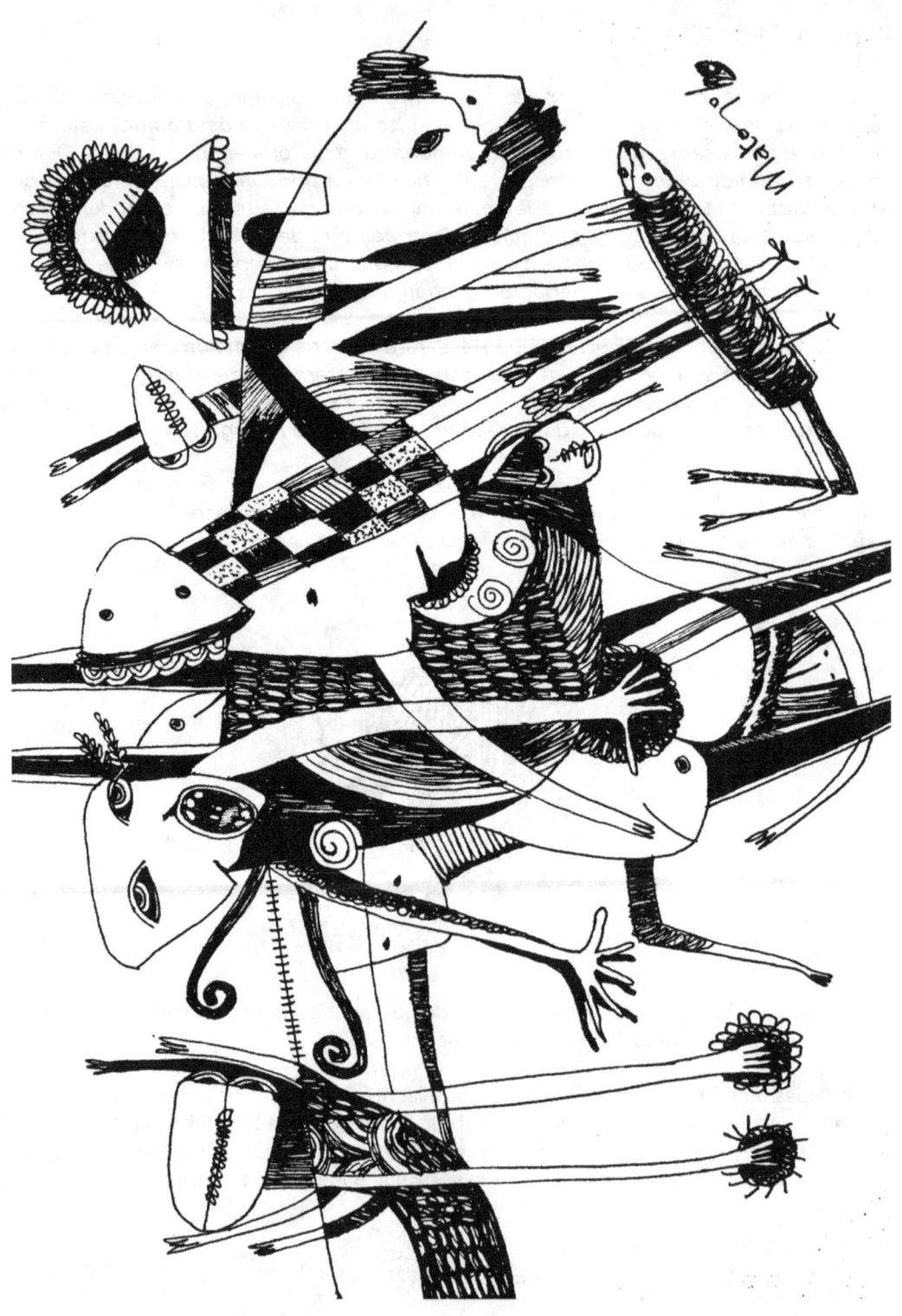

## VAI SER?

*Entendi que a tristeza fecha o coração. Será que a tristeza e não aceitação andam de mãos dadas? Será que amar e te sentir conectado são o mesmo? Será que estar presente tem que ver com ligar?*

*E se eu me abro sentir-me-ei triste, mas estarei a amar a tristeza, a qual te mostra uma parte de ti que estava pendente de ser vista e de ser aceite. Aí guardo uma série de lembranças tristes que não sou capaz de aceitar, que em realidade não são tristes, mas que penso que são tristes.*

*Tudo muda se simplesmente observamos todo esse processo e o aceitamos sem o julgar. Desta forma poderemos observar nossas lembranças sem acrescentar etiquetas de lembrança triste ou alegre. Poderemos usá-los para conhecer de uma forma mais íntima e saudável.*

*Evitando crer tudo o que pensamos, sairemos de vidas inventadas, do sonho que é criado por nosso ego. Começando a viver a verdade, o amor, com presença no agora.*

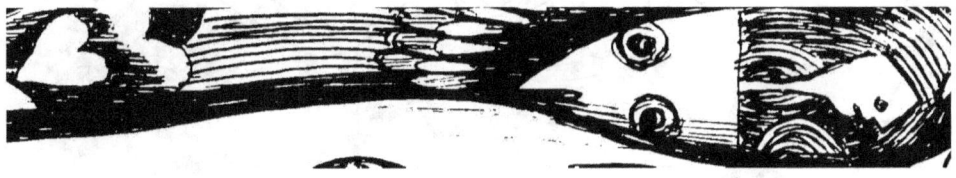

*Granada, 2020.*

Um texto que fala de como nos observando sem nos julgar, podemos ver a realidade de nossos pensamentos, assim poder os ver como são realmente, sem opinião própria sobre eles.

Podemos indagar para saber por que nossa mente criou esse pensamento, assim nos conhecer melhor e entender nossas confusões. Deixa fluir os pensamentos sem julgá-los e poderás ver quem és.

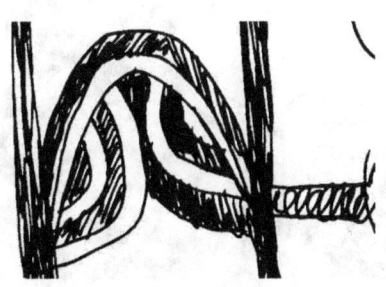

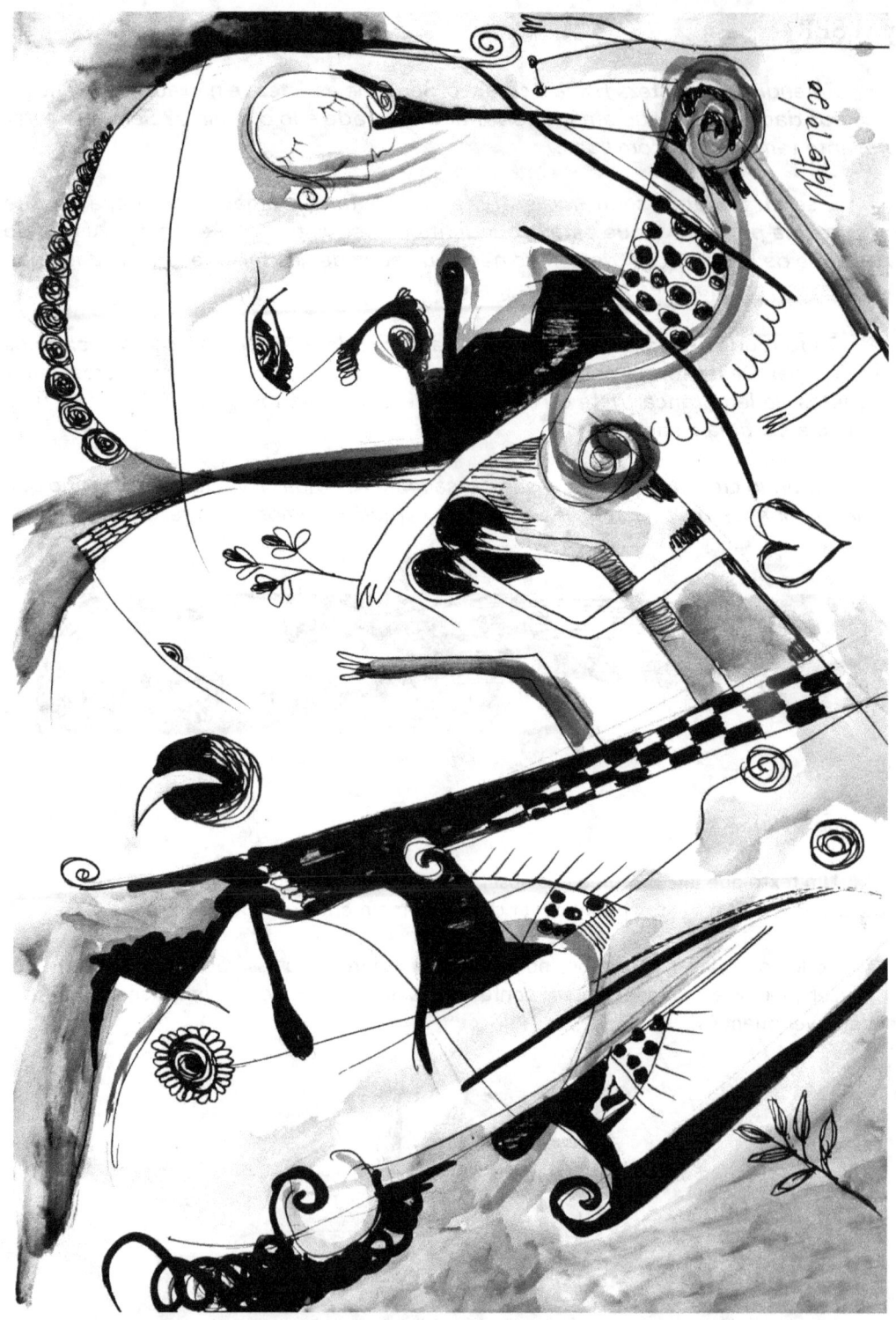

# SE NÃO AMAS, NÃO EXISTES

*Minha vida é tranquila ao mesmo tempo apaixonante. Tenho a sorte de poder viver em parte uma vida contemplativa, utilizo grande parte de meu tempo para observar-me e observar. Observo minhas ações, julgamentos, sentimentos e os pensamentos que se vão criando em minha mente.*

*Esse estado de observação própria, só consigo quando consigo estar com a consciência focada no agora. Tentativa não me crer esses pensamentos que se produzem em minha mente com a cada situação ordinária que vivo, ainda que não sempre o consigo. Continuo observando-me com a única intenção de deixar-me ser e seguir conhecendo-me.*

*Observo atenciosamente e deduzo que tudo o que vejo através de minha mente sou eu. Todo o que me rodeia e vivo se cria e filtra através do meu próprio prisma de pensamento. Em ocasiões, costumo crer nesses pensamentos como uma verdade.*

*Assim tenho descoberto que, se não amo, não existo. Se creio e vivo na história que criam meus julgamentos me separo do todo e não existo, e o que existe é minha individualidade, meu ego. Quando me observo sem crer em meus julgamentos consigo me ver; quando não opino vejo a verdade, vejo o que sou, me uno ao que é, ao coletivo, e então existo.*

*Costumo-me dizer que esse pensamento que vejo quando julgo não sou eu, descubro que é uma projeção de meu ego, algo inventado por meus limites e medos. Tu realmente és o ser que observa sem julgamento e em silêncio teus pensamentos.*

*O ser que existe como uma verdade, que não precisa que se creia nele para existir, é luz, é amor. Se não amas, não existes. E só se existes verás a verdade.*

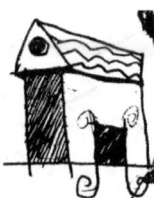

*Salobreña, 2020.*

Uma tarde de verão, perto do mar. Um entardecer ajudou-me a criar este texto. Compreendi que a verdade é amor e se encontra sempre no agora.

A observação é uma ferramenta incrível, que se a exercitar na tua vida diária permitir-te-á usar teus pensamentos como fonte de informação para poder conhecer tuas confusões e teus dons. Far-te-á ser menos reativo no teu dia a dia. Tudo nos leva à aprendizagem de nos amar a nós mesmos para depois poder compartilhar todo esse amor com os demais.

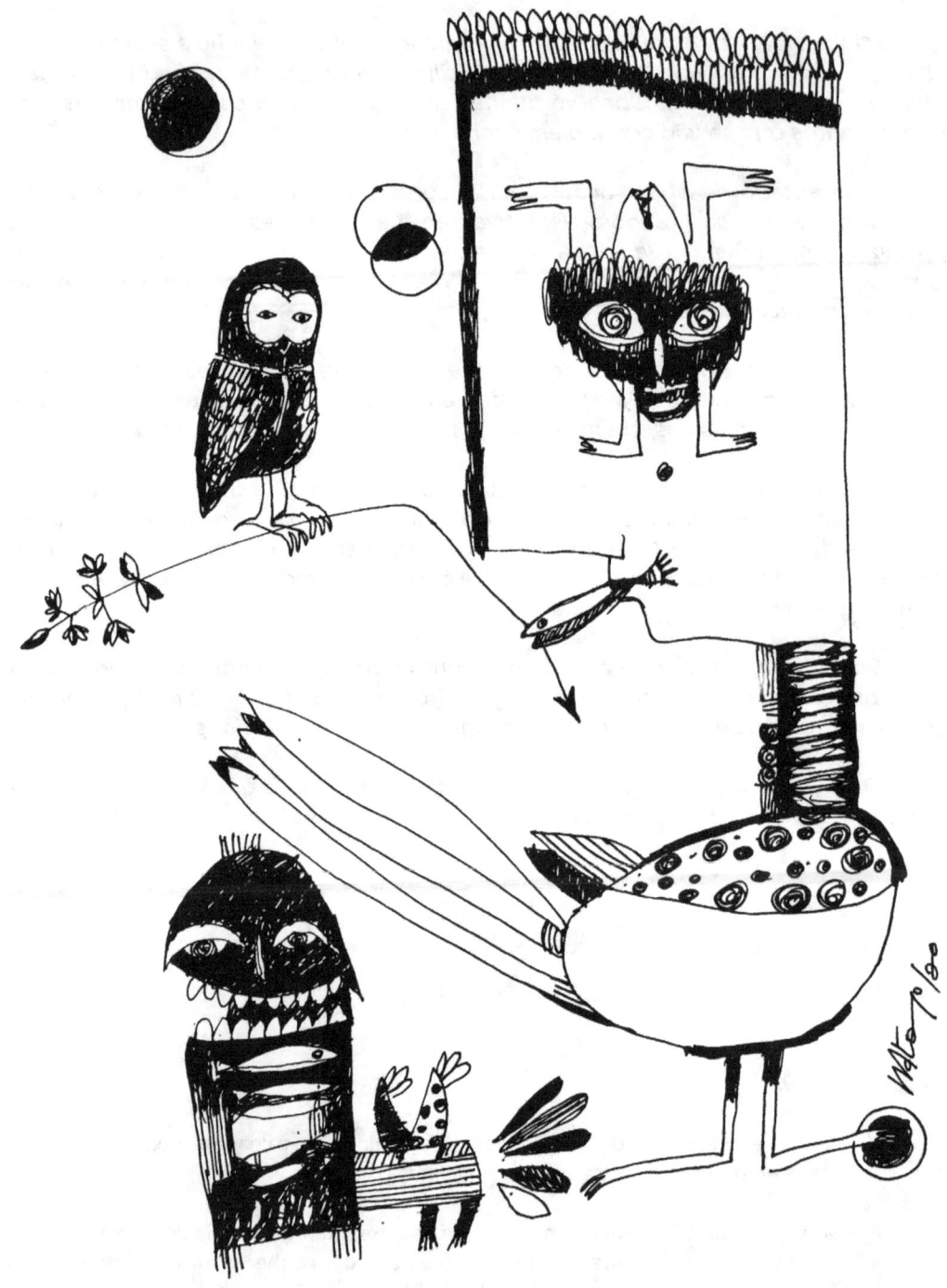

# HÁ UMA NUVEM

*Em ocasiões creio ser consciente dessa nuvem etérea que envolve à espécie humana e a acompanha, podemos a chamar consciência coletiva. Poderíamos dizer, que esvoaçar sobre cada um de nós, enviando mensagens em forma de pensamentos enquanto vivemos, contém muita informação e energia, toda a que se foi alojando desde que existe o ser humano.*

*Residem nessa nuvem todas as confusões, como julgamentos, pecados, símbolos aos que lhes outorgamos muito poder, residem também a sabedoria, o conhecimento e o amor. Essa nuvem está preparada para jogar com cada um de nós estabelecendo uma íntima comunicação.*

*A nuvem costuma-nos enviar informação que chega a nosso agora, a nossa mente, chega em forma de pensamentos, às vezes nossa consciência nos permite simplesmente os observar sem no-los crer; é informação que podemos fazer realidade mediante uma acção, ou simplesmente a olhar com compaixão e um doce sorriso, para posteriormente a deixar marchar, inclusive às vezes podemos a deixar um tempo nos acompanhando, entendendo que são simples propostas e não únicas verdades.*

*Essa consciência coletiva, ainda está cheia de medos e a cada um de nós pode contribuir mediante a aceitação desse medo ancestral a libertação desta, num perfeito caminho para o amor. Curiosamente esse medo ancestral é o que nos aproxima da nossa paz.*

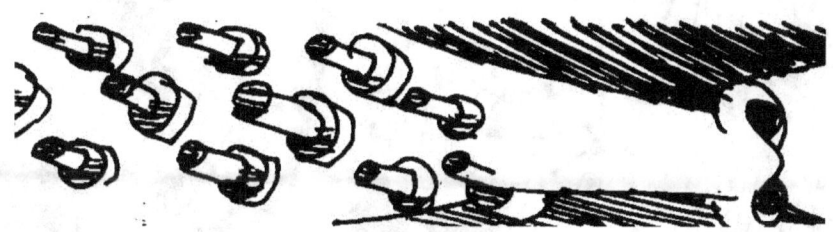

*Granada, 2021.*

É o último texto que escrevi para o livro, o fiz em abril de 2021. Desfrutava lendo a um de meus autores preferidos: o inigualável Carl Gustav Jung, lia a respeito da consciência coletiva. Metaforicamente poderíamos dizer que é uma espécie de disco duro que tem ido recolhendo informação ao longo de milhares de anos, tem ido recolhendo informação clara e escura, a escura pode ser transformada em clara através da experiência de vida da cada indivíduo.

Nesse suposto disco duro foram-se agravando os símbolos, os limites, confusões e medos da humanidade, além de todo o conhecimento, nos mostrando a clareza que proporciona o amor, que é a cola que vai unindo o que às vezes o medo rompe.

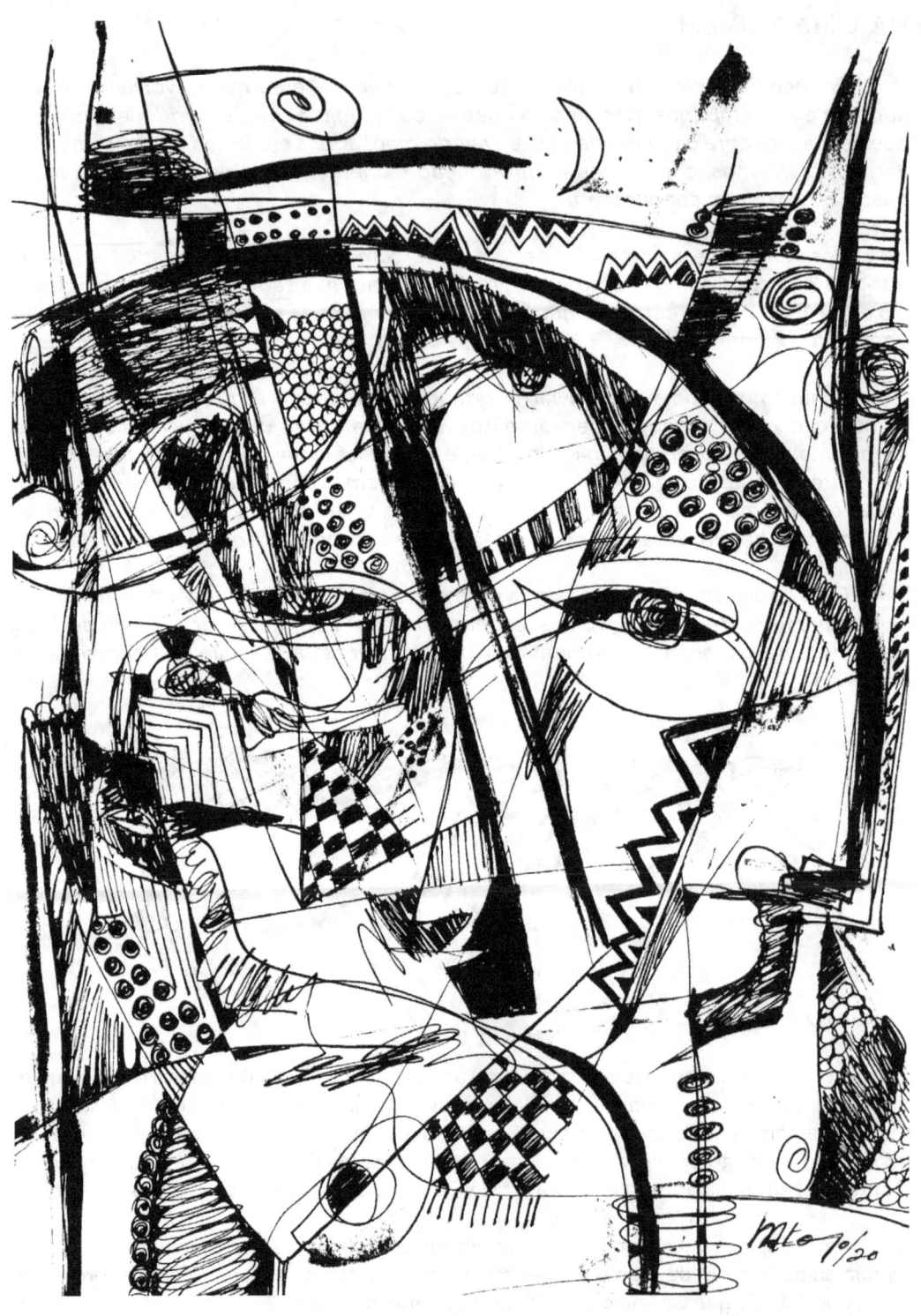

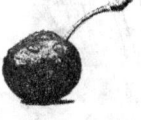

# LIVRO III – UM SONHO INACABADO

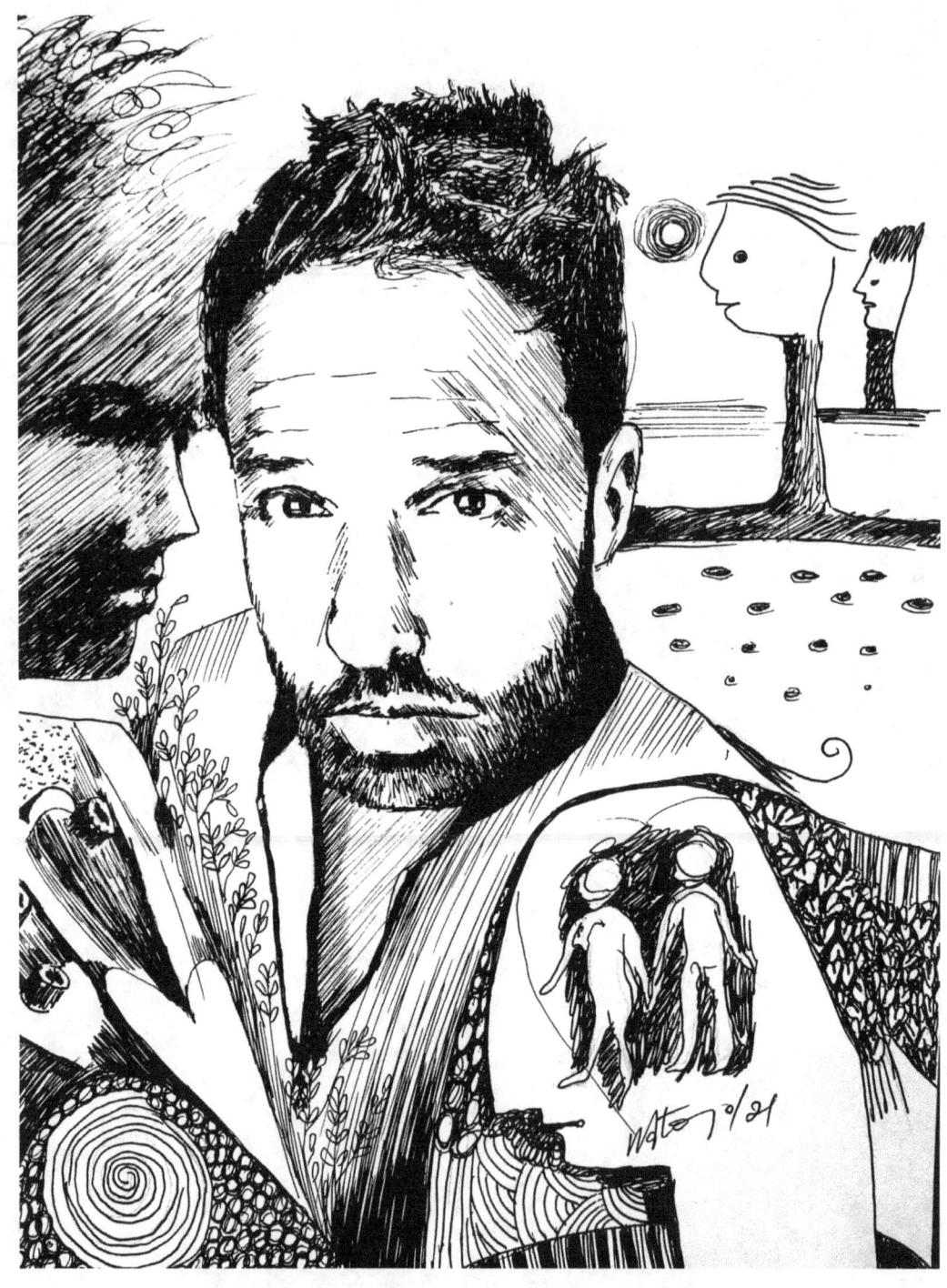

Era verão de dois mil dezoito e encontrava-me vivendo uma época emocionalmente muito intensa, estava a acordar de um longo sonho que tinha chegado ao seu fim, fazia uns meses que tinha terminado uma longa relação de casal.

Observava com entusiasmo as infinitas possibilidades que a vida me oferecia e me dispunha ilusionado a seguir meu caminho com um grande sorriso de agradecimento, simplesmente pensava que devia seguir caminhando pelos perfeitos caminhos que esta ir-me-ia preparando. Quando inesperadamente, realmente sem o pretender, voltei a sonhar: chegou ela, assim, sem mais, apareceu Maggi mostrando sem esforço sua "BELEZA", nós procurávamos com a mirada, então foi quando em minha mente ressoou rapidamente um alto e nítido "MARAVILHOSO SER".

Certamente sobrevoa por minha cabeça uma grande dúvida, a de não saber nem ter claro se o vivido junto a Maggi foi real ou em parte foi tão só um sonho.

Com frequência, ainda observo como em meus sonhos "ME PERSEGUE" a silhueta de sua lembrança, neles, Maggi e eu em ocasiões nos encontramos.

Sucedeu um dia qualquer, quando desfrutava de uma boa palestra em companhia de meu grande amigo da infância Juan Carlos, tomávamos uma cerveja na Rainha, um restaurante de Granada, quando Maggi apareceu, decidindo se acercar e se sentar conosco, esse foi o começo do bonito sonho que íamos compartilhar.

Com cara de incredulidade, porque já tinha começado a sonhar com "MAGGI" dias dantes de que ela decidisse se acercar e se sentar conosco, tinha sentido e por meu intuição estava seguro de que nosso pensamento já tinha começado a se procurar, já tinha começado a sentir de uma forma muito especial, próxima, além de intensa. De forma estranha tinha começado a escrever pensando nela, tinha a sensação de que nossas almas já sabiam que um novo encontro no espaço-tempo se aproximava.

E como em ocasiões sucede, que tudo ocorre num instante, a magia da vida se mostrou e então o sonho começou a se misturar com a realidade. Sonhei acordado junto a uma "FAMOSA FEITICEIRA", adentrá donos juntos num torbellino de carícias e momentos de pura fantasía, inclusive lembrança que "BAIXOU À TERRA UM PINCEL POR TI".

Mas cedo começaste a escurrirte entre meus dedos, naquele momento pensei que quiçá "CORRI QUANDO DEVE CAMINHAR", posteriormente pude descobrir que o que realmente passou, foi que andámos juntos um curto espaço de tempo por nosso sonho, e que tu livremente decidiste seguir teu caminho longe de mim, e assim começou a se forjar nossa história, que titulei "um sonho inacabado".

Fiquei com uma estranha sensação, senti que "ME FALTOU UMA VIDA QUE VIVER JUNTO A TI". Tudo foi incompressível para mim naquele momento, mas finalmente o entendi e pude o aceitar. Então começou para mim um tempo de reflexão e obtive uma grande aprendizagem ao entender o absurdo que é lutar contra o que a vida te dá ou te tira.

Quando decidiu se ir sem se despedir, assumi que quiçá nesta vida nunca mais voltaria a ver. Como pessoalmente creio na reencarnação, me consolava pensar que quiçá, voltaria a me encontrar com ela em outra vida. Foi tão mágico o ter vivido ou sonhado junto a Maggi que meu ser não pôde a esquecer, não esquecia que ela conseguia sacar a minha louco interior a passear.

"A VIDA GIRA", e num instante passaram dois anos desde que comecei a sonhar um sonho inacabado, dois anos desde que sonhei que Maggi se animava a me conhecer e desde sua posterior marcha.

Até que o dia menos pensado, voltei a sonhar com "AQUELE SORRISO". Sonhei que ela voltaria a me procurar. Sonhei que me escrevia, que os dois éramos livres e que voltávamos a encontrarmos, rapidamente comprovei que não tinha esquecido "SUA IMPRESSÃO", sonhei que voltávamos a reviver momentos como os de Nerja, desfrutando dessas miradas que se converteram em conversas infinitas.

Realmente era uma sensação um pouco estranha a que me acompanhava neste sonho, seguia sem ter claro se o que vivia junto a Maggi era real ou parte era só um sonho.

Desde que começou meu sonho inacabado fui escrevendo textos a respeito de minha experiência e sobre os sentimentos que Maggi me ia acordando. Tenho utilizado pouco mais de "SEIS MIL PALAVRAS" para contar esta especial experiência que tenho vivido junto a ela.

Em meu sonho, quando estou junto a Maggi, consigo estar presente ao agora e tudo é felici-dade, mas quando nos separamos se expunham meus medos e necessidades, me mostrando essa escuridão que tão interessado estou em trazer à tona, para poder a observar, a aceitar, e assim seguir me conhecendo. Maggi é pura luz e conseguia sacar minha escuridão, um presente que gostei aceitei.

Um sonho inacabado que se foi formando com "MOMENTOS" que os dois decidimos criar, e que quiçá se voltou à realidade de tanto sonhar, mas do que sim estou seguro é de que nada poderá me arrebatar o que vivi junto a ela. "VOLTASTE", ninguém esperava tua volta, nem sequer tu, só eu o fazia, em silêncio.

"RECORDIS", recordar (voltar a passar pelo coração) do latín recordari, re (voltar), cordis (coração), tua lembrança será inapagável, pois sinto que sempre habitasse em mim.

Pude indagar no teatro de meus sonhos conseguindo assim, desfrutar de uma "DESPEDIDA", se convertendo finalmente num doce sonho no que te digo sem esforço um "ATÉ SEMPRE, MAGGI".

Óscar Rivas

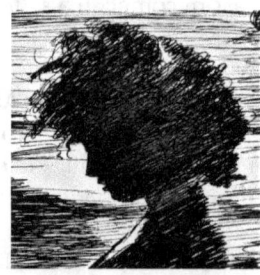

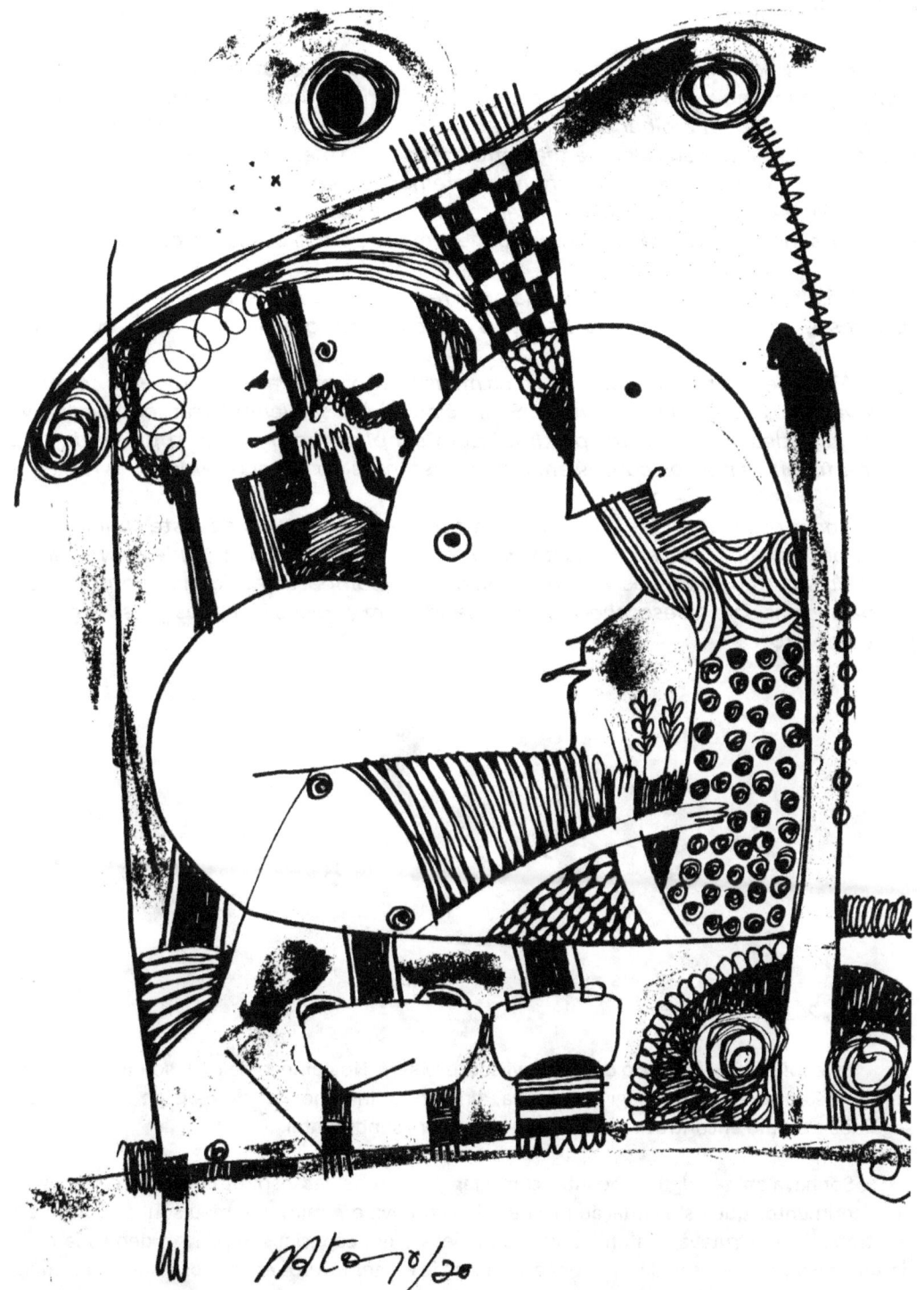

## ♫ MAGGI ♫

*Fomos nos encontrando em diferentes pontos da existência. Ao ver-te, meus sonhos jogam, movem-se ao redor e entre teus incríveis rizos terminam perdendo-se, ainda não me atrevi a olhar aos olhos por medo de ser reconhecido. Porque tu já o sabes. Minha alma já sussurrou à tua entre sonhos, que meu pensamento é teu. Porque quando nossa mirada se encontrar entenderemos o porquê. Tua beleza e simpatia me cativou. Pensando-te, observo a lembrança de tua silhueta, para poder aceder ao sabor de tua essência. Apostaria que já nos conhecemos de vidas passadas ou futuras.*

*Há algo que ressoa, que me fala e me recorda, se o que sentes é autêntico, não te apresses! Não sejas covarde! Escuta o canto de teu coração, aspira ao impossível.*

*Ainda sem saber se teus olhos e os meus se vão voltar a encontrar, aqui continuo observando o agora, criando sonhos. Sonhos que quiçá são lembranças, onde inclusive em alguns desfruto o te ter perdido, pelo simples facto de ser a prova de que compartilhamos nossos corpos em alguns instantes do espaço-tempo.*

*Honro esse lugar dentro de ti, onde o universo inteiro reside, este cantinho teu desde onde alguma vez me pensaste. Honro esse lugar dentro de ti, onde nos reunimos e nos observamos sem nos ver, só nos sentindo. Compartilhando momentos juntos, às apalpadelas para o desconhecido, observando com os olhos fechados, mas vendo-nos por completo.*

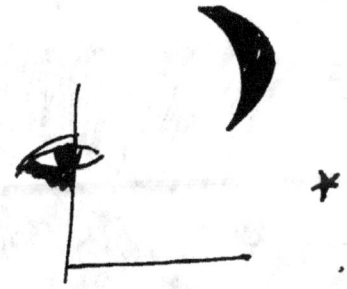

*Granada, 2018.*

Este foi o primeiro texto que escrevi sobre Maggi. No começo de meu sonho era cliente de um restaurante onde Maggi trabalhava, ainda não tínhamos falado mais de dois minutos seguidos e eu me encontrava saindo de uma ruptura sentimental.

Sonhava em ter algum encontro com Maggi. Em ocasiões inspirou-me a escrever devido aos sentimentos que esta situação inesperada acordava em mim. Em meu sonho visitava-a a seu trabalho, desfrutava contemplando sua beleza e em especial seu sorriso, depois ia-me e deixava à vida actuar a seu desejo, confiava e tinha fé em ter futuros encontros. Este foi o começo de um sonho inacabado.

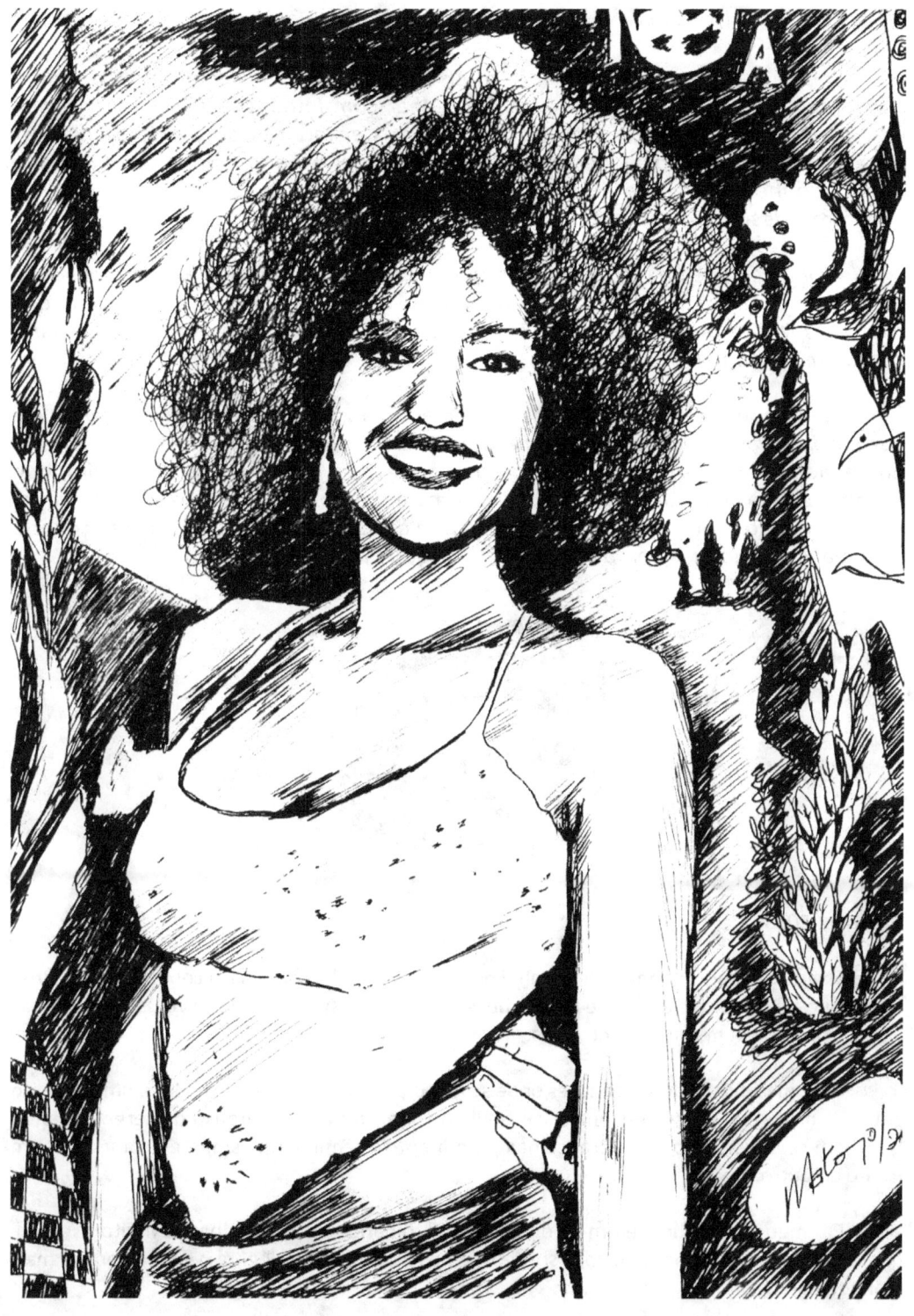

## FORMOSA FEITICEIRA

*Continuo minha vida enquanto meus sonhos seguem acompanhando-me e penso nessa formosa feiticeira. Tento desenhar com letras sua silhueta curvilínea imaginária e penso, quantos encontros de paixão e de amor têm devido dar na história, para que Maggi e eu nos encontremos, e assim poder experimentar a oportunidade de nos conhecer? Parece que todo o universo se confabulo em prol de nossos encontros, desde o Big Bang até hoje.*

*A simplicidade de um sentimento que muda tudo. Quem me ia dizer que sonho com olhar dentro dos teus olhos enquanto rosa tua pele? Futuros encontros que ficam suspensos por fios de seda, esperando seu perfeito momento para se dar a conhecer e assim, existir.*

*Aqui, esperando-te sem pressa, observando a vida, aceitando-a. Confiando em que a vida te vai dando justo o que precisas, mas não posso negar que encantar-me-ia que a vida me desse a oportunidade de conhecer a essa formosa feiticeira, que encontrou essa grieta usando seu sorriso como arma, conseguido sem esforço aceder às profundidades de minha ser, o enfeitiçando e o comando de vida. Às vezes ocorre a magia, é tão simples como um sentimento que muda tudo.*

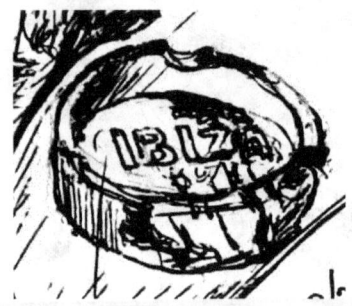

*Granada, 2018.*

Segue sonhando e sonhando. Sonhei que por fim um dia combinava com Maggi. Recordo no dia que ela decidiu se acercar e me conhecer, senti uma espécie de "Déjà vu", senti que duas almas se procuravam e se encontravam.

Vivi um turbilhão de ensoñações onde se misturavam as miradas, se produzia uma conexão pouco comum, em nossos encontros se podia respirar um aroma intenso de serenidade. Os laços iam-se estreitando, as sobrancelhas permitiam-se sentir simplesmente estando um em frente ao outro.

Em meu sonho sucederam-se os encontros, olhares, praias, um banco muito especial, que foi testemunha de nosso jogo, e sobretudo nos dias em Nerja. Agora o sonho parecia mais real que nunca.

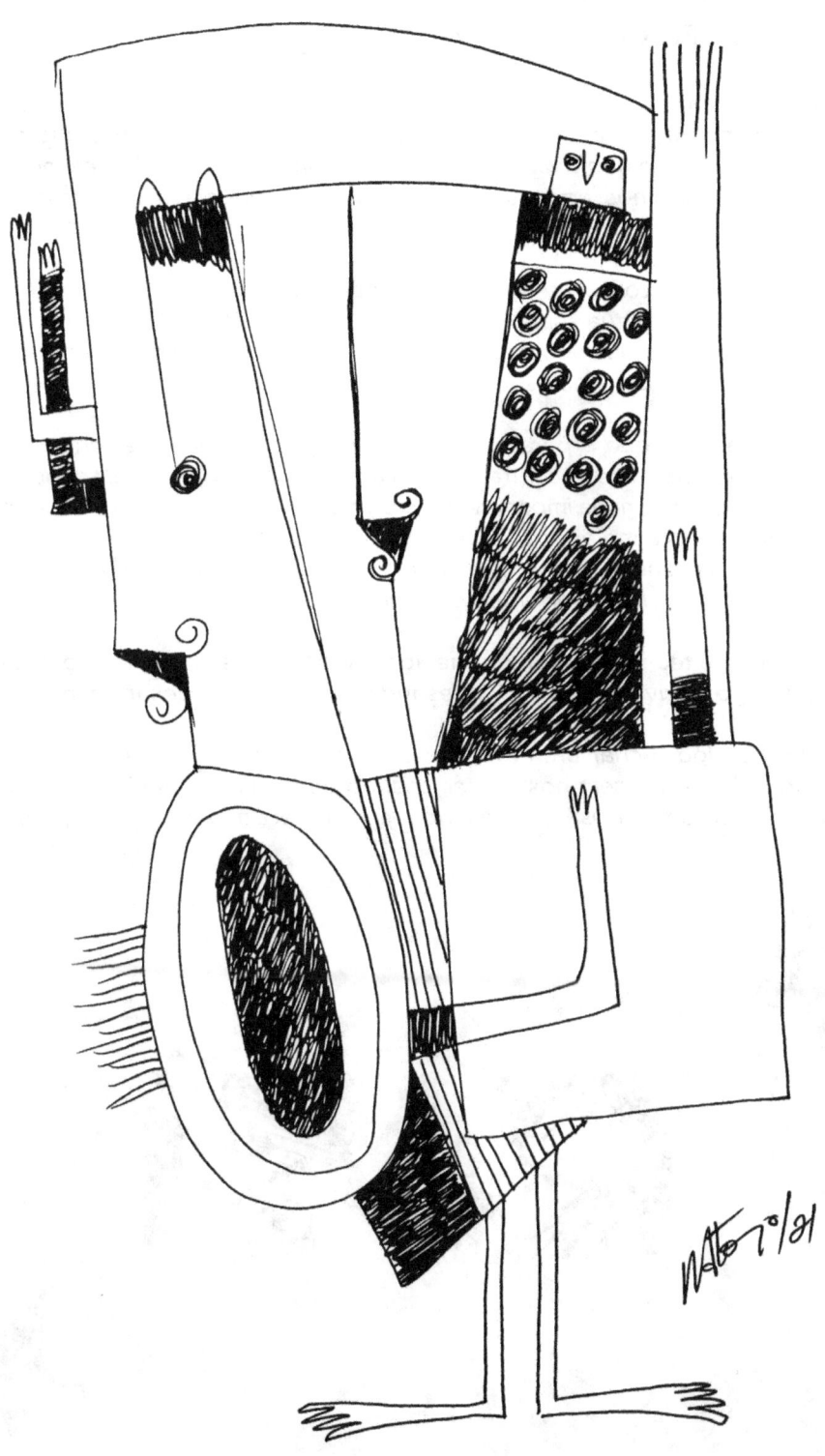

## ♫ BAIXEI À TERRA UM PINCEL POR TI ♫

*Todo este jogo só foi uma desculpa para poder te ter diante de mim, e assim poder sentir como se para o tempo. Tu ante mim, nos observando, sendo que o universo nos mima, nos oferece que deixemos de pensar como individualidade e nos convida a nos transformar em nós, agora somos um, agora já somos nós fazendo o amor sem nos tocar.*

*Ao olhar-te sento que teus risos estrategicamente colocados me falam, teu olhar, teu médio sorriso, tua sobrancelha te permitindo sentir, tudo exerce uma sublime atração sobre mim, acariciando a cada rincão de meu ser, convertido num telefonema que me atrapa, impossível de esquivar.*

*Olho-te e sinto que o paraíso está aqui e agora. Sempre pertencemos a este instante, aqui somos e nos encontramos nos amando. Aqui de frente, sendo que nada importa, nada importa e nada importará, simplesmente conseguimos ser e estar presentes neste preciso instante, no agora. Ligando com a fonte sem esforço. Observando-nos através de nossas sensações, só desfrutando o momento. Sabendo que quando nos encontramos somos um, simplesmente sendo enquanto nos sentimos.*

*O rugido de teu ser chamando-me abre-se passou, essa sensação de que tudo se encaixa, algo incrível de sentir. Eu besando tua mente, tu besando minha alma.*

*Estar contigo é criar um novo mundo a cada instante, dançando na arte da criatividade, dançando sem nos cansar, criando um sonho, está em ti e em mim, em nossas mãos. É só uma decisão, eu sem o saber já tomei a minha, apostar por ti, por nós.*

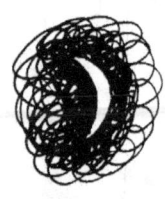

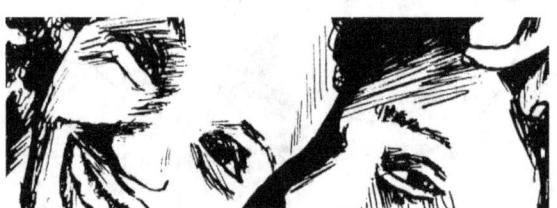

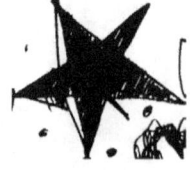

*Nerja, 2018.*

Nerja foi um sonho dentro de outro sonho, Foi tão mágico que jamais saberei se aquilo que vivi foi real ou não. Mas do que sim posso estar seguro, é de ter vivido como um sonho que se fazia realidade.

Uns dias mágicos com Maggi onde pudemos nos expressar com liberdade e conhecer de uma forma mais íntima. Uns dias de paz e natureza, para poder observar a maravilha que às vezes oferece a vida. Não viver os sonhos quando se fazem realidade com intensidade e presença seria um grande crime.

Sabia que ela era um ser muito sensível e que era hábil desenhando, de modo que em meu sonho lhe propus fazer um jogo, sentar-nos-íamos um em frente ao outro. Maggi faria um desenho daquele momento e eu escreveria um texto enquanto a olhava para me desenhar. Este texto é o que escrevi naquele momento. Vivemos um momento artístico, criativo, de aceitação e amor, sem dar-nos conta estávamos um em frente ao outro fazendo o amor sem nos tocar. Nerja ficará marcada por sempre em nossa lembrança. Magia, paixão e serenidade.

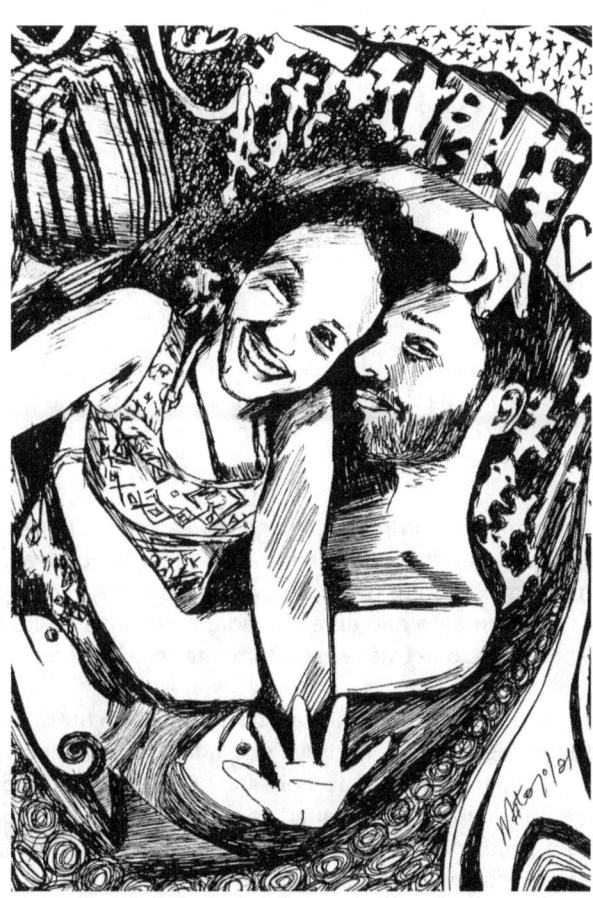

## AQUELE SORRISO

*A vida deteve-se num instante quando apareceu aquele sorriso que me fez compreender que tudo reside aí. Foi incrível poder entendê-lo tudo, ainda que tão só fora durante um instante, a plenitude do ser se fez consciente e me mostrou por uma rachadura o paraíso. Aquele sorriso... juro que não sei se me alegra a vida ou má desordena. Dentro de mim não têm existido sentimentos mais intensos que aquele sorriso. Tão doce, que aquele desenho curvilíneo que se esboçou na cara de Maggi, seria um perfeito última lembrança para morrer em paz.*

*Caminhando de novo, perdendo-me para voltar ame encontrar. Para voltar a encontrar-me em ti uma vez mais, e assim voltar a observar essas arestas da minha alma, enquanto continuo por meu caminho libertando a consciência, e quiçá algum dia chegar a aprender a amar e viver a verdade junto a ti.*

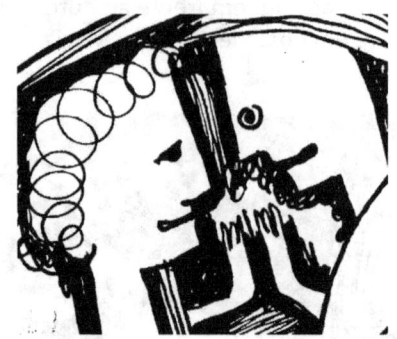

*Granada, 2018.*

Em meu sonho continuava visitando o restaurante onde Maggi trabalhava. Já tínhamos vivido Nerja e experimentamos uma verdadeira aproximação. Um dia ao chegar em seu trabalho Maggi não esperava minha visita e ao me ver um incrível sorriso apareceu em sua cara, o que senti foi inolvidável.

Foram dias mágicos onde tudo parecia fluir, mas na realidade não era assim. Quando não compartilhamos tempo o contacto era mínimo. Esta situação, junto a meus medos, causou que nos distanciássemos e deixássemos de nos ver. Aos poucos Maggi desapareceu e perdemos todo o contacto. Naquele momento não entendi nada, mas sentia muito dentro de mim que tinha que ver com a liberdade e que estava estreitamente relacionado com o amor.

Sempre tive fé em voltar a ver, bem nesta vida ou quiçá em outra. Senti como se nossas almas tivessem pactuado reencontros, pensava que quiçá voltaríamos a nos ver algum dia. Começou um tempo de separação estando dois anos sem nenhum tipo de contacto. Meu optimismo fazia-me pensar que a vida continuaria desenhando uma rota perfeita para futuros encontros, que ir-se-iam dando na eternidade do universo. Saber se o vivido junto a Maggi foi real ou não, seguia resultando uma tarefa difícil para mim.

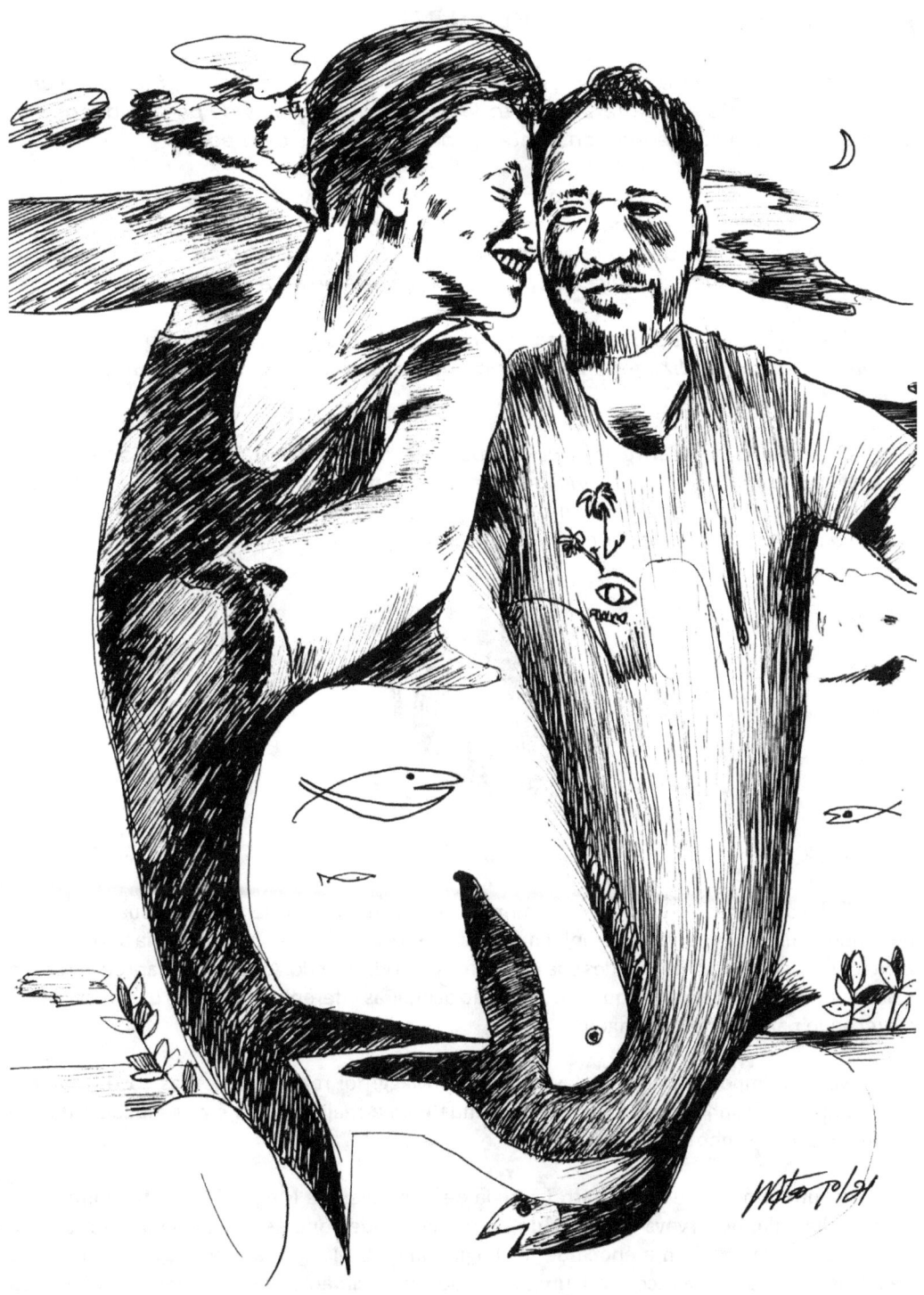

## FALTOU-ME UMA VIDA A VIVER JUNTO A TI

*E no último dia de minha vida em meu leito de morte pensarei, faltou-me uma vida que viver junto a ti. Faltaram-me todas as noites de uma vida para poder dormir junto a ti, e assim conseguir constantes acordares cheios de magia.*

*Sonho acordado enquanto penso-te. Penso nessa vida junto a ti que a vida me roubou, a mudança me deixou mal, saborear um pequeno encosto teu. Tão só consegui ver-te através de uma pequena aresta, onde me mostraste um pouco de tua sombra, mal conseguia acariciar, estava disposto a abraçar e a beija-la com todo meu ser.*

*A vida decidiu roubar-me essa vida junto a ti, a mudança me deixou um presente disfarçado de aprendizagem. Mostrar-me quem sou e aprender a aceitar o que a vida te dá ou te tira.*

*Quando você se abre expondo seus sentimentos abertamente, tudo se torna uma aventura intensa. Um sonho do qual decidi não acordar, enquanto durmo, até acordar ao seu lado, embora também seja possível que um dia me atreva a sonhar de novo com você, para poder me encontrar um pouco.*

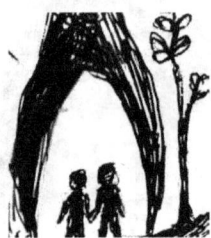

*Granada, 2018.*

Tinha saudades de Maggi. Sua lembrança perseguia-me, observava que sua lembrança permanecia me acompanhando. Tinha momentos em que minha escuridão vinha à tona: eram meus medos, desejos e necessidades que eu mesmo tinha ido criando. Aproveitava para observar-me e dar-me conta do sofrimento que produz o não aceitar as diferentes situações que a vida te vai oferecendo para sua aprendizagem.

Não me importo duvidar se o vivido com Maggi foi real ou não, mas costumava me perguntar, é um sonho tão real que se confunde com a realidade, ou é a realidade a que se confunde com o sonho?

Foi um tempo onde me agarrei à ideia de que reveria a Maggi. Enquanto, continuava com minha vida, observava a infinidade de possibilidades que esta me seguia oferecendo. De forma natural vivia uma época de nostalgia, na qual Maggi era a protagonista de meus pensamentos. Quando a recordava, um sorriso de agradecimento pelo vivido se desenhava em minha cara, por aqueles momentos compartilhados.

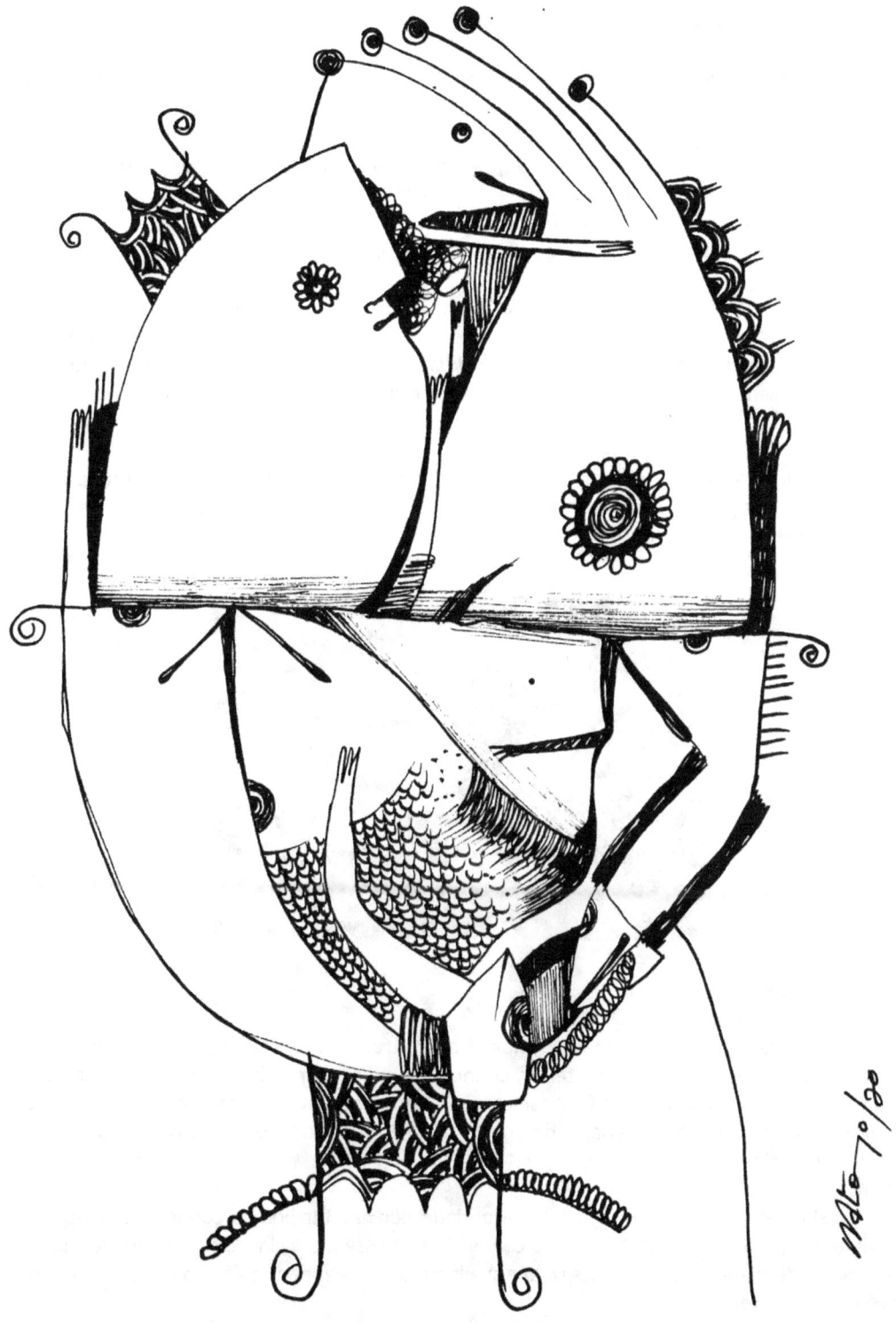

## TUA IMPRESSÃO

*Sentindo na lonjura, observo-me. Penso que te escrevo a ti, mas na realidade sei que me escrevo a mim mesmo. Sento que és magia, essa magia que também sou eu.*

*Esa frescura que te caracteriza que emana a torrentes. Essa lembrança que me acompanha, que já não consigo saborear com clareza em minha mente. Que profunda ficou tua impressão de quando compartilhamos instantes no espaço-tempo, entrelaçados, perdidos em teu mágico mar de rizos.*

*Penso, que quiçá nesta ou quiçá em outra vida seguiremos tendo novos encontros, encontros profundos cheios de aprendizagem e amor. Sem tu o saber, a cada encontro me rasgavam escavação em minhas profundidades, me deixando nu ante ti, ocasiões que aproveitava para me observar e observar. Encontrava arestas que me acompanhavam em forma de ego.*

*Seguirei caminhando, observando, com a ilusão de um novo encontro, com a fé intacta e com a certeza de que em nossos futuros encontros seremos uns seres mais completos e amorosos.*

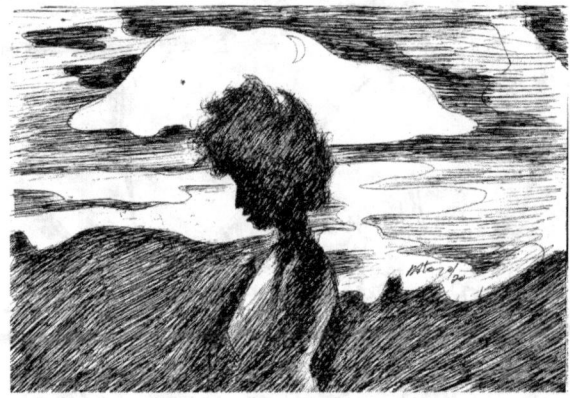

*Granada, 2018.*

Continuava tendo saudades de Maggi, encontrava-me numa época de aceitação. Sua magia tinha penetrado em meu interior, criando um grande impacto em todo meu ser. Tinha muito em mente que não ia ser fácil esquecer. O tempo passava e com frequência costumava aparecer um pensamento esvoaçando sobre mim, o de se todo o vivido com Maggi foi um sonho ou foi algo real.

Instalou-se em mim uma grande curiosidade por não ter podido conhecer a Maggi todo o que tinha gostado, por não ter podido conhecer a de esse maravilhoso ser de uma forma mais profunda e delicada. Meus dias passavam e sua lembrança permanecia acompanhando-me muito vivo em meu interior.

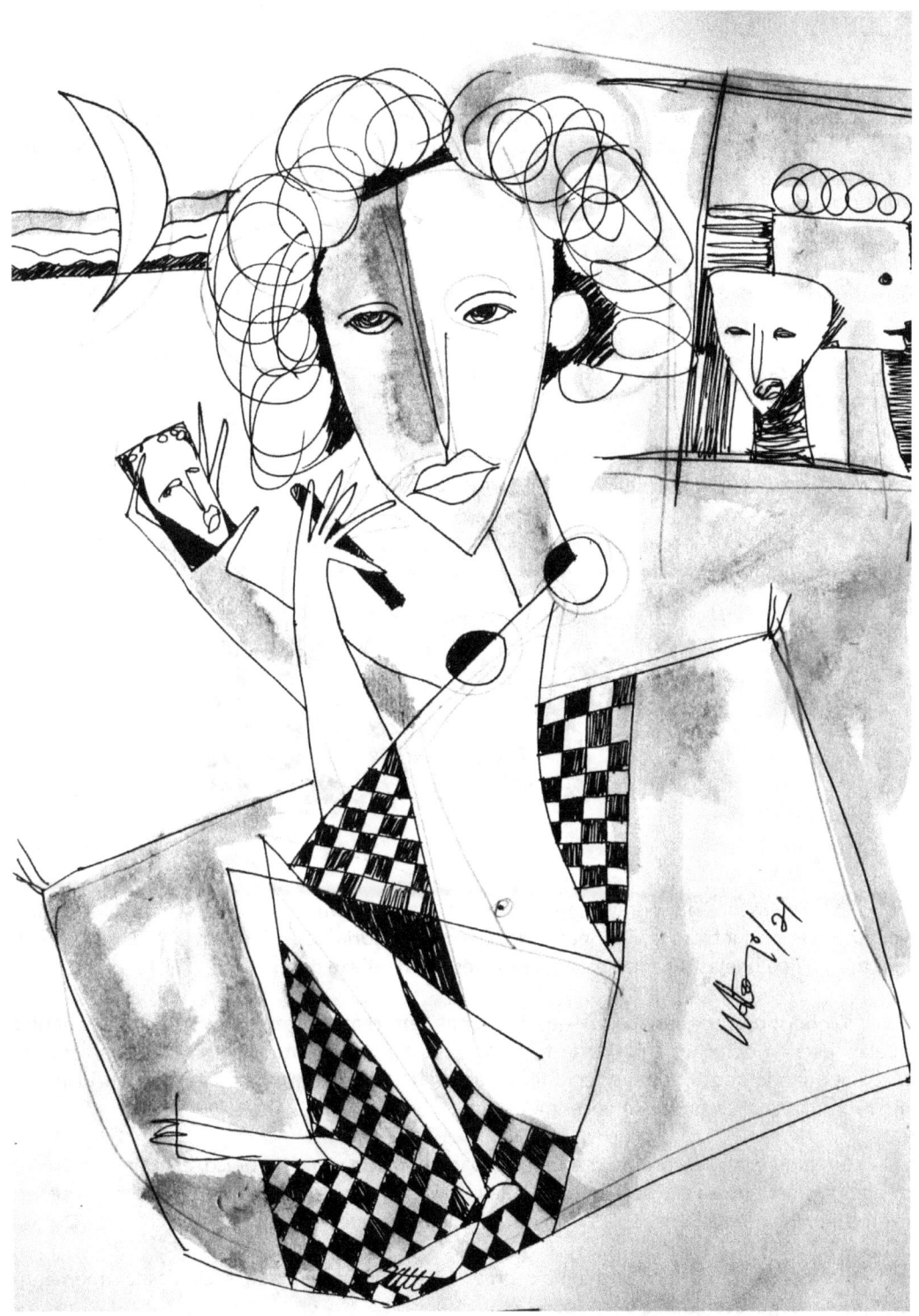

## BELEZA

*A beleza cria-se através dos olhos deque olha, e, graças a ti, tenho conseguido ver através de mim, a maior beleza que jamais tinha imaginado. Reconheço essa beleza em ti, Maggi, uma beleza que se expande para limites inimagináveis. Uma beleza elevada a seu maior expoente, mistura de desejo e admiração, uma beleza superlativa. Essa beleza que sem esforço se assoma desde dentro de mim, criando tua bela lembrança.*

*Beleza que se expressa e se mostra para ser aceite sem esforço. Beleza que sai do meu interior e se revela como uma verdade. Tua beleza, o alma de minha alma.*

*A lembrança de tua beleza sempre permanece incorrupta na eternidade de meu universo.*

*Deixarei à vida que se inspire, que saque seu lado mais criativo possível para criar nosso próximo encontro, no futuro, quiçá no passado, mas será sempre em nosso agora.*

*Vive, sonha, ri, chora, experimenta, liberta tua consciência e cresce quanto descidas. Estarei acordado, atento, estarei a observar, enquanto, seguirei vivendo minha vida.*

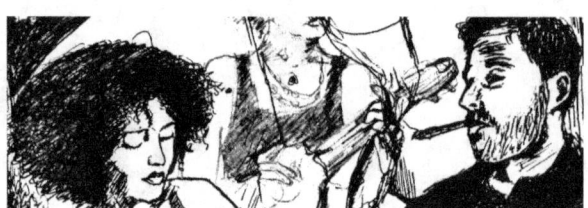

*Granada, 2020.*

Quando menos o esperava sonhava com Maggi, tinham passado dois anos sem ter tido nenhum tipo de contacto, a vida seguia. Jogava com a teoria de Carl Gustav Jung a respeito de que tudo o que odeias ou amas és tu. O que vês é um reflexo de ti.

Tenho ido averiguando que quando amas, em realidade te amas a ti e que quando odeias, estás a odiar uma parte de ti. Recordava a beleza tanto externa como interna de Maggi e quando decidi escrever este texto, ainda um sentimento de nostalgia e curiosidade me acompanhava escondendo entre meus dias.

Em meu sonho recordava o tempo passado com Maggi como único, e só tinha palavras de agradecimento para ela. Pensava que, se algum dia voltasse a ver, bastar-me-ia simplesmente cumprimentar e lhe agradece pelos mágicos momentos que vivemos juntos.

Entendi que foi perfeito tal e como ocorreu. Maggi foi uma lembrança feliz desde o momento em que consegui aceitar sua decisão.

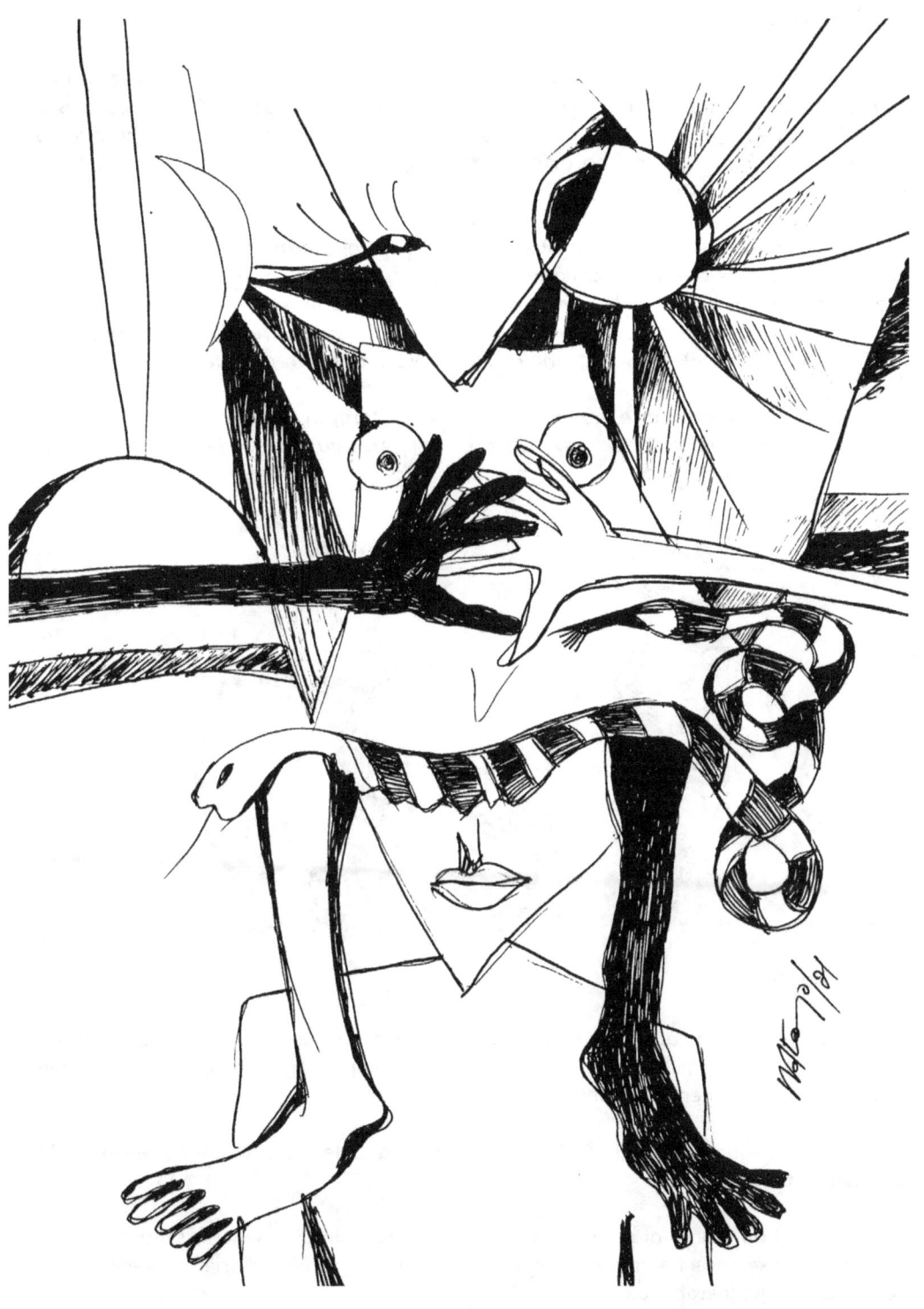

## PERSEGUE-ME

*Acalma-a rainha, e quando menos o espero um ligeiro detalhe, faz renascer tua lembrança. Algo ínfimo, a silhueta de um gesto nuns lábios femininos acordou um arsenal de lembranças teus num abrir e fechar de olhos, essas lembranças que aninham num lugar onde não existe o tempo, esperam sem pressa seu momento para voltar a se mostrar uma e outra vez.*

*São pequenos risos de Maggi os que dançam incrustando em meu pensamento. A vida semeou-os em meu caminho, para que eu os vá encontrando e os reconheça, mantendo assim vivo sua lembrança, o qual acompanhar-me-á até nosso próximo encontro. A vida tecerá um caprichoso destino, para o que me dirijo para enfrentar e aceitar. Mágico é aquilo que nos move, essa cereja que parece sempre faltar.*

*Uma lembrança que às vezes consegue tampar minha própria existência, incompressível, mas verdadeiro. Uma doce perseguição a de tuas lembranças imborrables gravados ao longo de meu caminho.*

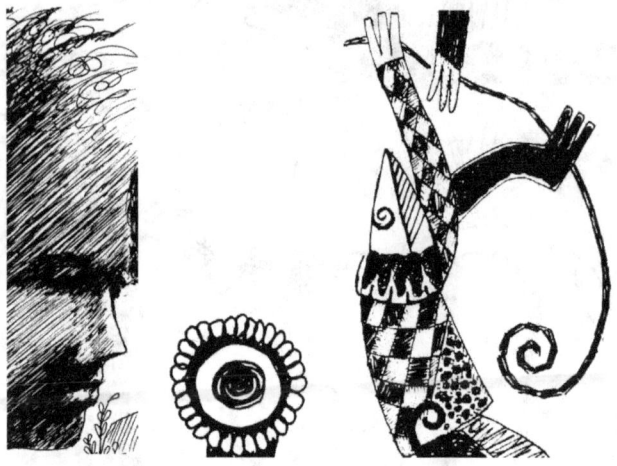

*Granada, 2020.*

Apesar do tempo que tinha passado desde a última vez que vi a Maggi, suas lembranças seguiam indelével em minha memória e me seguiam acompanhando, apareciam em momentos insuspeito, quando menos o esperava.

É a naturalidade, a magia de Maggi, a essência que deixou em mim aquela experiência que compartilhamos.

Entendi que tudo foi perfeito tal e como ocorreu, simplesmente a silhueta curvilínea de um sorriso se desenha em meu rosto quando a penso. Sendo que sigo sem me cansar de sonhar um sonho inacabado.

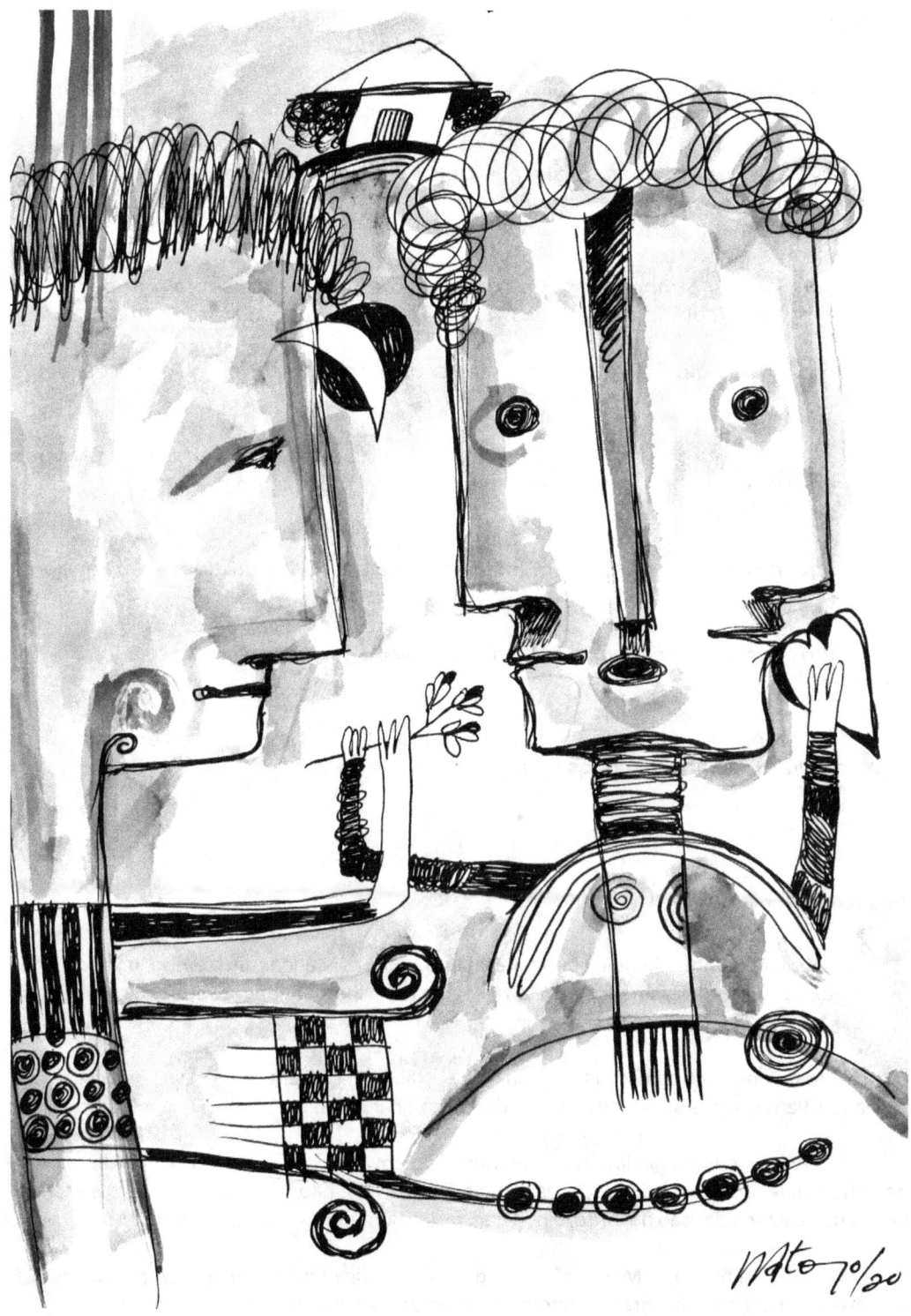

## ♫ CORRI QUANDO DEVO CAMINHA? ♫

*Corri quando deveria caminhar, caminhei quando devo correr? Não sei, realmente não sei.*

*Metes-te dentro, quando quiçá já deves ter esquecido, houve um tempo em que tentava esconder a tua lembrança, mas nunca o consegui. Tua lembrança sempre soube como me encontrar.*

*Sabes que tu também não me conheceste e sei que tu também podes sentir que há algo que ficou no ar, o último que eu queria era te assustar.*

*Corri quando deveria caminhar, caminhei quando devo correr? Não sei, realmente não sei.*

*Tu cabeça está no oceano, demasiado profundo para saber aonde vais. O tempo de espera pode-se congelar, voltarás uma e outra vez a onde te sentiste ligada, o coração não esquecerá essa vibração.*

*Enquanto espero nosso seguinte momento, a dor segue desenvolvendo-se mostrando minha verdade.*

*Corri quando deveria caminhar, caminhei quando devo correr? E não o sei, realmente não o sei.*

*O que pôde ser e não foi, o que foi já foi perfeito. Sentimos-nos em conexão e isso perdurará. Compartilhamos energia, sangue e desejo.*

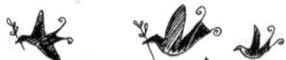

*Salobreña, 2020.*

Continuava sonhando meu sonho inacabado, tinha passado muito tempo, uns dois anos desde que começou. A lembrança de Maggi seguia me acompanhando. Sentia que de alguma forma a esperava sem pressa, em silêncio.

Pensava em como começou tudo, tão mágico, tão intenso e em como mais tarde nos fomos afastando. Pensava, que quiçá corri quando devo caminhar ou quiçá caminhei quando devo correr.

Escrever este texto ajudou-me a entender que em realidade tudo ocorreu de uma forma perfeita, a cada um tomou suas decisões de uma forma livre e não há nada mais bonito e especial que poder aceitar a decisão do outro, ainda que nesse momento possas achar que não te convém.

Seguia sentindo que Maggi e eu continuávamos ligados apesar do tempo passado. E sobretudo seguia sentido agradecimento ao recordar o vivido junto a ela.

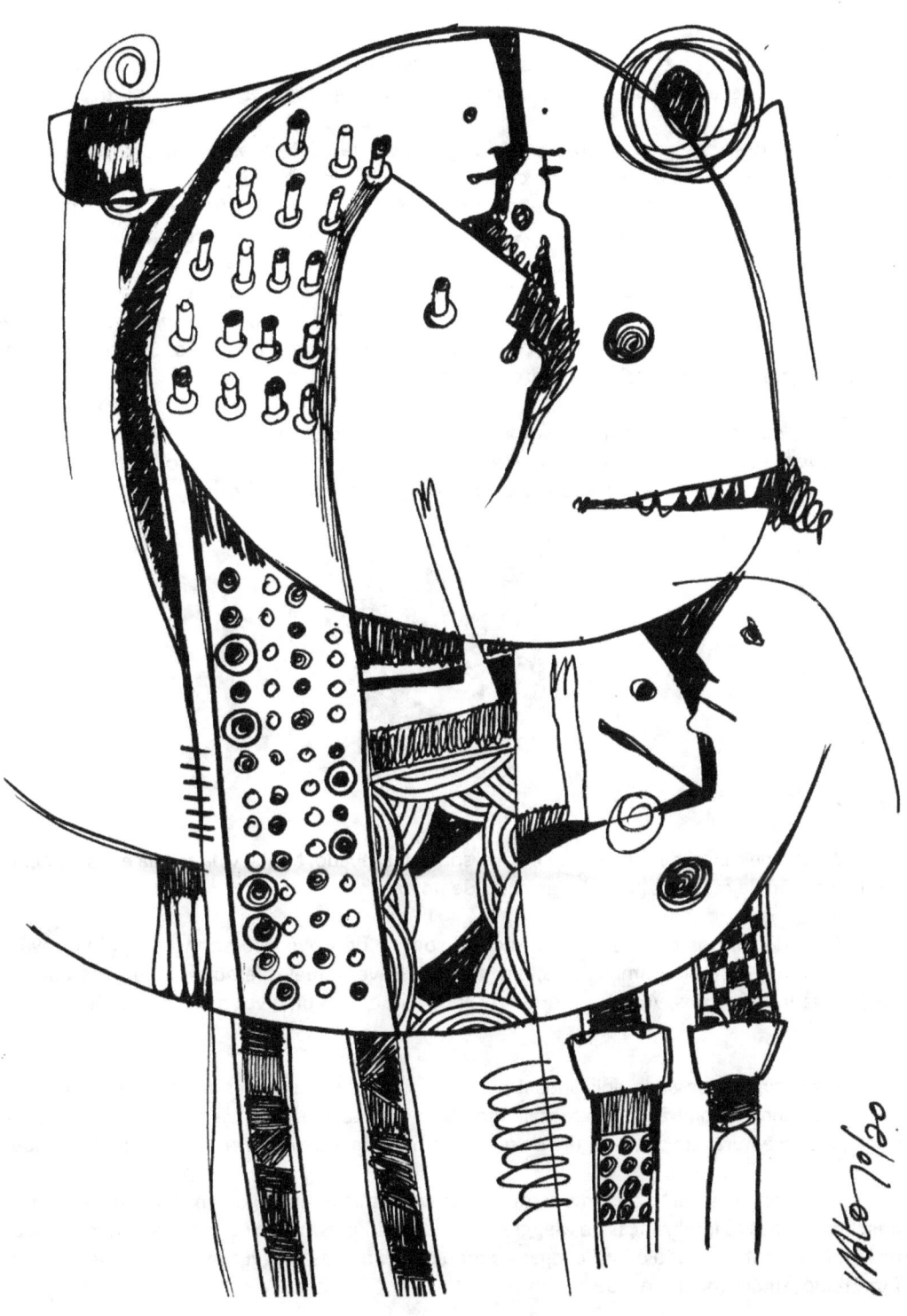

## VOLTASTE

*Voltaste porque eu te esperava. Gira a vida, gira. A fé acompanhava-me em meus dias gélidos. A certeza de tua volta caminhava junto a mim me observando muito de perto.*

*As lembranças vividas junto a Maggi foram tão intensas e tão profundas que nunca me abandonaram. Acolhia-os como a um sonho inacabado, um sonho que espera seu momento para ir crescendo e se tornar realidade, um sonho que tem ido se forjando durante milhares de milhões de anos e hoje se mostra uma vez mais ante nós.*

*Se vais-te amanhã, esperarei nosso seguinte encontro, aguardamos em silêncio vivendo minha vida, confiarei em que nossas almas decidam livremente. Esperarei as indicações de teus mágicos risos para voltar a perder-me neles. Sonho com um paraíso repleto deles, onde me sinto abraçado.*

*Voar, subir, baixar contigo, sem asas voar, os dois sem asas voar. Conhecer-te, saber quem és, é meu anseio. Uma delícia igual a um "dulcito e coco". Obrigado por voltar a procurar-me, estava a te esperar sentado em tua lembrança.*

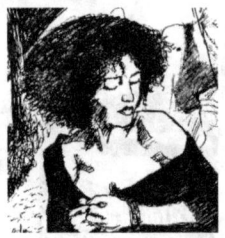

*Salobreña, 2020.*

Nunca me cansei de sonhar este incrível sonho inacabado. Minha vida seguia e casualmente minha relação de casal acabava de terminar de novo.

Quando menos o esperava comecei a sonhar de novo. No sonho Maggi voltava e procurava-me, ela e eu éramos livres, decidíamos reviver aquelas lembranças do passado em Nerja, e assim o fizemos, vivemos momentos incríveis, cheios uma vez mais de grande conexão e intensidade.

Agora tinham passado dois anos e os dois tínhamos seguido crescendo cada um por seu perfeito caminho. A conexão foi ainda mais intensa do que recordava. Sentia-me preparado para enfrentar esta aventura que estou seguro de que voltará a sacar de mim, a luz e a escuridão que sou.

Uma vez mais, justo quando estou a escrever estas linhas sigo sem ter claro se todo o que vivo e todas as lembranças de Maggi são reais ou simplesmente não são mais que parte de um sonho inacabado. Não é fácil chegar ao meu coração, mas Maggi sem querer o fez de uma forma que jamais poderei esquecer.

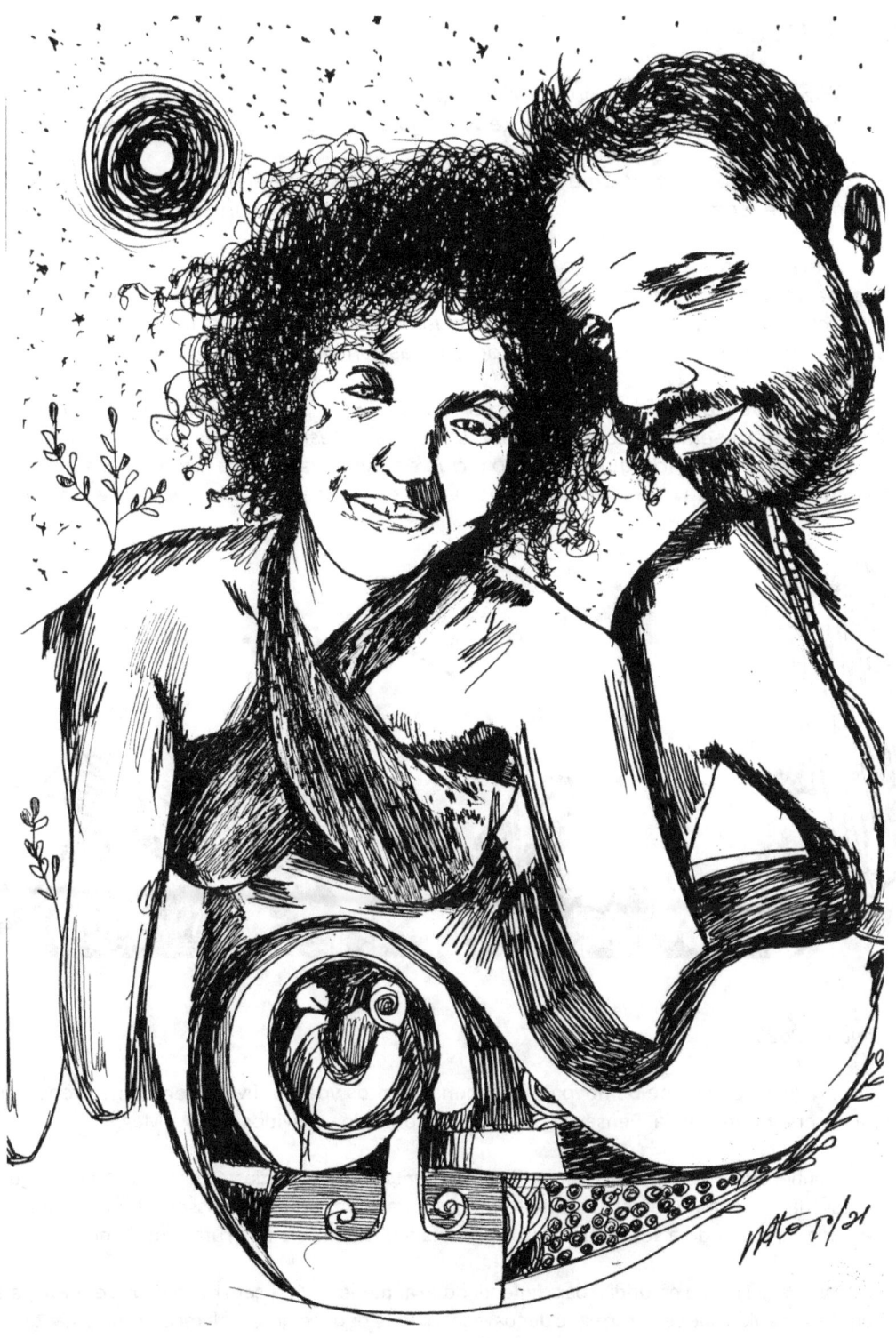

## MOMENTOS

Faz um instante olhávamos um dentro do outro. Essa mirada intensa mas cristalina que me chamava me permitiu poder te ver pela primeira vez, e assim me encontrar.

Entrando em ti por uma rendija que deixaste especialmente para que eu a encontrasse. Sem tu o saber, esse batido que existe por ti, é infinito o que me dá.

Nerja foi testemunha de vários instantes transcendentais para este sonho inacabado. Ali, a energia e a paixão deram rienda solta à fantasia de uma aura violeta e outra verde entrelaçadas. Os abraços, as carícias... não cessaram nem um instante, carícias físicas e carícias sem nos tocar, um jogo de miradas com as que nós bebemos o alma.

Para viver jurando eternidade, na realidade eu prefiro poder te dar hoje um beijo para valer e sentir como nós elegemos. São instantes os que nos unem, caminhamos juntos entre eles. Sendo que só quero o que estavas disposta a me dar e isso me faz me sentir livre. Ainda que só fora por uns instantes pude sentir... Tu e eu, nós e o mundo.

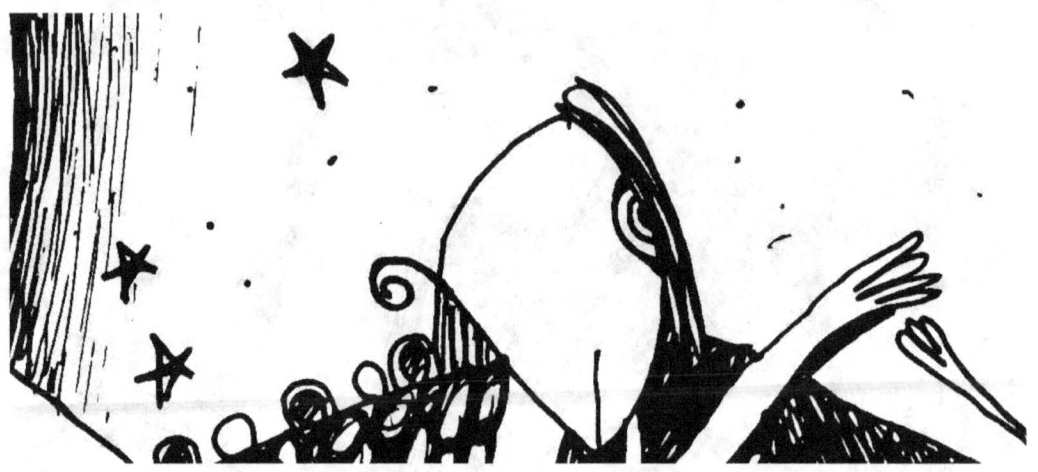

Granada, 2020.

Maggi inspirava-me de novo e meus pensamentos voavam livres, sentia-me preparado para observar minha vida. Pensava nos instantes sonhados e vividos junto a Maggi.

Sonhei que voltávamos a compartilhar momentos e experiências. Sonhei que Maggi seguia interessada em mim, que ao cair a noite me procurava para que dormíssemos juntos, sonhei que a seguia visitando a seu trabalho, onde podia a observar e a desfrutar em silêncio.

Atravessei minha escuridão para entender que aprender a viver sem necessidade é chave para poder deixar à vida que se encarregue de tua vida e não te opor ao que te oferece a cada instante.

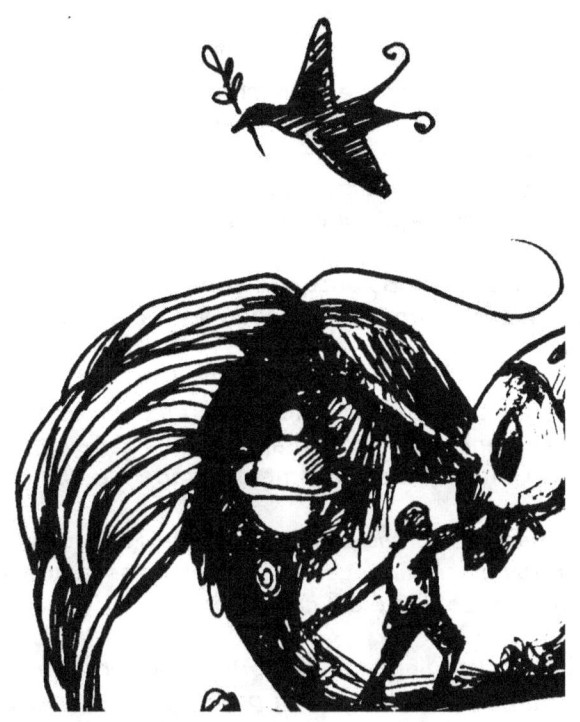

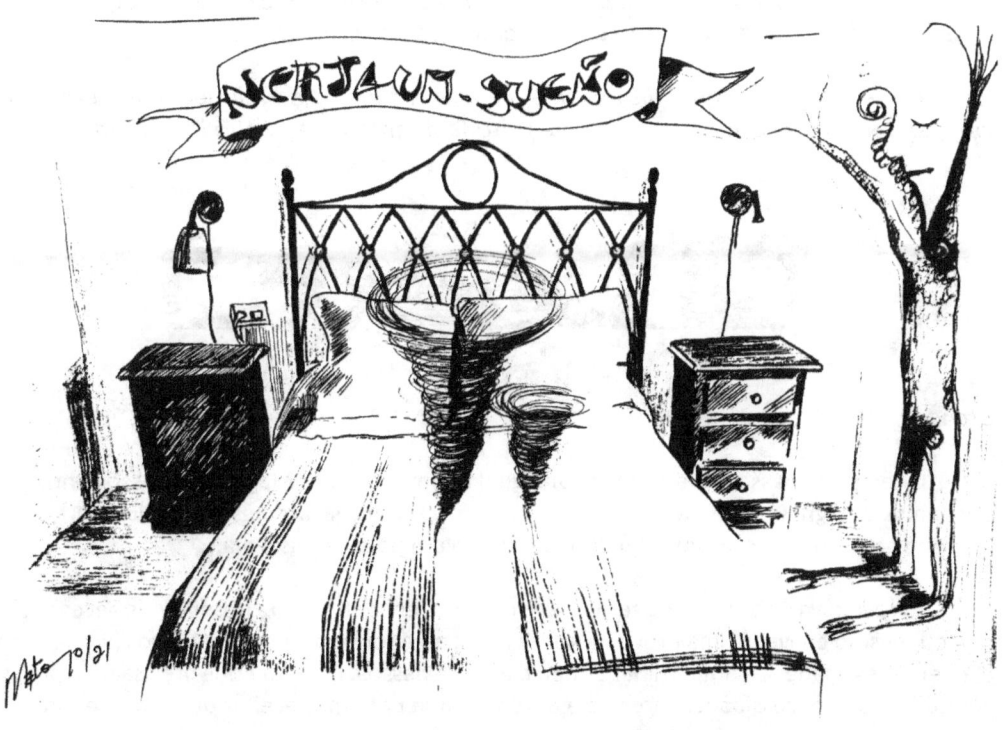

## A VIDA GIRA

*Ambos começamos a dançar em nosso dance, os encontros se iam criando aleatoriamente em sincronia com o que ditava nosso coração. Nossas silhuetas descalzas dançaram sobre nossas feridas, permitindo-nos olhar um dentro do outro, nos reconhecer e nos encontrar. Entendendo que, quiçá já nos conhecíamos de outras vidas passadas ou futuras, onde também compartilhamos intensos momentos cheios de vida.*

*Esta dança que se dá na cada encontro entre os dois de uma sincronia perfeita, nos oferece a possibilidade de nos ver, podendo aceitar as decisões do outro, e assim sentir o que é amar.*

*Em ocasiões, quando a distância aparecia, as dúvidas surgiam e a escuridão assomava lentamente, penetrando com grande intensidade em minha ser, mas desta vez caminhava por um labirinto de pensamentos sabendo que nenhum é verdade.*

*Momentos intensos de aprendizagem que jamais esquecerei e que me mostram a dificuldade que entra não sentir necessidade pela pessoa que tão intensamente te faz sentir, antepor o amor ao ego é um caminho.*

*A vida gira qual redemoinho, se não queres sofrer demasiado, trata de viver sem esperar nada a mudança e tenta estar presente ao agora a cada instante.*

*Não perco o tempo te esperando sentado e danço. Enquanto jogamos com nossos pensamentos e com nossas feridas sigo observando este sonho inacabado.*

*A liberdade uma vez mais assoma-se, a liberdade de seguir decidindo por minha vida, sabendo que pus todo para viver intensamente este sonho inacabado.*

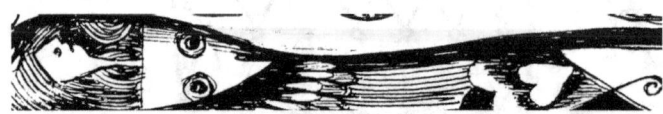

*Granada, 2020.*

O tempo ia passando e tudo seguia igual de intenso com Maggi, em nossos encontros seguíamos com grande conexão e química. Tínhamos passado já uns meses ficando e partilhando diferentes experiências, as quais me tinham unido um pouco mais a ela.

Aproveitava os espaços de tempo entre nossos encontros para observar as necessidades que eu mesmo criava. É uma prova bastante difícil a de ter sentimentos intensos por alguém e não ter necessidade de compartilhar tempo com essa pessoa. Entender que precisar não precisar é também uma necessidade. Parecido a entender que podemos aceitar que não aceitamos.

Seguia muito interessado em seguir sonhando este sonho inacabado, realmente ninguém sabe se terá algum dia um final, mas do que estou seguro é de que para mim é um sonho perfeito, ao qual estou decidido a sentir com todo meu ser.

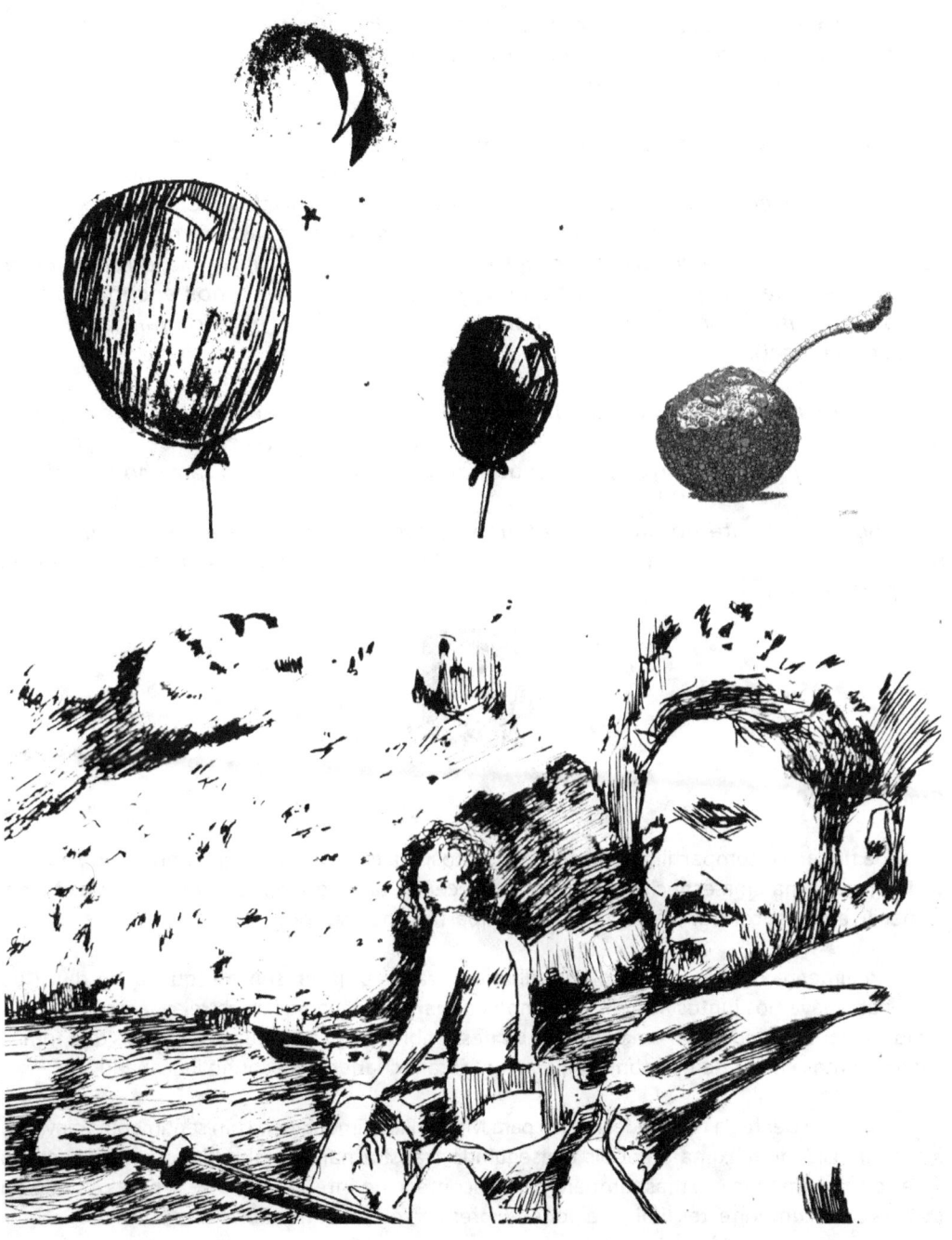

## RECORDIS

*A mesma palavra dí-lo, a cada lembrança de Maggi fazia-me voltar a meu coração de uma forma direta, este mecanismo era algo impossível de ignorar para mim.*

*Já podemos dizer que podemos nos recordar, que temos consciência de ter compartilhado o espaço-tempo nesta vida. Um tempo já compartilhado mas que nunca saberei se foi real ou não.*

*Lembrança que lhe demos um significado novo à palavra pétalo. Lembrança como nos rimos ao nos fazer procurar a dignidade um ao outro em nosso banco. Recordo o primeiro beijo em teu portal faz mais de dois anos. Mais lembranças aparecem, como o cenicero ibicenco que me presenteia e nos acompanhou em Nerja, como esquecer quando tocamos o teclado juntos e quase sucede um incêndio, ou teu ukulele, ou aquelas voltas da praia em carro onde nós procurávamos e nos encontrávamos. Lembranças que foram primeiro sonhamos, depois vividos e hoje formam já parte de um sonho inacabado.*

*E procurei a maneira de não me fazer dano na escuridão. E pude entender que quando há tormenta a nuvem sou eu. Presta-me tão só um pouco dessa bela luz, quando já não possa mais, descobri que um minuto vale bem mais quando o caminho é contigo.*

*Sou consciente de que os sentimentos românticos são exagerados, mas não me importo dizer que sinto que esperei toda uma vida por esses momentos que compartilhamos.*

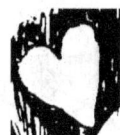

*Granada, 2020.*

Já tínhamos compartilhado uns meses juntos, era consciente de que tinha fluído ao som de Maggie. Tinha uma especial ilusão por conhecer de uma forma mais profunda, mas Maggi começou a não encontrar a forma de que compartilhamos tempo.

Realmente o tempo que compartilhamos era de uma presença e qualidade difícil de imaginar. Voávamos juntos através do tempo enquanto olhávamos as estrelas, abraçando-nos a cada instante e rindo com uma alegria que deslumbrava à própria luz. Momentos que fomos criando juntos cheios de harmonia e que assim foram criando este sonho inacabado.

Sou consciente da minha idealização para Maggi. Experimentando com sentimentos elevados à sua intensidade máxima e depois conseguindo transformar a minha história romântica, às vezes é soa para loucura, mas também como acontece no interior, deve-se ir para o fundo da loucura para cumprir estes limites e poder expressar seus sentimentos como você é.

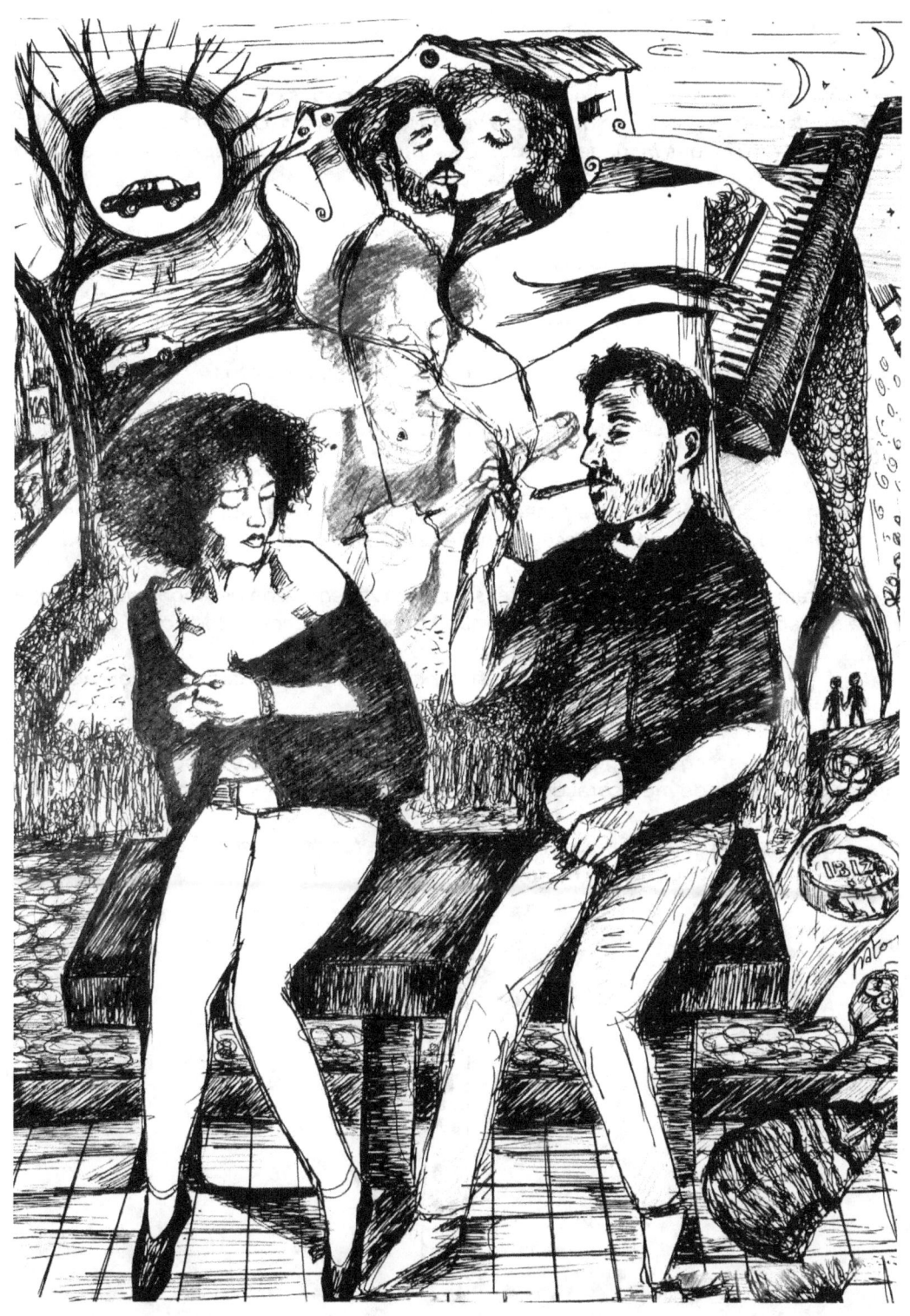

## ATÉ OUTRA VEZ

*Não quero te dizer nada. Aceito como és e as decisões que tomas a cada instante de tua vida, ainda que pense que desta vez não me convêm. Caminho por minha vida e apareces em rincões insospechados, tua silhueta escondida depois da cada canto tem estado chamando-me uma e outra vez.*

*Minha vida floresce de uma forma exponencial, a consciência acompanha-a e entendo por fim o significado de amar.*

*Duvido da minha própria existência e duvido do vivido junto a ti. Esta história à que dei vida através de minha imaginação não é mais que um jogo do ego, o qual me levou a um labirinto de intensos e incontrolables sentimentos.*

*Quando alguém se enfrenta a sua história e reconhece a verdade, um mundo inteiro se derruba.*

*E num instante, como se fosse magia, senti e compreendi que devia apanhar as riendas da minha vida e prosseguir mil e uma aventuras que tinha esquecido.*

*Foram umas semanas de uma intensa aprendizagem, onde descobri que não tinha nada que acrescentar nem nada que tirar, nada que compreender e todo que aceitar.*

*A vida espera-me e não oponho resistência. Aberto a fluir como nunca e a seguir aprendendo a amar.*

*Sem esquecer que Maggi é um maravilhoso ser ao que amo e sempre permanecerá no mais profundo de meu coração.*

*Uma história que criei para a viver como uma verdade, e assim poder me descobrir uma vez mais, em ti, obrigado Maggi.*

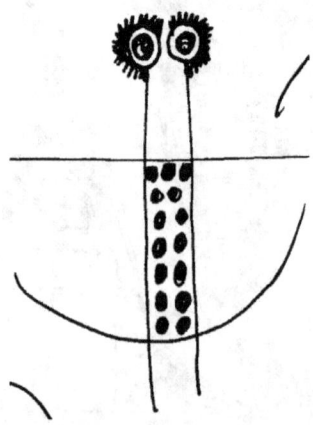

235

*Granada, 2020.*

Este texto escrevi-o um sábado de madrugada e no domingo pela manhã Maggi escreveu-me uma mensagem dizendo-me que não queria que seguíssemos ficando como até agora e me oferecia sua amizade, coisa que aceitei.

Um texto que nunca lhe mandei, o escrevi como desafogo pessoal. Um capítulo mais deste sonho inacabado voltou a terminar, e vão dois, por enquanto, nesta vida.

Uma história romântica contada para recordar como alguém pode se apaixonar, tentar tudo, e ainda assim não conseguir o amor do outro. Para recordar, que ainda não sendo correspondidos podemos amar ao outro aceitando sua livre decisão de não seguir contigo. Entender como o enamoramento é uma idealización que provee/provém do ego. Poder observar as necessidades e desejos que criámos nós mesmos e nos fazem sofrer. Como não, observar o apego que produz o ego ao idealizar e precisar ao outro.

No entanto, só sinto agradecimento à vida por me permitir viver e experimentar estas experiências tão intensas e com tanta aprendizagem. São as que têm feito que hoje seja como sou.

Uma experiência cheia de liberdade, intensidade, cumplicidade, momentos únicos.

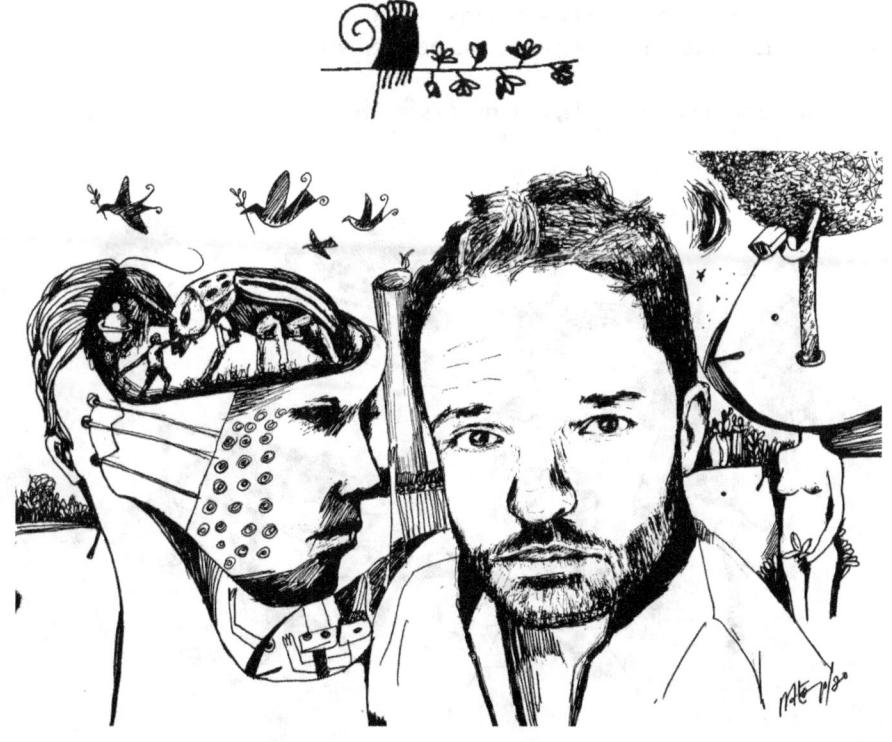

## ATÉ SEMPRE, MAGGI

*Tenho estado sonhando contigo sem saber que estava a sonhar. Tenho caminhado a metade deste sonho junto a ti e tem sido algo mágico, inimaginable, uma conexão que poucas vezes senti nesta vida, no entanto, a outra metade do sonho o caminhei só, quiçá acompanhado por meu ego, me apaixonando de ti, mas realmente não foi de ti, sina de uma bonita história que fui criando guiado por meu ego, história que já faz parte de mim e que tive a sorte de entender que estava cheia de aprendizagem.*

*Doloroso para meu ego foi não encontrar a melodia que esperava, e assim compreendi que tudo é melodia, se conseguimos ser pacientes, observar, fluir e amar.*

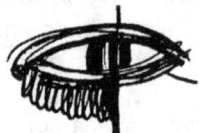

*Granada, 2020.*

Um texto de despedida. Entendendo que a vida é fluir, aceitar e agradecer, ainda que às vezes não cheguemos a entender certas situações.

Um caminho rico em experiências intensas o que vou surgindo por minha vida. Um caminho pelo que vou me reconhecendo e encontrando nos demais.

Observo-me com honestidade, e só me nasce dizer com um sorriso, até sempre, Maggi.

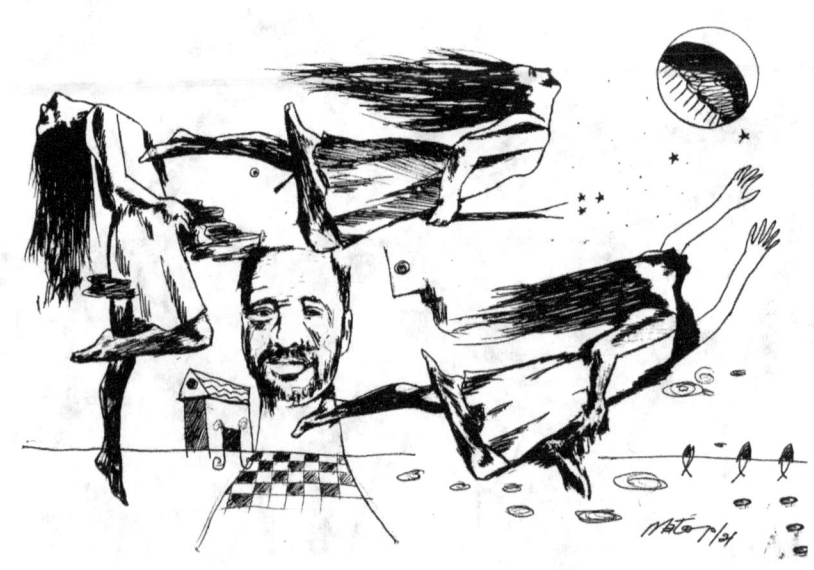

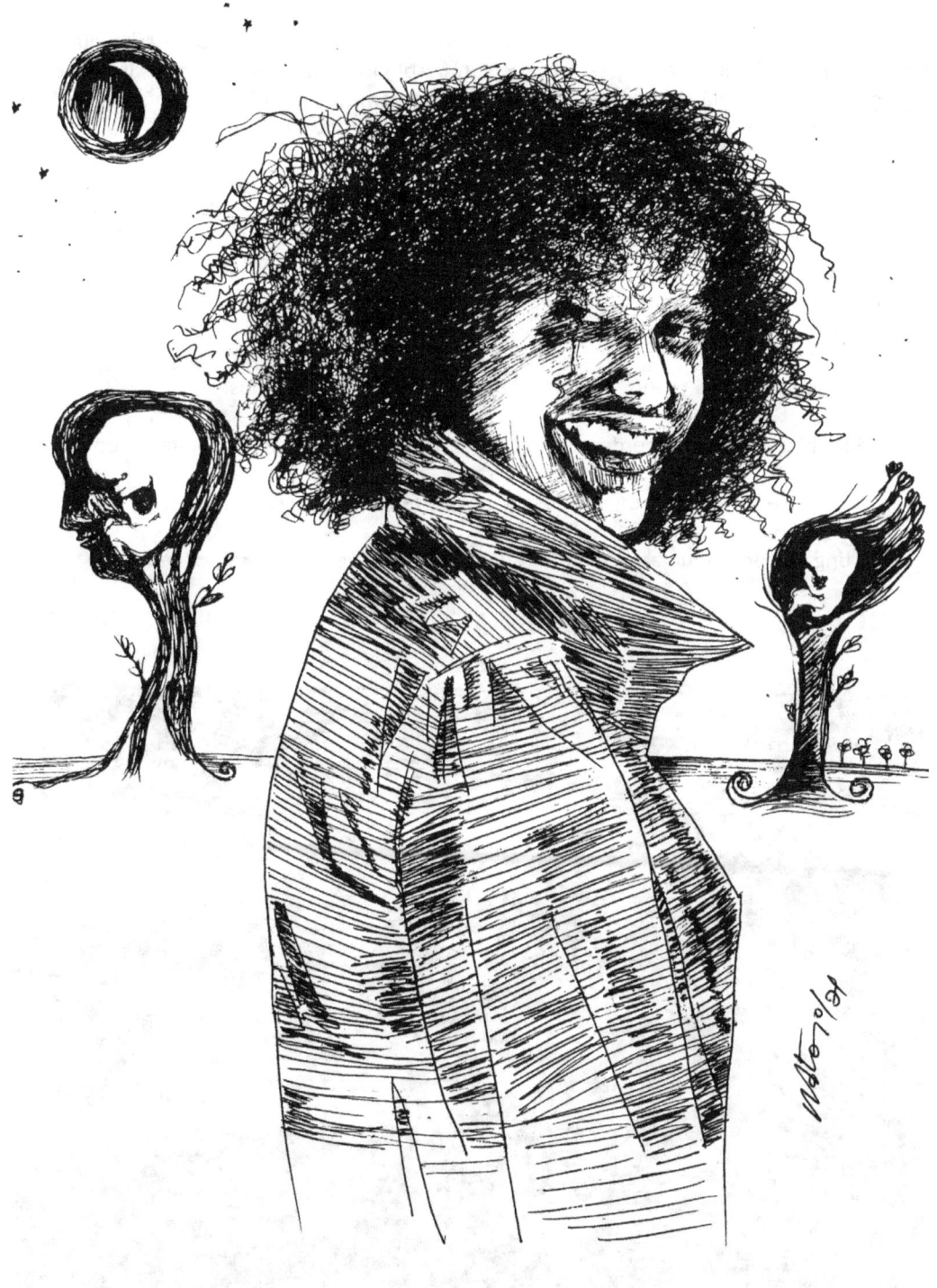

## ♫ SEIS MIL PALAVRAS ♫

Pouco mais de seis mil palavras utilizei para escrever esta romântica história que trata sobre uma relação entre duas pessoas que compartilharam fisicamente alguns instantes do espaço-tempo de uma forma intensa. As quais viajaram por mundos imaginários, onde as pequenas coisas, o que parecia não importante, será o que mais invadirá suas mentes ao se recordar.

Aprendi que, se a reconstrução não fosse possível, procuraria o belo nos pedaços. Ambos ficamos marcados, não esquece o coração quando se deu, nem quando se recebeu amor.

Talvez seja verdade que às vezes não sou capaz de amar, mas sei que minha alma tem sido capaz de eleger a alguns seres e de lhes reservar, fielmente, o melhor de mim, façam o que façam.

Um sonho que eu tenho "inventam" onde se inventam os sonhos.

Se vais-te, tu me vais perdoar que te procure em outras bocas para voltar a sonhar.

A poesia é para quem sonha e deseja... e não tem medo de contar.

Obrigado, por seguir aqui, em meu sonho. ¡Sí! A ti que agora estás, ó lendo.

Óscar Rivas

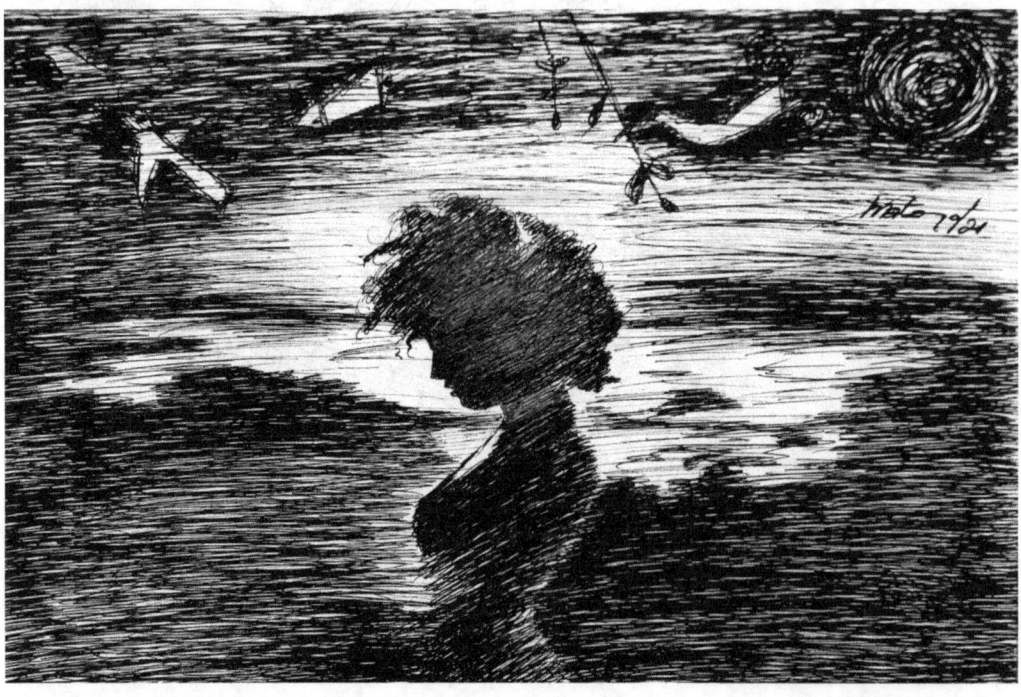

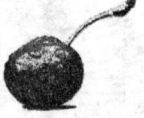

MAXI

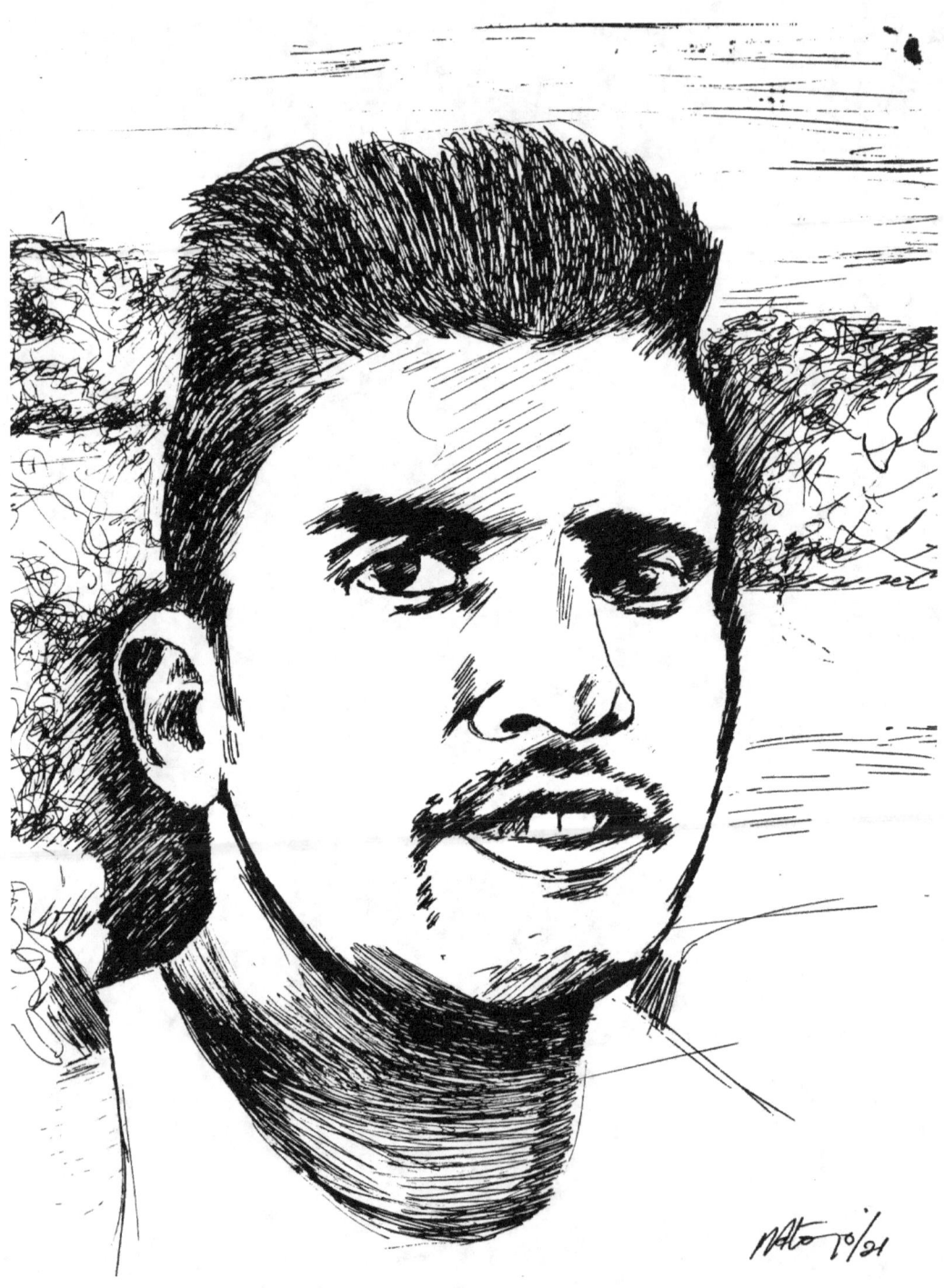

## AGARRAR TUDO

*Agarrar todo, o juntar, desordenado, me perder aí e pôr tudo em nenhuma parte para que depois volte a seu lugar, e o que não volta, bom, então isso nunca teve lugar.*

*Perder-me sempre foi a melhor solução para me encontrar, para ver o que não está, o que não serve, o que nunca se foi, e, por que não, para saber que se deixou de mover a última manhã que te vi. Mas ao mesmo tempo, para sentir que nunca te foste que ainda estás aqui. Fechar e abrir portas. Construir uma janela por onde nos escapar e nos encontrar. Para recordar minha cidade, suas cores, seus cheiros, os sinsabores e tudo aquilo que me pôs onde estou, que me fez ser o que sou. E sentir. E ainda procurar mais dentro de mim, me encontrar, te encontrar, os encontrar, os perder e os voltar a recuperar, para assim, saber que é o que quero para valer. Para saber quando foi o momento em que deixei de ver com os olhos para ver com o coração.*

*Fazer um, ainda que seja garoto, mas fazer um buraco em alguma habitação que nunca viu a luz do sol. Enchê-la de canções, risos, fazer da cada momento uma lembrança. Fazer isso é o ponto. Mover-se, mudar, mas sempre sendo o mesmo.*

*E algum dia, quando voltar a achar que nunca vai deixar de chover, agarrar tudo outra vez, uma vez mais e o juntar, o misturar, desordenado e me perder para me voltar a encontrar. Para dar-me conta assim, como me dou conta hoje de que é o que quero.*

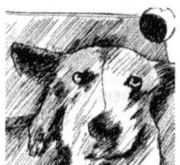

*San Vicente, 2010.*

Queria fechar este livro com um texto muito especial para mim, escrito por um de meus melhores amigos, meu irmão de espírito, Maxi. É um texto que li faz mais de onze anos, o li semanas antes de que começasse a escrever pela primeira vez textos como desafogo pessoal de meus pensamentos, emoções e sentimentos. Ao ler este escrito notei como passou algo muito especial em meu interior, não recordei ter sentido anteriormente algo parecido, senti que era meu, como que era eu quem o tinha escrito, percorreu por todo meu ser uma incrível sensação de familiaridade, e assim terminou sendo uma grande inspiração, se convertendo numa de minhas primeiras motivações para escrever.

Quando conheci a Maxi pela primeira vez, foi para mim (e me consta que pára muitos) uma fonte de inspiração, pois a simples vista e rapidamente podias comprovar que se recolhiam nele muitas das virtudes de um voluntário vocacional: é uma dessas pessoas com uma atitude, com uma naturalidade uma vibração difícil de encontrar. Comprovei com sua existência, que ainda existem grandes pessoas com um grande valor humano, quiçá sejam esse tipo de pessoas as que dão ao mundo um aroma cálido e agradável cheio de esperança.

Em dois mil dez e durante uns oito meses, tive a sorte de compartilhar voluntariado com Maxi, além de estudo e aventuras em Richmond Vale Academy, que se encontra em San Vicente, uma ilha do caribe, para perto de Barbados, Cuba ou Jamaica. Trata-se de uma academia que forma a voluntários para diversos projetos humanitários repartidos pelo mundo, se encontra no meio da densa selva caribenha aos pés do vulcão A Soufriere e a não mais de dez minutos de uma praia de areia negra, pertence à ONG dinamarquesa Humana People to People. Nós estávamos lá para ser instrutores de desenvolvimento e preparando-nos para realizar um voluntariado em África. O projecto de Maxi era em Malawi e o meu em Moçambique. Convivemos junto a mais de quinze jovens de diferentes partes do mundo, os colegas costumávamos caçoar dizendo que estávamos a viver uma experiência muito parecida à do famoso concurso televisivo "Grande Irmão", já que vivíamos em comunidade, tínhamos um orçamento semanal para comida, repartimos os quehaceres diários, além de passar por diversas provas, eventos e viver infinidade de aventuras e convivências. Durante os últimos dias comentamos entre os colegas que, de ter tido um concurso, o ganhador tivesse sido sem dúvida e por unanimidade Maxi, foi o menos conflitivo, o mais equilibrado e o melhor colega, sabendo desfrutar em todo momento da experiência que se nos brindava.

Teve tempo de sobra para compartilhar momentos de alegria e tristeza, bastantes aventuras, mas sobretudo muitos risos e afetos. Nossas conversas durante os passeios à praia, as viagens a Kingstown, os voluntários em Rose Hall, as festas em Chateau Bel Air, as excursões... a cada instante foi criando nossa amizade, uma amizade difícil de encontrar e que será para toda a vida. Estou seguro de que a vida ainda nos guarda momentos mágicos que compartilhar.

Maxi sempre foi especialmente amigo da natureza, do horto, das plantas e dos animais, sendo Royal seu melhor amigo (sem esquecer a Peter, um pequeno e bonito pássaro ao que cuidou) um cão inolvidable para todos, carinhoso, que desaparecia por dias e às vezes achávamos que nunca mais voltaria, mas costumava aparecer sujo e de líder de uma manada de cães que o acompanhavam, parecia nos dizer que desfrutaremos a vida intensamente com alegria e amor.

Maxi fala em seu escrito de seus sentimentos mais nobres para Luci, sua família e amigos. Escreveu-o depois de receber umas cartas que nosso bom amigo Álvaro lhe levou desde Argentina, lhe entregando a sua chegada a San Vicente.

Era o começo do curso e Maxi estava algo baixo de ânimo, pois Luci, uma garota surcoreana que em realidade se chama Eunyoung (se pronuncia como a palavra cebolla em inglês), era sua noiva naquele tempo e é sua mulher no dia de hoje. Ela era da promoção anterior e acabava de partir para seu projeto de voluntariado no Equador. Sua partida tinha-lhe rompido o coração a Maxi. Eu não tive a oportunidade de conhecer a Luci, pois cheguei a Richmond poucos dias após que se fosse a seu projecto de Equador, mas sim que tive a sorte de conhecer em pessoa numa viagem relâmpago que Maxi e Luci fizeram a Mojácar (Almería) em dois mil catorze, onde tivemos a sorte de compartilhar uns dias juntos.

Maxi, desde San Vicente, sentia e pensava que ia ser complicado que revisse a Luci, pois entre outras coisas começava sua promoção, e mínimo eram mais seis meses. A isso tinha que lhe somar outros seis meses de projecto em Malawi e os dois meses de volta a San Vicente para terminar o curso completo. Parecia demasiado tempo e a vertigem da incerteza pesava demasiado nesse momento.

As dúvidas durante esses dias percorriam a mente de Maxi, só tinha claro uma coisa: queria rever a Luci a toda a costa, estava disposto a fazer uma loucura, inclusive a deixá-lo todo e a ir procurar, mas as circunstâncias finalmente o impediram. Toda esta situação lhe fez duvidar, mas após ler as cartas que Álvaro trouxe de sua família e amigos, voltou a cobrar sentido seu caminho, tudo parecia se ordenar de novo e começou a ver com mais clareza e com grande optimismo, entendendo, que tudo era correto como estava.

No texto, Maxi também fala com nostalgia de sua cidade natal, Mendoza (Argentina), fala de suas cores, de seus cheiros, de sua família... já não precisava ver com os olhos físicos porque agora já os via com seu coração.

Ao final, faz uma reflexão, ao entender que o futuro o vamos criando nós mesmos, que sempre podemos fazer um pequeno buraco por onde passe a luz para que inclusive chegue aos lugares mais escuros. Entendeu que se sentir perdido lhe valeu para saber o que queria realmente.

Yoko Ono inspirou-lhe com sua frase "Faz um mapa para perder-te".

Obrigado Maxi, por fazer parte dos meus sonhos, por acompanhar-me, por permitir-me ser, e sobretudo, por compartilhar esta mágica viagem que é sem dúvida a vida, me é impossível esquecer que tu és eu e que eu sou tu, sempre vais comigo, te quero, irmão.

Óscar Rivas

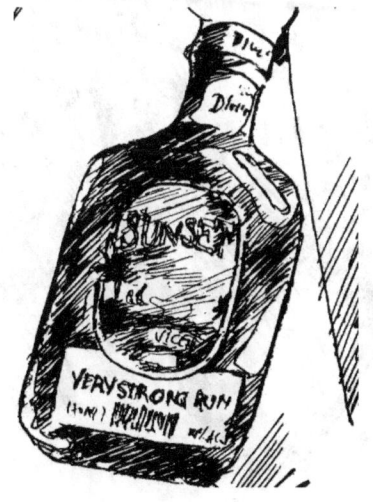

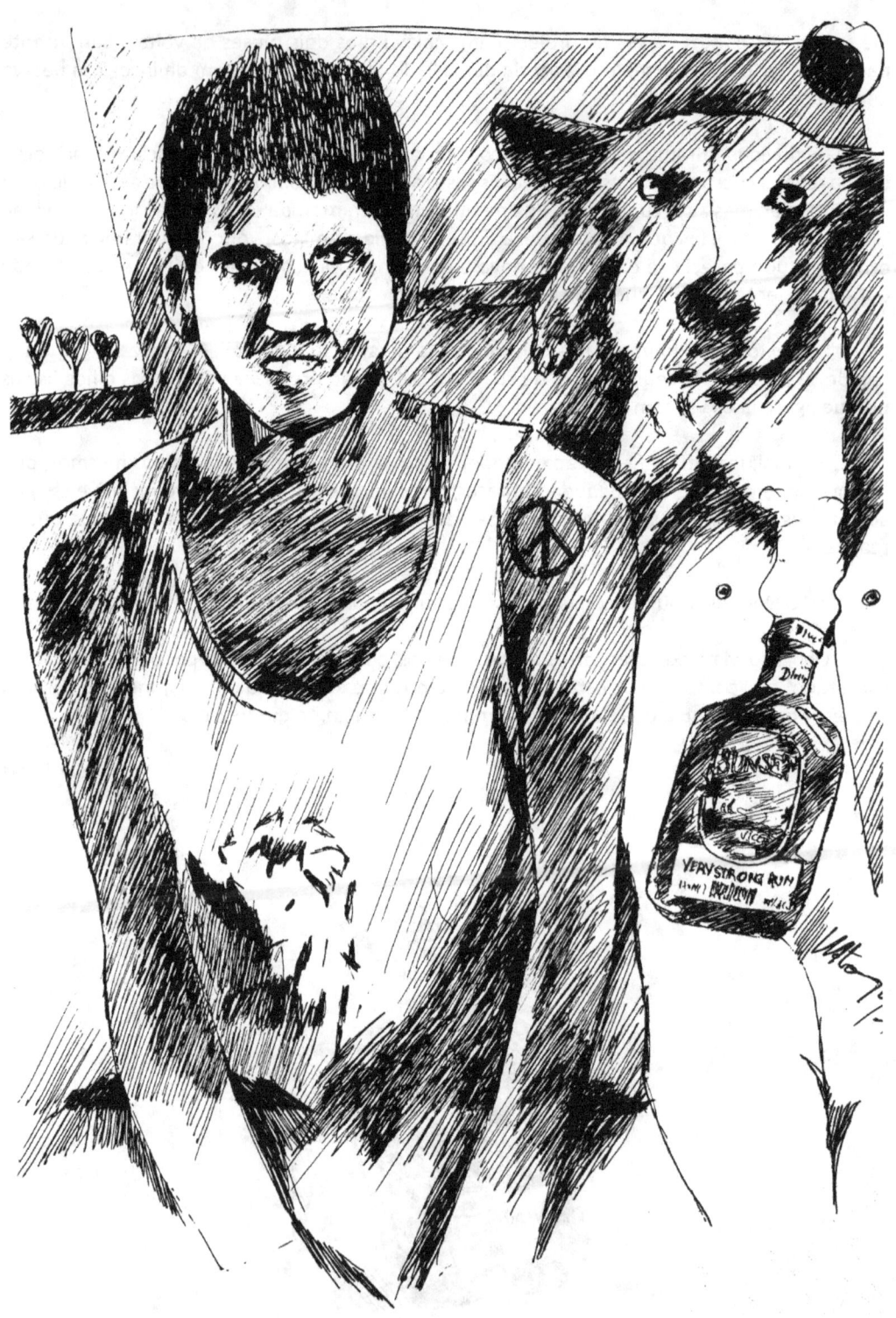

# COMO SE CRIOU ESTE PROJETO ARTÍSTICO?

Este projecto benéfico trata da união artística de várias pessoas, a cada uma contribuiu sua arte, é minha função foi a de unir tudo com a cola da fé. Os benefícios serão íntegros para Mateus e sua família, os quais residem em Moçambique. É uma honra e um imenso prazer para todos os que fazemos parte deste projeto de alguma forma, poder lhes enviar nosso amor e ajuda.

Simplesmente continuei minha vida sem pensar em escrever um segundo livro. Seguia vivendo, experimentando diferentes situações, relações familiares, amizades, casal, trabalho. Não descuida da minha observação diária, poderia dizer que a observação de minha própria vida quanto a sentimentos e pensamentos se converteu em algo que acrescentei de uma forma natural a minha cotidianidade. Fazia parte de meu dia a dia, era como comer ou fazer desporto. Por exemplo, quando saía do trabalho após um longo dia, costumava aproveitar o caminho a casa para escanear as sensações de paz ou de sofrimento que tinha experimentado ao longo desse dia, simplesmente as observava, tentando entender, entender como se tinham criado. Sempre pensei que quanto mais me conheço, melhor gerir minhas emoções e meu pensamento.

Faz mais de dez anos que utilizo a escritura como desafogo pessoal e para ordenar meus pensamentos filosóficos, poder ver como pensava antes e daí penso agora, assim poder observar a transformação e evolução de meu pensamento como indivíduo.

Entre dois mil dezessete e dois mil vinte escrevi mais de cem textos e comecei a propor-me fazer um segundo livro. Na primeira pessoa que pensei foi em meu bom amigo Mateus com o que já trabalhei num primeiro livro "A cor dos pensamentos" em dois mil catorze que, como este, também foi um projecto benéfico. Com os benefícios pôde pagar as despesas que se geraram durante os anos de estudo, conseguindo graduar-se na Universidade de Belas Artes em Maputo, capital moçambicana. Isto, de alguma forma, lhe ajudou a conseguir um trabalho e a formar uma família junto a sua mulher Atalia, e Miller, filho de ambos.

Pensei que seria uma grande honra de novo fundir meus textos com seus mágicos desenhos. A princípio de dois mil dezenove comuniquei-lhe e encantou-lhe a ideia. Passamos meses falando enquanto eu ia ordenando meus textos e lhe dando forma ao livro: finalmente decidimos estruturar em várias partes e acrescentar-lhe desenhos feitos por Mateus.

Pensamos que, ainda seguindo a mesma linha do primeiro livro ao fundir textos e desenhos, seria interessante fazer algo diferente ao primeiro livro e decidimos que os desenhos fossem em alvo e negro. Desta vez não faríamos um desenho para a cada texto, sina que faria seus layouts de uma forma mais livre, lhe fui mandando os textos e ele ia desenhando suas interpretações, seus sentimentos a respeito de textos que falavam do ego, do ser, da consciência, do caminho espiritual, da observação do pensamento, do sofrimento ou do amor. Mateus fez mais de cem desenhos em alvo e negro que fotografou e que posteriormente me enviou.

Realizou desenhos para a primeira parte, "Sentimentos" e para a segunda parte, "O Ego, O Ser e A Consciência". Posteriormente realizou os desenhos para a terceira parte "Um Sonho Inacabado" e dois desenhos para o texto "Agarrar todo" de Maxi. Acrescentou uns últimos desenhos de um autorretrato, outro meu, de Irene e outro de meu pai, desta forma finalizou sua obra a mais de cem desenhos em alvo e negro.

Em dois mil vinte tive a sorte de conhecer a minha amiga Irene, uma actriz e escritora de teatro, uma mulher com grande cultura e sensibilidade. Eu me encontrava numa época especialmente sensível, ela soube compartilhar com muito carinho e cercania aqueles momentos comigo, compartilhamos ideias, palestras e opiniões a respeito da vida, e assim se criou uma bonita amizade.

Um dia surpreendeu-me enviando-me um áudio, era um texto escrito por mim, com uma base musical e sua voz o interpretando, me encantou e fiquei impactado, nunca tinha pensado em fazer um áudio de um texto meu. Esta situação me deu a ideia de acrescentar ao livro alguns áudios com a interpretação de Irene. Ela aceitou minha proposta e finalmente se encarregou de fazer cinco áudios, ademais participou nas correções do livro, e assim foi como surgiu a ideia de fazer áudios de meus textos.

A terceira parte um sonho inacabado escrevi-a em dois períodos, o primeiro começou em junho de dois mil dezoito e o segundo começou em julho de dois mil vinte. Num princípio não o ia acrescentar ao livro porque eram poucos textos, mas com o segundo período que vivi junto a Maggi consegui acrescentar uns textos mais, e ademais pode o utilizar para fazer uma reflexão final sobre a experiência e a aprendizagem que obtive. Então vi claro que seria interessante o acrescentar.

Quando realizava as últimas correções do livro, me encontrava no terraço de minha casa tomando o sol enquanto lia, quando de repente apareceu em minha mente a ideia de incluir um texto que sempre tinha sido muito especial para mim: "Agarrar tudo".

Senti que queria recordar aqueles momentos vividos junto a Maxi em Richmond Vale e deixar constância das incríveis experiências que tivemos a sorte de compartilhar. Perguntei-lhe a Maxi pelo texto, interessei-me em saber os detalhes que lhe fizeram o escrever e foi me contando a história, que sentia quando o escreveu, etc. Um texto que de alguma forma me marcou para sempre.

A meu pai pediu-lhe que pintasse alguma base de piano e que lhe acrescentasse a sua voz. Poria voz a quatro textos do Livro III - Um Sonho Inacabado. Pensei que, ao ser textos românticos escritos por um homem, ficariam mais intensos e reais se se fizessem com voz masculina, além de me encantar a ideia de escutar a meu pai tocando o piano e interpretando meus mais intensos sentimentos românticos. Ademais, meu pai encarregou-se de algumas revisões e correções do livro.

Meu amigo Diego encarregou-se de fazer os desenhos da coberta do livro. Tem uma inteligência e sensibilidade artística difícil de encontrar, encantam-me seus desenhos, sempre tive um preferido: é um desenho de uma maçã vermelha do estilo do desenho da capa. Nunca esquecerei no dia em que me ensinou o desenho de "A Cereja", tentou me fazer uma broma para me ensinar, mas as circunstâncias não acompanharam e ao final não saiu do todo bem, ainda assim, foi muito divertida a situação. Mais tarde, por fim conseguiu ensinar-me o desenho de "A Cereja" e não pôde me gostar mais, para mim esse desenho é "A Cereja" deste projecto artístico, que finalmente foi criado como sempre o sonhei. Fez a correção ortográfica do livro demonstrando que continua a meu lado me apoiando como amigo.

Tive a ideia de traduzir o livro a outros idiomas com o fim de arrecadar mais fundos, pensei em fazer duas traduções, a inglês e a português.

Paloma, uma boa amiga, aceitou fazer a tradução ao inglês, é filóloga e viveu vários anos em Londres. Sua contribuição é chave neste projeto, pois graças a ela se abrem muitas possibilidades no mercado de fala inglesa. Um trocito de sua alma impregna este projecto artístico. Obrigado.

Antonia Rovayo, de nacionalidade venezuelana, tradutora de inglês e português, ajudou-nos com as traduções: sua contribuição foi chave para acelerá-las, trabalhou na Amazon e ajudou na promoção do livro. Uma grande profissional como tradutora e uma boa pessoa que contribuiu uma valiosa ajuda a este projecto artístico benéfico.

Meu bom amigo Borja atualmente trabalhando como professor em Dublin, nos ajudou na revisão da tradução ao inglês, projetos benéficos como este se conseguem juntando um punhado de granitos de areia como o que Borja contribuiu, muito obrigado por esse granito de areia que depois formou uma grande montanha. Um grande amigo que apesar da distância sempre nos sentimos perto.

Meu grande amigo e companheiro de aventura Álvaro me ajudou com a tradução para o português. Ele é muito bom com línguas, já perdi a conta até de todas as línguas que ele fala. Sempre mostrou que valoriza nossa amizade, compartilhamos experiências intensas que forjaram um vínculo que durará para sempre. Obrigado por sua contribuição amigo, meu amor fraterno.

Uma das pessoas que acho que mais me conhece, pois somos amigos desde os sete anos. Uma pessoa com ``flow'', inteligência e humildade, que se somou a este projecto artístico contribuindo ideias. Obrigado por ser desses amigos autênticos que me acompanham em minha vida, te amo.

E na reta final do projeto, minha irmã Kumo Rivas contribuiu com duas bases musicais para o piano e adicionou quatro áudios musicais. Foi uma grande alegria para mim saber que ela contribuiu com a sua arte e criatividade. Acima de tudo a felicidade de ver que pouco a pouco partilhamos mais informação, estamos cada vez mais próximos e de dia para dia a conhecermo-nos melhor. Adoro-te e obrigado por te teres juntado a mim.

A vida traz-nos sempre surpresas e neste caso foi uma muito positiva porque trouxe-me à Jéssica, uma amiga muito especial que foi encorajada a colocar a sua voz em vários textos. A sua feminilidade e delicadeza que transmite com a sua voz apanharam-me desde o início. Obrigado Jessica por se juntar a este projeto trazendo um pouco do seu belo coração.

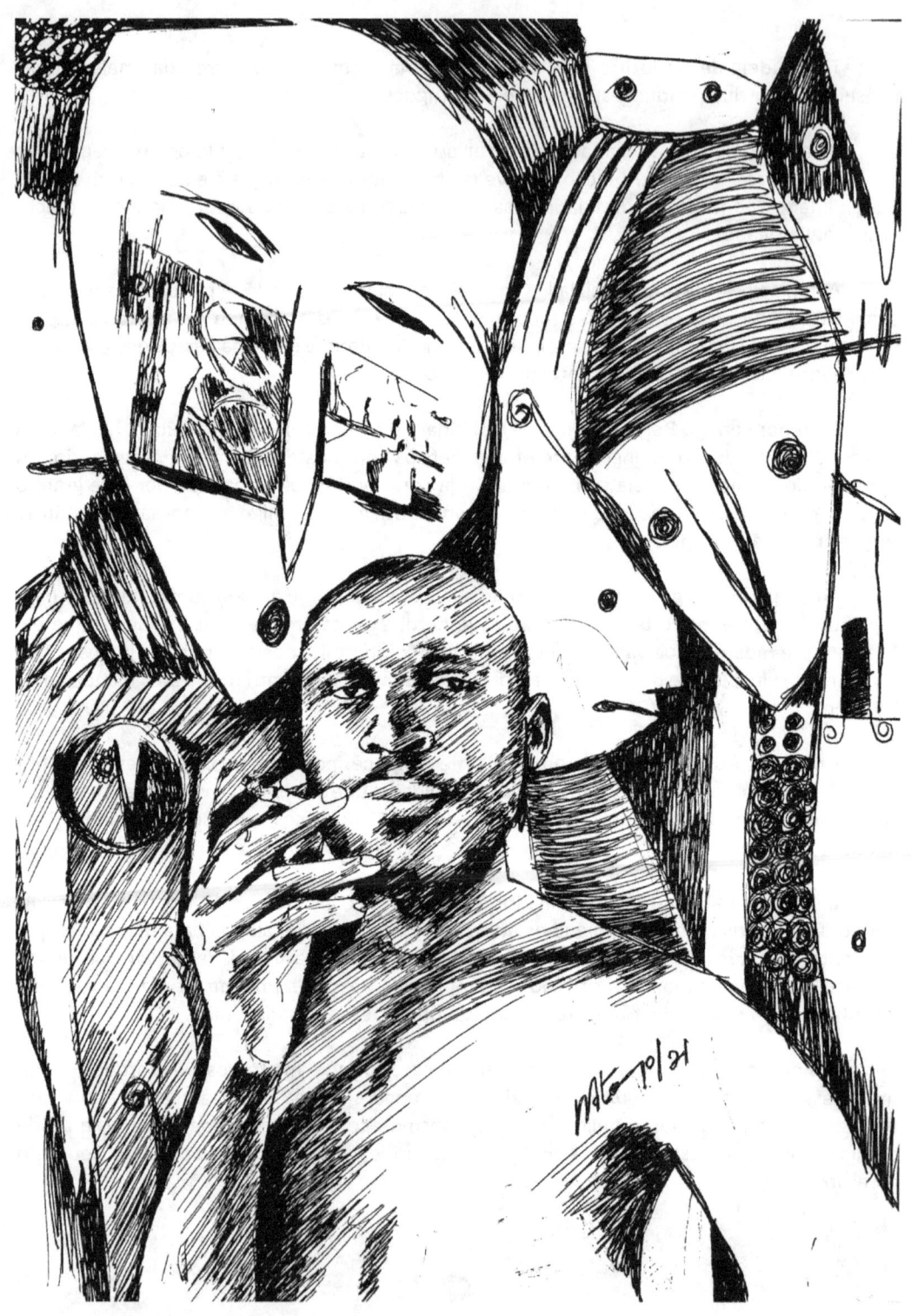

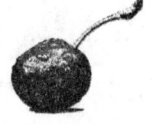

# ÍNDICE